闻道

百年暨南文化素质教育讲堂讲演集

【第一辑】

主编 蒋述卓
副主编 夏泉 罗发龙

暨南大學出版社
JINAN UNIVERSITY PRESS
中国·广州

图书在版编目（CIP）数据

闻道：百年暨南文化素质教育讲堂讲演集（第一辑）/蒋述卓主编；夏泉，罗发龙副主编．—广州：暨南大学出版社，2011.6
ISBN 978-7-81135-775-2

Ⅰ.①闻… Ⅱ.①蒋… ②夏… ③罗… Ⅲ.①人文科学—讲座—文集 ②社会科学—讲座—文集 Ⅳ.①C53

中国版本图书馆 CIP 数据核字(2010)第 039560 号

出版发行：暨南大学出版社

地　址：中国广州暨南大学
电　话：总编室（8620）85221601
营销部（8620）85225284　85228291　85228292（邮购）
传　真：（8620）85221583（办公室）　85223774（营销部）
邮　编：510630
网　址：http://www.jnupress.com　http://press.jnu.edu.cn

排　版：广州市天河星辰文化发展部照排中心
印　刷：佛山市浩文彩色印刷有限公司

开　本：787mm×1092mm　1/16
印　张：14.5
字　数：245 千
版　次：2011 年 6 月第 1 版
印　次：2011 年 6 月第 1 次

定　价：29.00 元

前　言

蒋述卓

联合国教科文组织国际教育发展委员会在1972年发表的报告《学会生存》中指出："为了训练的目的，一个人的理智认识方面已经被分割得支离破碎，而其他的方面不是被遗忘，就是被忽视……"为了科学研究和专门化的需要，许多青年原本应该进行的充分而全面的培养被弄得残缺不全。当今的高等教育日益专门化和职业化，学生虽然在某一领域更加专、精，但其对事物和社会的整体认识被割裂了。同时，往日宁静单纯的校园被社会上的功利主义、实用主义裹挟着，变得浮躁而匆忙，使得学生没了恬淡闲适的优雅，没了仰望星空的精神，没了"为天地立心，为生民立命，为往圣继绝学，为万世开太平"的担当。因此，为学生开辟一片心灵的诗意栖息地就变得愈加迫切和必要。让学生停下匆匆的脚步，走出窄窄的专业隧道，克服浮躁的心态，解放囿于功利的心灵，仰望星空、思考人生，探求生活的本质和事物的真谛，了解社会的发展规律，认识国家的前途命运，明白自己的社会责任。

为此，暨南大学开设"百年暨南文化素质教育讲堂"（以下简称"讲堂"），让学生有一个想象和思考的空间，一个心灵憩息的去处。"讲堂"以"开阔视野，陶冶情操，健全人格，改善思维，提高人文素养、科学素质和审美情趣"为宗旨，延请国内外著名学者和社会贤达，如王蒙、李敖、王赓武、韩少功、毛佩琦、秦晖、朱学勤、徐勇、李家同、葛剑雄、贺卫方、汪国真、王岳川、郑也夫、孙立平、郑永年、王逸舟、胡百精、胡野秋、贺铿、许纪霖、邵宗海、陈一筠、龚鹏程、赵玲玲、熊丙奇等莅校演讲。

"讲堂"现在不仅是暨南园知名的校园文化品牌，也是国内外知名专家、学者为我校学子传道、释疑、解惑的平台。众多名家带来了内容精彩、题材多样的讲座：有对全球化、现代化背景下中国传统文化的反思，警醒学生要传承和发展传统文化；有对中国历史变迁的分析，探寻人类社会发展的规律；有对中国古典诗词的深入解读，分析其中的生命精神和哲学智慧；有对人类命运的忧思，教导学生永怀悲天悯人的情怀；有对社会热点问题的理性探析，引导学生观察社会、观察现实，理性思考；有对当代婚恋观的分析，引导学生树立正确的恋爱观和婚姻观。讲座或分析缜密，或妙语连珠，或醍醐灌顶，或鞭辟入里，或沁人心脾，让学生享受到一场场精神的盛宴。

学生徜徉在文学、艺术、历史、哲学、政治、经济、新闻等不同学科和领域的知识海洋中，探析社会热点问题以及那些"历万古而常新"的永恒话题，理解人生和社会；通过聆听著名专家、学者的讲座，领略大师的学识涵养、人格魅力，使自己的思想、灵魂得到潜移默化的濡染，形成良好的道德品格。

听讲座已成为众多暨南学子的一种习惯，融入他们的日常生活当中，并成为校园中一道亮丽的风景线，诚如学子们所言，"图书馆在左，讲堂在右，时时伴随在我求学之路的两旁，让我的心灵充满温暖和力量"；"每场讲座结束之后，小小的笔记本上都密密麻麻地记录着我对每一场讲座的认识和感悟，记录着自己的每一次成长"；"正是通过不同的诠释，我们学会了思辨，不迷信权威，不盲从主流，不偏执陈见，有自己的主见和立场"。学子们的心得既是对"讲堂"的肯定，也是我们进一步办好"讲堂"的动力。

思想是无价的，是永恒而宝贵的精神财富，为了让更多的读者领略到名家的学术思想和人格魅力，本书将"讲堂"的一些精彩讲座视频整理成文字结集出版，以飨读者。

目 录

全球化视角下的中国文化

王　蒙

王蒙，我国著名作家、原文化部部长、全国政协常委、全国政协文史和学习委员会主任、中国作协副主席、约旦作家协会名誉会员、俄罗斯科学院荣誉博士。著有《青春万岁》《活动变人形》等近百部小说，其作品反映了中国人民在前进道路上的坎坷历程。

关于全球化的背景，我要说明一个观点，或者说一个命题，即全球化与现代化是一致的，现代化的结果必然导致全球化。根据马克思的观点，生产力是社会发展中最积极、最活跃的因素，任何事物都挡不住它的发展，这个道理虽然很浅显，却经得住考验，是颠扑不破的。尽管对全球化有那么多的批评、质疑和抗议，但是谁也不能阻止其前进的步伐。全球化既给中国等发展中国家带来了机遇，同时也引起了文化的焦虑。

讲到全球化与现代化的一致性，我们能看到，凡是有利于生产力发展的东西，都很容易被不同的国家、不同的文化背景所吸收。例如，飞机相对来说就是一种最迅捷且安全的交通工具，可以被各个国家所接受。一种技术，如电力、电脑，尤其是信息技术，会被不同语言的国家用不同的编码予以吸收，这是挡不住的。我们中华民族有着辉煌的历史、灿烂的文化，但是在今天的生活中，我们从全世界吸收了很多现代的科学技术成果，比如，电灯、电脑、投影仪是现代技术的成果，我的眼镜也是现代技术制造的，等等。如果不吸收这些现代技术，我们无法想象出一个现代化的、社会主义的且不断向前发展的伟大祖国。

条形码、集装箱等都是全世界广泛使用的东西，它使我们的产品和科技成果等能够实现交流和共享。如果全世界没有统一的标准，比如你造的电灯泡和我造的电灯泡之间互不相干，那么，这个技术就不能共享。电脑的发明和数字化使全球化的进程大大加速，所谓的信息高速公路已经实现了。数字化逼着你学英语，这是一件非常无奈的事情，但也提供了很大的机遇。如果你想使用电脑，不管中文软件做得有多好，仍然摆脱不了以英语形式出现的说明、菜单、可供选择的选项。这说明一个问题：目前，任何一个国家的发展，都离不开世界。不论一个国家多有志气、多么伟大，都不能脱离全球化进程。全球化给中国带来了发展机遇，中国能有今天的发展，离不开全世界经济的发展。比如沿海经济开发区，众多的出口加工工厂和大量的出口商品等都是全球化的产物。

全球化引起文化的焦虑，是指全球化使一些国家和地区的文化有被融化、被改变的危险。首先人们会失掉自己的身份。当前所谓的认同危机，就是学来学去都是英美的东西（主要是美国的），可是你学完了，又不是美国人。这种危机在许多国家，包括法国、中国等都存在。法国采取很多措施限制英语的使用。我们经常看到幻灯片上、机场高速路牌上写着英语，电视标志“CCTV”也是英语，还开办英语频道、大量的英语教学节目等。我本无意批评这些东西。中国要开放，要吸引越来越多的外国游客来参观，必然要大量使用英语。虽然汉语是一种非常伟大的语言，而且被世界上最多的人口使用着，但它的国际性并不是很好。现在国际上通用的就是英语——这在理论上无法讲清楚，是不是英语就最好、最科学，也不见得。但是你参加国际讨论会、进行生意谈判、使用外交辞令时，用英语才能让更多人听得懂。例如，在温家宝总理的记者招待会上，他的翻译用的就是英文，不可能用日文、俄文都翻译一遍。原则上说，世界上各国语言文字都是平等的，但是英语就有这么一个优势。

同时，伴随英语的强势影响，国人中文的使用水准也有下降的隐忧，在日常生活中表现为用词用句不够讲究。比如说，前段时间央视热播的电视剧《汉武大帝》中就有这样一句台词："敌人来了，我们不能守株待兔，要进攻。"编剧可能认为"守株待兔"，就是"守"，就是采取防御性的战略。电视剧老是这么讲，我也糊涂了，这"守株待兔"是防御的意思吗？不对，应该是企图、侥幸的意思，是等着天上掉馅饼的意思。这里很明显是对汉语中成语典故缺乏理解而导致的使用上的偏误。又比如某一年的春节联欢晚会，有一个环节是对对联，这个用意非常好，可是我觉得某些对联还稍欠推敲，如重庆出"朝天门"（长江的码头），天津对"天津港"。"朝天门"对"天津港"，过去只要在私塾上过一年的，就知道对联对错了，两边都有"天"不行；"朝天"和"天津"这四个字都是平声，也不行。

在生活方式上，全球化的影响也是显而易见的。一个圣诞节，一个情人节，市场上都有热度。相反，对于传统节日，如元宵节、中秋节等，其文化意义的发掘就明显不够。在人民的基本温饱问题没有解决的时候，吃是一件大事，如春节吃饺子，元宵节吃汤圆，端午节吃粽子，中秋节吃月饼。现在我们很幸运，温饱问题解决了，我们的子女根本就不知道饥饿是什么，饺子在他们的生活中不算是稀罕的东西，有人还挑剔说月饼太硬。显然"吃"不是这些节日的全部，但要知道，这曾经是我们中国人多么美好的节日啊！

日常生活，衣食住行，"食"是中国的强项。大部分人还是喜欢吃中国饭菜。可是很多小孩子却爱吃麦当劳、肯德基，然而那都是外国的"垃圾"食品。现在"衣"已经不是我们的强项，"行"也不是了，哪里还有坐中式轿子的？而"住"，在影视剧中出现的那种大屋顶式的房子，现在恐怕也很难盖出来了。我们是否应该思考一下，怎样才能保有一些更具中国特色的生活方式呢？

在全球化进程中，我们还有一个新的忧虑，就是文化越来越大众化、批量化。由此便产生一个问题，那种有一点小众的"阳春白雪"，一些高雅的东西，似乎有被冲击的危险。

这种大众化、批量化也有很大的好处，它是一种文化的民主，有利于实现文化的共享和文化的平等。你看得懂，他也看得懂。比如，赵本山的小品，文化层次高的人可以看，文化层次低的人也可以看。大众化、批量化的东西，可以大量地生产，如 CD、VCD、DVD 等。最近还有叫做 EVD 的新东西，也可以批量地生产。由此便产生另一个问题，文化中高、精、尖的东西，并不是人人都有条件去生产、去创造、去制作的，甚至不是人人都能够看得明白的。

我有时候也自己跟自己闹别扭。春节联欢晚会，大家都喜欢看小品，因为它的效果非常好，让人发笑，香港叫做“搞笑”。这样的节目，我也喜欢看。但有时会想，除了这种通俗的娱乐节目之外，我们是否还需要一些能提高文化品位和文化素质、能满足智慧要求的作品呢？我们可以比较一下（当然中国的国情不一样），维也纳金色大厅为迎接新年举办的施特劳斯音乐会，也很大众化，里面也没有特别深奥、特别难接受的曲调，主要是圆舞曲、舞曲、华尔兹，但它们的格调就显得高雅一点。

写作也是一样。中国人过去对写字是非常敬仰的，写起字来，有一种精神贵族的感觉。要明窗净几，沐浴焚香，书童研墨，红袖添香，然后才拿起毛笔。因为字本身就非常优美，写的时候，还要吟哦再三：“天地者，万物之逆旅。光阴者，百代之过客。”写起来，又是对仗，又是成语，又有出处。当然，这有它不好的一点：大众读不懂，说他“戆”。本来明白的话，这样一写，人家就不太明白了。但是也有好处，它非常优雅，有一种风度，有一种格调，有一种品位。相反，如果都用大白话或者群众语言，在获得了大量受众的同时，有没有降低它的智慧含量、文化含量，影响它的深度和格调呢？

再如某些流行大片，追求的就是先声夺人，先把你的感官刺激够再说。你先爱看，看完之后就忘了，他认为这最成功。为什么？你看完记住干什么，再去深入研讨其中的哲理意义，多累啊！

这种全球化的进程，从另一方面来说，使得精英文化越来越边缘化。我们在与法国、德国这些古老的欧洲国家的人交谈时，他们常常对美国文化抱一种不屑的态度。记得有一年我在慕尼黑的歌德学院（歌德学院实际上是文化中心的意思），一位领导请我吃饭，谈起慕尼黑街上出现的麦当劳快餐店，他气得浑身发抖。他说饮食是一种文化，而美国的快餐基本上就是饲养性的，是反文化的。后来我去美国，将此事告诉纽约图书馆的一个美国人，他却很自信地说：“德国的这位老师就让他骂吧，他每骂一次，我们在慕尼黑快餐店的顾客就会增加一成，我们的顾客会不断地增加。”

全球化带来的这种对文化的冲击和挑战，是一个新的时代命题，无论你喜欢与否。科学技术的迅猛发展，全球性的文化交流，使得许多传统的道德和精神生活遇到了新的挑战、新的问题。中国是一个非常重视道德的国家，看《春秋战国》、《东周列国志》就可以深切地感受到那时候人们的道德观念——重义轻生。荆轲想刺杀秦王，找到逃到燕国的秦人樊於期说："我现在要去刺杀秦王，但秦王不接见我。"樊於期一听就明白了，说："你要提着我的头去见秦王，秦王就会接见你。"当场一剑就把自己的脑袋割下来了。这就是古人为了完成他们认为正义的事业而不惜牺牲一切甚至是自己生命的精神。还有一个"春秋笔"的故事，是讲晋国有人篡位当上了王，于是史官写"某年某月，某某弑其君"。篡权的王一听非常生气，就把他杀了。史官的一个弟弟来了，他还是写"某年某月，某某弑其君"，又被杀了。然后另一个弟弟来了，还是写"某年某月，某某弑其君"。史官这种秉笔直书的精神，确实令人肃然起敬。春秋战国的师旷，为了不为外界的纷扰所惑，用锥子把自己的两个眼珠子捅瞎了。因为在古代，相当一段时期内，道德观念是一种信仰，是形而上的，即"义"、"忠"，古人把它看得比一切都重要。

许多伟大的事情，用科学技术简单衡量，就变得不那么伟大了，所以人的精神生活在受到挑战。人的道德观念、美德观念、侠义、崇高、诗情等都在受到挑战。

科学技术的发达把很多东西解构了（现在有两个词，一个叫解构，一个叫祛魅，即把身上的神学色彩去掉了），所以，19 世纪末 20 世纪初出现了所谓"上帝死了"的说法。原来人们出于对上帝的崇拜，对神的崇拜，认为一切行为都由神来要求，没有道理可讲，按照神的意志去办就行了。可是科学的发达，使人们感觉到，在世界上找不出那样一个神来了，所以认为"上帝死了"。现代主义时期甚至出现"人死了"的说法。什么意思呢？就是说人并不是宇宙的中心，并不是世界的中心。如月亮，月亮在人们的精神生活中是一种幻想，一个永远可望而不可即的幻想。可是美国人在 20 世纪 60 年代上去了，发现月亮是一个死寂的星球，没有传说中的吴刚，没有嫦娥，没有兔儿爷，没有桂花树，人类的这些幻想破灭了。

还有爱情，多少诗歌、多少文章歌颂爱情，如普希金的诗，莱蒙托夫的诗，雪莱的诗……可是自从有了弗洛伊德，什么他都要做实验。美国就有一种说法：爱情属于精神病现象。爱情中有幻视、幻听，你认为她是世界上最美丽的女人，其实不见得，比她美丽的女人多的是，所以你这属于精神病。如果用纯医学的观点，甚至用兽医配种的观点来解释，那么这个爱情就死了，没有爱情了。所以人的精神生活在受到挑战，人的道德观念、美德观念、侠义、崇高、诗情等都在受到挑战。现代人天天跟科学仪器打交道。“采菊东篱下，悠然见南山”，多么优美，可是一个外科大夫却说：“手术明灯下，悠然见病变。”大量的科学和技术把人解构了。不管是多么美丽的人，你给她做一个 CT 扫描，把扫描图拿出来，你不会觉得有太多的美感，不管她是王昭君、西施，还是貂蝉。

因为这些焦虑，全世界都在蓬勃开展一种反对全球化、反对科学化、反对技术主义、反对唯发展论的思潮，有人称之为“新左派思潮”，是不是仅限于“新左派”？不见得。譬如法兰克福学派。近年来在西方非常有名的一些哲学家，像福柯、詹明信、马尔库赛等，揭露这种全球化、技术化的发展、文化产业发展的背后，都有一种资本的统治，都有一种超级大国的统治，它会给人类带来灾难。于是，智利有反全球化大游行，意大利召开八国首脑会议的时候也有游行，我们中国也有这种思潮，有些知识分子，特别是一些留美、留学西欧的知识分子，他们学到了一些对美国和西欧进行严厉批判的思想武器。

另外，经济、技术发展引起的全球化也带来了所谓的文化冲突。这个文化冲突的观点是美国政治学家亨廷顿提出来的，中国很多人不赞成。实际上，文化冲突是存在的，我们不能不承认。比较起来，中国因为有儒学的传统，讲求积极入世，比较能够接受全球化当中追求进步、追求富裕、追求高生活质量的内容，可是有些国家和民族的文化接受起来就有困难，用强迫的方法是不行的。

中国传统文化经受了极大的考验，目前出现了一种再生，这可以说是一个奇迹。所谓传统文化，就是中华民族几千年来发展传承下来的、没有断裂过的基本价值取向、生活方式、思维方式、社会组织方式和审美特色。从学理上——主要是伦理与政治学上看，是儒家与儒道互补，是“四书”；从思维和哲学上看，是汉语与汉字文化，是《易经》，是概念崇拜与直观判断；从地域与经济上看，是以黄河文化为主并补充于楚文化，是农业文化；从社会组织方式上看，是封建专制与民本思想的平衡补充；从民间文化上看是阴阳八卦，是宗法血缘，是中医、中药与多神混合崇拜，是戏曲里大肆宣扬的“忠孝节义”。

鸦片战争以后，中国由于丧权辱国，处境不好，一些先知先觉的爱国者对中国文化采取了最严厉的批判态度。我们先看看鲁迅。鲁迅说什么呢？他给青年人的意见就是不要读中国书，你什么书都可以读，就是不要读中国书，他说外国书读了以后让你自强，让你去奋斗，让你去斗争，读了中国的书你的心会静下来，会不求上进，只会忍耐，只会逆来顺受。大概的意思是这样，不是原文。鲁迅是“左翼”，“右翼”也是一样。吴稚晖提出“把线装书扔到茅厕里去”。吴稚晖是老国民党啊，但这句话就是他说的。当时还有一些年轻人，也提过很激烈的口号，对汉字、对中国文化特别地痛恨。

对汉字的痛恨，是认为汉字太难学了。中国为什么专制？就是因为汉字难学，老百姓学不到，只有很少数的精英才认字，这些人可以尽情地压迫老百姓。我年轻的时候就相信这个观点。我们知道有一位非常著名的大学者、语言学家吕叔湘教授，他认为中国实行了拼音文字就能够实行民主。毛泽东主席也是非常讨厌崇洋媚外的，但是他在文字改革上一点都不保守，他有一句名言就是“汉字的出路在于拉丁化”。“五四”时期，钱玄同这些人走得更远，他们不但要求废除汉字，还要求废除汉语、废除中文，他们要求全部中国人从小学英文。他们甚至模拟了一个场景：菜地里两个老农迎面走过来了，一个说“How are you”，一个说“Come on”。

一个古老的民族而且是一个大国的许多名人对自己的文化持这样的态度，这在历史上是少见的。当然我们要充分肯定其在特定时期的进步意义。如果“五四”时期没有这些先知先觉者发出这样振聋发聩、醍醐灌顶、春雷般震响的声音，没有这样的激情，哪有我们中国的后来？说不定现在我们还停留在“子曰”、“诗云”的阶段，因为中国古老的文化力量太强大了。

但是，经过了这样的冲击，现在是什么情况呢？现在越来越多的人认识到，中国文化很有价值，它消灭不了。中国文化尽管有落后、僵化、腐朽的一面，但更有它灵活、开放，能够吸纳、适应、自我调节、获取新的生命力的一面。很多我们当时以为是正确的东西，现在证明并非如此。譬如说对汉字的认识，汉字稍微难学一点，但它有它的规律。拼音文字就那二十多个，最多三十多个字母，每一个字母代表一个声音，这个声音没有任何意义。而汉字的形状就包含了声音，包含了形象，包含了逻辑关系，包含了一种美的画面。尤其是汉字输入电脑的方法解决以后，要求消灭汉字的声音几乎再也响不起来了。这里有一些资料，讲到现在的中华文化又重新活起来了，又重新热起来了；中国文化显示了自己的再生能力，证明了自己完全能够与时俱进，完全能够跟得上现代化、全球化的步伐，同时又能保持自己文化的性格、特色、身份和魅力。我们应对中国文化充满信心和自豪感。

汉字本身代表了一种思维的方法。如果汉字废除了，我们都讲英语了，那才真是灾难啊！

关于汉字的问题我还要讲一点。汉字本身代表了一种思维的方法，它与以欧洲为中心、以欧美为代表的西方文化有相当多的区别。这是一个非常复杂的问题。我有一篇短篇小说叫《夜的眼》，1979 年发表在《光明日报》上，后来翻译成多国文字，俄文、法文、英文、德文都有。在翻译这些文字的时候，这些译者给我打越洋电话，差不多都问一个问题："你的这个夜的'眼'，是单数还是复数？eye 还是 eyes?"我糊涂了！因为这个"眼"在小说里有三个意思，第一是把"夜"拟人化，这个"眼"根本不存在单数、复数的问题，因为它没有形状也没有数量。第二是指主人公，那个主人公叫陈杲。这个陈杲我没有交代他是独眼龙，他的眼当然是"eyes"，不是独眼。第三，我在书里描写到，在夜晚的工地上有一个昏黄的电灯泡，那是"single"。所以夜的眼不能够分成"eye"或者"eyes"。但是我说的这一套他不明白，他说的那一套我也不明白。他认为"眼"本身必须说清楚，是一只眼，还是两只眼。我认为汉字"眼"比一只眼、两只眼更本质，我们的汉字体现了一种本质主义。

我再举一个例子。比如说"牛"，这是本质，然后才有牛奶、牛油、小牛、乳牛、公牛、母牛、水牛、黄牛等。但是英语它没有这么一个统一的字，牛用 cattle，cattle 就是大牲畜的意思，也有牛的意思。母牛 cow，牛油 butter，小牛 vealer，牛肉 beef，它们之间是互不隶属的。

可是，我们中国人非常注意这个本质，甚至"一"、"二"、"三"在中文里都看得特别重。中国人非常重视"一"，认为世界上所有的事物应该有一个集中的、不可变易也不可重复的本源。所以老子说："昔之得一者：天得一以清，地得一以宁，神得一以灵，谷得一以生，侯王得一以为天下正。"我不知道英语怎么翻译这个"一"，如果翻译成"one"，那就麻烦了。对中国来说，这不是一个数量的概念，而是物的最后的本质。说一句不恰当的话，这里的"一"指的就是上帝，中国人的上帝。这些太复杂了，我也说不清楚。

当对中国文化面临的考验有了感觉而没有信心时，王国维就自杀了。陈寅恪对王国维的自杀曾作过这样的分析：他为什么自杀，因为中国文化是他赖以生存的根本，你推翻了清朝没有关系，但是看到中国文化处境不妙，要完蛋时，他就自杀了。我们能活到今天，看到中国文化另一个昌明、发达的可能，确实是非常幸运的。

中国的传统文化、各种文物、各种经典，我们就不一一细说了。传统文化还包括我们的饮食、生活、医药，很多是直观的、感觉的，是混合的和深加工的。以中医为例，中医里的很多东西是直观的，比如说，红糖是热性的，白糖是凉性的，冰糖是更凉性的，更去火。我觉得这是一种直观判断，是没有实证根据的。但是我很喜欢这种直观，当我发烧的时候，也不想在水里搁上红糖，宁愿在菊花茶里面加冰糖。这和外国的方法不同，中国讲的是严格的形式逻辑，外国讲的是实证研究（就是做实验，做很多次实验，每次的实验结果都要详细地记录下来）。

中国的宗教信仰在全世界也是非常独特的，这么大的一个国家，并没有一个统一的宗教信仰。马来西亚的华人说："我们是信仰佛教的。"但是佛教并不是中国的国教，不像伊斯兰教在整个伊斯兰国家或者天主教在意大利那样。相反，我们对待宗教问题往往采取一种非常灵活的态度，我们的思维和全世界各国的人都不一样。我们说："六合之外，存而不论。"六合就是三维空间，每一维是相对的两面，所以是六合。"存而不论"，就是属于终极性的东西我们不讨论，但是也不反对。它是一种以我为主的灵活的多神论，如灶王爷给我看灶，门神替我看门，送子观音替我解决生育问题，花娘娘替我出天花、出麻疹，财神爷帮助我赚钱，妈祖帮助我航行。鲁迅也说过："孔子敬神如神在。"智商太高了！"敬神如神在"，全世界没有一个虔诚的信徒能如此地说话，但是他又不宣传无神论，没有说宗教是骗局。他不反对敬神，"敬神如神在"，所以中国人的思维方式是很有意思的。

我在德国的时候，认识一位德国的汉学家，他的中文非常好，在中国台湾学习过多年，又在内地待过多年。他娶了一位台湾太太，后来太太跟他闹离婚，他太太跟我说："王蒙，德国人学了中文，学了易经，学了老子，太可怕了，这就是魔鬼啊，他把德国式的冷酷无情和中国式的诡计多端结合起来了。"当然，我并不是说我们这个民族诡计多端，但是我们的思维非常的灵活，这是事实。我们可以比较一下，过去亚洲那么多地方变成殖民地，而没有任何人能使中华民族屈服，因为我们中国有自己的文化，想让中国屈服太困难了。反过来说，我们的文化能使我们渡过难关，使我国成为文化大国。

我们应该把国家建设成一个文化大国，而实际上我们国家已经是一个文化大国了，这个和科学发展观有关系。我们不能够只讲人均收入、国民收入，因为在可以预见的将来，我们还赶不上发达国家。但是即使赶不上，我们仍然生活在一个伟大的国家，一个对人类有独特贡献的国家，因为我们有中华文化。我们的文化还要有新的发展，因为它是立国之本，是安身立命之本，是我们的骄傲，是我们的光荣。

现在中国特色社会主义在蓬勃发展，我们今天仍然能够很幸福地在这里讨论文化问题，讨论中国文化的根。我 2004 年 11 月去过俄罗斯。苏联建立 70 多年，但是它的农业产量没有赶上沙皇时期的最高水平。而俄罗斯现在的人均收入，也远远没有达到苏联时期的水平。所以中国的文化是有两下子的。这不光是我们的看法，英国撒切尔夫人，还有美国的布热津斯基都这样说，认为中国的文化太厉害了，能“逢凶化吉、遇难呈祥”。该坚持的时候，比谁都能坚持；该灵活的时候，怎么都能找到出路，找到自己前进的方向，这就是中国文化的生命力。

中国文化，我们不是关起门来搞，我多次讲过这一点。我们持一种开放的态度，学来以后，这个东西就是我们自己的。中国在这方面特别有能力。我在参加文化高峰论坛的时候，媒体乱炒，说王蒙提出要开展“汉语保卫战”，我根本就没说过这个话。汉语只要好好学习就可以了，开展“保卫战”干什么？而且我认为学习汉语和学习英语并不矛盾，汉语学好了，也就是母语学好了，才能学其他的外语；外语学好了，也能反过来比较一下，认识你自己语言的美好和特色。

我常常举这么个例子：中国人里面外语最好的是辜鸿铭。他英语好到什么程度？有一次他在伦敦地铁里倒着看《泰晤士报》，因他还留着一个辫子，旁边的英国青年咯咯地笑了，说：“这个带着猪尾巴的中国人，他倒着看字。”结果辜鸿铭回过头来，用标准的牛津音告诉他们：“小伙子，你们的英文太简单啦，我要是正着看，对我的智力是一个侮辱。我倒着看还算是一个游戏。”而他的中文好不好？他用中文讲学妙语连珠！还有就是钱锺书，他的外语好不好？英语、德语、西班牙语、法语、意大利语、葡萄牙语等他都懂，而他的中文呢？他的旧体诗写得相当的美妙！林语堂，他的《京华烟云》和《苏东坡传》都是用英语写的，但是他的中文呢？他写的中文小品都很好。所以如果我们的中文不好，也不是学习了英语的缘故。反过来说，你的英文不好，也不是由于你的中文太好了，而是你没有好好地学习英文。既然中文那么好，如能好好地再学些英文，岂不更好？

1998 年，我到美国就谈到中国文化的吸纳能力和改造能力。我说，改革开放以后，可口可乐在中国一开始并不成功，现在慢慢成功了，喝可乐的人很多，但是中国人接受了可乐以后，肯定会有所变化。有什么变化呢？我当时还不知道，后来才知道，中国人用可口可乐熬姜汤，作为药品治疗感冒。而这个美国人接受不了。一个人只要发烧不到 39 度，美国医生就很少开药，他一般建议喝点冰水，喝点可乐，少穿一点衣服。这和中国人的习惯特别不一样，我们一感冒就赶紧捂，而他们认为，既然感冒发热，就少穿一点，被子盖薄一点，好好睡一觉。他们要淋浴一下，我们哪敢？当然这与体质差异和人种差异也有关系。

再比如学习芭蕾舞，中国人因为身材秀气一点，和那些三围悬殊、身高 1.85 米以上的欧洲人相比，跳起来感觉也是不一样的。就是意大利歌剧，中国人唱起来，跟帕瓦罗蒂、多明戈也绝对不一样。中国人受戏曲的影响，也受自己身材等的影响，很可能在声音上不如人家洪亮，但是显得更多情、更甜美。

我们在文化上的态度要慎重，千万不要轻易否定什么。北京在这几年非常迅速的城市建设当中，折除了很多旧的、有保护价值的建筑，这是非常可惜的。所以，我们在文化上要更珍惜已有的东西。

再举个例子。我一直认为过去戏曲里男扮女、女扮男，是出于不得已，因为旧社会男女授受不亲，一个戏班子里面，三男的两女的，这是没法活的。新中国成立以后，也有领导说，这种落后现象不必再搞下去了。可是有次我和法国的一个高级文化人谈话，他说："你们为什么不发展男人的旦角了？"我说："女性解放了，她们可以很方便地从事戏曲工作了。"他说："不不不，这个角色的意思是不一样的，男人模仿女人用假嗓，有一种很特殊的感觉，这个不能够没有。"后来我觉得他讲的有点道理，有些东西你千万不要轻易否定。当我们看到男的旦角，用非常美好的声音唱京戏的时候，仍然感觉到一种很大的快乐和满足。当看到一个女花脸，大喝一声再来一段铜锤的表演，我们也觉得很好。所以我们对待文化还是要稍微慎重一点。同时我们应该有信心，我们的文化已经随着国家的发展，对全世界有越来越大的影响了，虽然这些影响一开始是浅层次的，但一门功夫，一种针灸，一块豆腐，已经是世界性的了。你看，美国有一位太极大师，成了电视连续剧《太极》的主角，外国人有学唱京剧的，美国的一些大城市到处都有卖豆腐的……

对于中国的文化，我们应该非常有信心，应该持非常开朗、非常开放的态度，向全世界其他民族学习优秀文化，同时也向他们传播我们的优秀文化。

（演讲时间：2006 年 5 月 11 日　视频整理：刘贤芳）

从明到清的历史转折

——中国为什么落后、挨打

毛佩琦

毛佩琦，中国人民大学历史系教授、博士生导师，北京大学明清研究中心研究员，中国明史学会常务理事，北京“郑和下西洋研究会”副理事长，北京吴晗研究会副会长。长期从事中国古代史明史、文化史、社会生活史研究，发表论文60余篇。主要著作有《明成祖史论》《永乐皇帝大传》《郑成功评传》《明朝行政管理制度》《中国明代政治史》（合著）《中国明代军事史》（合著）；主编作品：《岁月河山——图说中国历史》《岁月风情——中国社会生活史》《十大后妃》《百卷本中国通史·明史10卷》《中国社会通史·明代卷》《中国状元大典》《四库全书大辞典·史部》等。

尊敬的李蒲弥主席、蒋述卓书记，各位暨南大学的朋友们，非常高兴有机会向大家请教。暨南大学是百年老校，不仅在国内有很高的学术地位，有很悠久的传统，而且有着广泛的海外联系，在华人世界有很大的影响力。我来到这里有一点压力，因为在座还有很多专家，学术卓有成就，我来这里跟大家讲我的心得，有一点班门弄斧之嫌。今天我给大家讲的题目是“从明到清的历史转折”，本来这个题目有一个副标题是“明在衰败中走向活泼开放、清在强盛中走向僵化封闭”，后来陈处长说，是不是把这个题目说得更加通俗一点、更加贴近听众一些，那我就改为“中国为什么落后、挨打”，这也是我演讲的主旨。

中国是一个老大的国家，又大又老，但这个国家在最近几百年落后了。从落后挨打开始，国人就不断地反思我们为什么走到了这一步，很多人提出了种种理由，包括文化的理由、制度的理由，等等。我也提一个理由，非常具体的，是从历史实际出发的一个理由，即如果我们单纯地看某一个朝代，比如说我们单纯看明朝，或者我们单纯看清朝，大概我们不能够发现它们中间的变化，但把这两个朝代联系起来，也许我们能从历史转折的发展、变化当中感悟出一些道理来。

我们在讲从明到清的历史转折的时候，是不是应该首先简单地回溯一下明朝本身是一个什么样子？我们讲转折，是指从明朝末年到清朝初年这一个阶段。可是明朝本身是一个什么样子，大家是不是很清楚呢？很多人认为很清楚，头脑里有各种各样的印象。明朝，这是一个极端专制的朝代，朱元璋杀了很多人，疆域小，皇帝被别人抓走，昏庸皇帝不上朝，宦官专政，还有锦衣卫、东厂等。

那么明朝是这样的吗？很多人也会产生一些疑问，为什么会有疑问呢？大家知道，我们能够看到的很多物质的、非物质的文化遗产，是明朝留下来的，比如说长城，现在我们所看到的北京一线的长城，从嘉峪关到山海关，是明朝留下来的，这不是反映了强大的国力吗？这和我们印象中的王朝是一样的吗？我们现在看到的故宫，是明朝人建的，是无与伦比的。清军入关之后没有什么大变化，只是加了一些材料，比如大房子变成小房子，大的格局还是明朝留下来的。我们看到十三陵这样规模大的皇家陵寝，再看东西陵，相形见绌。当时明朝郑和下西洋多么壮观啊，27 400人的舰队，240 余只海船，最大的宝船有 4 个足球场大，轰轰烈烈远行非洲东海岸。有一位英国退役的海军军官叫孟席斯，写过一本书叫

《1421——中国发现世界》，他说中国人最早绕过好望角，实现了环球航行，当然他的观点以及支持他观点的理论根据尚不足，我曾经当面多次跟他探讨过。

虽然没有实现环球航海，但中国人的航海运输确实是在哥伦布等人之前，其规模以及在世界上产生的影响都是不同的，这样一个朝代和我们刚才所说的黑暗、专制、皇帝昏庸、宦官专政、东厂特务横行的这个朝代一致吗？说到这里，我想大家对明朝的印象可能还是一片模糊，充满了疑问。大家如果有机会到南京中山陵去看孙中山先生的陵墓，也不妨到附近的明孝陵看一看，那是埋葬明朝开国皇帝明太祖朱元璋的地方。在通往明孝陵的路上，有一个碑亭，这个碑亭上有一个石碑，石碑很大。我常常问去过的朋友有没有注意过这个石碑，他们说我们就是看看风景，看什么石碑，那些石碑的字乱七八糟，文字也读不懂，黑黑的。我说不对，这个石碑上只有四个大字，很容易看，是“治隆唐宋”。什么意思呢？对朱元璋的歌颂啊，说他对国家的治理，或者说明朝的社会、明朝的政治，远远超过唐朝和宋朝。这四个字谁写的？清朝康熙皇帝写的。康熙皇帝曾经五次南巡，每一次南巡都要亲自拜谒明孝陵，每一次拜谒都要行三跪九叩之大礼，第三次拜谒明孝陵时写下这四个大字，委托跟随他的一个叫曹富的官员（他是江南制造局的），把这四个字刻成石碑，立在上面。于是现在我们可以看到两个石碑，一个石碑是“治隆唐宋”，另一个石碑记载了康熙南巡并委托曹富刻碑的经过。现在这两个碑我们都可以看到。

但是也有朋友说康熙皇帝是政治家，这样做是为了给别人看、笼络人心的。这话对不对呢？也有道理。所有政治家的活动，一举手一投足都可能是政治作秀。如果这个作秀很值得，他会去做；如果这个作秀会为他减分，他大概不会去做——他说一个专制者、一个杀人魔王功德无量，他自己是不是会被减分呢？康熙皇帝不会这样做，他被人称为明君，面对很残暴、很不值得歌颂的皇帝，去给他磕头，写上“治隆唐宋”是不大可能的。可能康熙有作秀的成分，但是他确实对朱元璋充满崇敬之心，而且是对明朝统治的一个客观描述。这话，被他的孙子乾隆皇帝一再重复。乾隆皇帝在他的诗中多次说到，太祖、成祖他们很能干，治理超过唐太宗，只是他的子孙不太好。好了，我们现在看到这四个字——“治隆唐宋”，就和我们以前得到的关于明朝的印象不一样了，你认为明朝是黑暗的、腐败的，可是我们没有想到还有这样的说法，明朝是一个“治隆唐宋”的时代。那么明朝是不是“治隆唐宋”呢？朱元璋到底把国家治理得怎么样呢？明朝大概是中国历史上延续时间第二或第三长的朝代——共277年，而且明朝的制度为后来的清朝所继承，无论是政治制度还是法律制度、选官制度、科举制度等，都曾经达到中国传统封建社会的巅峰，也包括社会的建设。明朝是什么样子？大家可以参考这四个字：“治隆唐宋”。

还有一点，在一些教科书中，包括外国一些研究中国历史的学者的著述当中，对明朝疆域的描写也给了我们很多印象，比如美国人写过一本插图的中国通史，很简单，一小本，带很多插图，里面有一幅明朝的疆域图，他把明朝的疆域画在长城一线，长城以北不是。我想这样画，至少没有全面反映整个明朝的情况，与事实不符。明朝的疆域不是在长城一线，至少我们大家都知道这样一个事实，就是在明朝永乐年间曾经在东北黑龙江一带建立了努尔干都斯，对整个东北地区，包括大兴安岭、黑龙江以北地区进行了有效的管理。什么是有效管理？包括驻军，包括当地的首领要承担国家的军事义务、承担相应的赋税，这就是有效管理。明朝与蒙古地区和西域地区是怎样的关系呢？我们知道张骞通西域后，唐朝也一再通西域，留下了很多跟西域交往的佳话，可是大家不知道明朝有多少使节出使西域。现在我们可以随便举出很多，有的甚至在西域住了很多年。比如明朝在哈密这个地方建立了一个卫，封了哈密王，这个王不是虚衔的王，他在这里要贯彻政府的指令、政令。以哈密卫为桥头堡，外国公使来了，不认识，由哈密卫翻译并判断对我们友好还是不友好，是否放行。这是在西部。

在蒙古地区，大家都知道有一个“土木堡之变”，明英宗曾经在1449年（正统十四年），在河北怀来土木堡和瓦剌的战争中成为战俘，这成为后人批评的一个口实，说明朝是不是衰落了，皇帝都被抓走了。不仅我们这样说，明朝人也这样说，但是明朝人还有另一个说法，他们说什么呢？他们把明英宗被抓走的这个事件，和北宋末年宋徽宗、宋钦宗被抓走的事件进行比较，宋徽宗、宋钦宗一抓就再也没有回来，为什么明英宗回来了呢？用明朝人的话来说，当时明朝是全盛之天下。皇帝虽然走了，但是国力没有衰落。瓦剌虽然赢了这场战争，但是整体国力不能跟明朝相抗衡，明朝迅速组织50万军队，立刻取得胜利，明英宗就被送回来了，尽管明英宗的弟弟已经做了皇帝，不是很希望明英宗回来，但是瓦剌还是赶紧把明英宗送回来了，明英宗在他那里，他整天还要朝拜啊。

很多历史书都提到一句话，涉及对清朝的评价，怎么说的呢？说清朝的最大功绩之一，是奠定了现代中国的版图。你说这个话有没有问题？有时候可能也是功绩，但再仔细一想也有问题。现在我提一个问题，我想请大家想一想，土尔扈特部回迁中国，渥巴锡在见到乾隆皇帝时，给乾隆皇帝送上的第一件礼物是什么？是他的祖上在明朝永乐八年受封时得到的汉文印信，这是一个历史细节。他们认为自己是中国人，明朝就已经有人受封了，有印信凭证。他们之所以要回到中国来，是因为明朝人奠定了他们对中国的向心力，有凭证在这里，现在是清朝了，我回来把这个印信交给你。还有一句话要问大家，为什么在明朝的时候他们不回来，在清朝的时候要回来呢？因为他们受了欺负要往回走，明朝的力量可以影响到那里，但是清朝的时候影响不到了。

明朝的疆域是到长城一线吗？明成祖曾经攻打鞑靼、瓦剌，每次出征，鞑靼都跑得无影无踪，听说明成祖要来了，他们头年冬天就走了。那么明朝对蒙古地区的统治究竟是什么样子呢？刚才我们说了明成祖曾经用武力攻打那些不服不顺的人——鞑靼和瓦剌，但是明成祖也同时封了鞑靼的阿鲁台为河宁王，等等，这些王，我们应该看做是明朝地方政权的代表，他们接受了封号。蒙古有一个后裔，研究蒙古史的，他说元朝的宗室从来没有正式表示对明朝的臣服，宗室臣服不臣服重要吗？现在我们看东欧国家那些流亡在外的王，是把他们作为现在国家的象征，其实他们是否归附这个国家已经不重要了。蒙古主要的政权首领，像阿鲁台这些人，他们接受明朝的封号，定期给明朝朝贡，这种朝贡是象征性的，不是说明朝剥削他们，这以后我们还会讲到的。

当时的管理是松散的，那是我们的民族政策。当地的宗族不改变，当地的制度不改变，只要你不说我不是明朝的子民，定期到朝廷来行一个礼，朝廷给他们的赏赐是大量的。只要你有才就选拔你做官，因而当时明朝的军队里有很多鞑官、鞑军。还有当地的贸易也不改变。明朝疆域是什么样子呢？我们也不妨引用古代文献上所说的一句话，这句话出自《明史成祖本记》，也出自《明史西域传》。是什么话呢？它描写明朝的疆域，说明朝的疆域是北及大漠，南及明海，明海是当时最远最远的海边了。明朝的影响，有“东西抵日出日落”之说。这个情况概括为一句话，就是“盖兼汉唐而有之”，即汉唐那些伟大都有了；还有一种理解，即明成祖晚年时国力已经远远超过了汉朝和唐朝了。所以明朝是这样的一个朝代，其强盛远远超过了汉朝和唐朝，这是现在我们所看到的《明史》上的内容，《明史》是清军入关之后，经过几代人反复修订写成的。

现在我们就得出了八个字，明朝是“治隆唐宋”的朝代，明朝也是“远迈汉唐”的朝代。有人说毛佩琦在给明朝翻案，我说不对，三百多年前就有人写了，我没有翻案，不过把旧话念一遍，将事实告诉大家。为什么我们的青年朋友不知道这些东西呢？历史学家的责任！搞历史的这些人干什么去了呢，不把这些告诉大家。今天我来只是把书上几句话念给大家听，如此而已。告诉大家，明朝曾经是一个“远迈汉唐”、“治隆唐宋”的强盛朝代。大家可能闻所未闻。这个方面，我们就不说了，回归主题。既然说明朝曾经是一个“治隆唐宋”的年代，曾经是一个“远迈汉唐”的时代，那明朝那些昏庸的皇帝，那些腐败的宦官，那些特务、东厂，等等，是怎么一回事呢？这个我简单讲讲。

我刚才讲过，从明到清的历史转折，明朝“治隆唐宋”、“远迈汉唐”，但后来也衰落下来，否则不会被清朝取代。但是这个衰败是什么样的状况呢？我用一句话来概括，明朝在衰败中走向活泼开放。这话是什么意思呢？大家都知道一个词汇——“资本主义萌芽”，我们就从这儿开始说。资本主义萌芽即资本主义生产关系的萌芽。按照马克思的五种社会形态说，人类社会由低级到高级阶段大致要经过五种社会形态。这个社会形态在各个国家的表现不同，长短不一样，但是大致有五个阶段，即奴隶社会、封建社会、资本主义社会、社会主义社会和共产主义社会。中国没有进入资本主义社会，可是在明朝中后期，出现了资本主义生产关系的萌芽，这也写在我们的教科书里了，大家都知道。现在一些学者对这个问题的研究也有一些新的局面，很多学者认为明代资本主义萌芽是用五种社会形态来解释的，但五种社会形态的理论前提是否成立，有人表示怀疑，说马克思、恩格斯没有这么说，是斯大林提出来的。大概斯大林的权威性和马克思相比还差一点。有人借这一点提出质疑，这是一个问题。

我们知道毛泽东在《中国革命和中国共产党》这篇文章中讲到1840年由于外国帝国主义的侵略，中国进入了近代社会，出现了半殖民地半封建社会，也就是说近代的开端是在1840年。针对这个说法，在20世纪50年代就有学者提出不同的想法，代表人物就是我的老师商瑞，他因此被批判了好几十年。他说：“我们不一定用一个外国势力的入侵来划分我们中国的历史阶段，中国历史发展有它自身的线索，我们不能割断这个线索。”

他心里想说的是，中国的近代史应该是从明朝中后期开始的。于是引起了一批人群起而攻之，批判的文章不计其数，就是为了批判他这一句话。他这一句话写在《明清经济社会形态的研究》中，是一篇序。我们现在思想毕竟解放了，中国内地的很多学者提出可以说中国在明朝中后期进入近代史，大概海外一些学者更早同意这个观点；也有一些学者相对保守一些，可以不说近代，但是在明朝中后期出现了历史的转型，就是从传统社会向近代社会转型。

转型怎么转，两个方面，一个是旧的东西在衰落、衰败，它的势力和影响在减弱，另外一方面是新生力量在发展。如果旧的东西太强大，新的东西不可能出来，旧的东西很难适应历史的发展，有生命力的新的东西也很难发展。一个社会在发展、在进步的时候，实际上它是一个问题的两个方面，是旧制度、旧思想、旧文化的衰败，新制度、新思想、新文化的发生发展。那么明朝中后期所出现的社会转型就可以这样概括，首先明朝对于社会的控制力在削弱，传统的程朱理学逐步被王阳明的“心学”所取代。士大夫有一些可以相当于现在的知识分子。勇于承担社会责任的、对社会有根本思考的、有觉悟的人才可以说是知识分子，不是说仅仅读了几年书就可以成为知识分子。明代的士大夫，他们的主体意识、参政意识越来越强烈，因此出现了所谓的东林党。他们可以对施政提意见，可以直指皇帝，比现在美国人骂总统还厉害，他们可以骂皇帝。皇帝，竟然对这些知识分子没有办法，只好谁骂我我也不听，这些东西我假装没有听见。上一个奏章说皇帝有这个问题那个问题，皇帝假装没有听见，咳嗽一声把奏章搁在那里。

这些奏章，我们现在可以看得见的，20 世纪 40 年代由哈佛燕京学社编了一部书，可以看到 12 本书，5 号铅字的，都是骂皇帝的。有人说明朝专制皇帝昏庸到极点，但是专制吗？你看万历时候，士大夫骂皇帝，骂了白骂。我说的是什么意思呢？皇帝、皇权、传统思想，对于社会、对于人们思想的限制力量在削弱，这一种削弱恰恰给新思想的发展留下了机会。新思想怎么发展呢？它天天管着你，你一有举动就打倒你，就不会有新思想，而明朝有这么多新思想，尤其是令大家瞠目结舌的《金瓶梅》，多么开放。明朝人追求利益、追求金钱、追求欲望，如今多以财富论英雄，而在明朝不仅仅追求钱，而且还有假钱、娼妓、赌博、流氓恶棍等各种黑暗腐朽现象和势力，说明社会控制在解体。但同时，除了腐朽的东西，人们的自主意识在增强，人们组织会馆、社团，举行集会结社，尤其突出的是自称东林党继承人的复社，他们提出了自己的参政意见，可以说复社是中国，或者说中国近代政党的雏形，他们不但有组织、有纲领，还有入社的条件。如果一个制度控制得很死，社会结构很完整，新的事物、新的思想是无法滋生的，滋生了也会被扼杀掉。

那么与此相适应、相一致的，就是明朝在经济领域出现了刚才所说的资本主义生产关系的萌芽。现在很多人不用“萌芽”这种说法，而改说“新的经济因素”，近代的经济因素表现为手工工厂、手工劳动的规模化、组织化，雇佣劳动的大量使用，货币的普遍流通，白银作为标准流通货币，全国市场的形成，海外贸易的发展，等等。那么这些东西是在什么前提下出现的呢？第一个前提，就是传统的农业和手工业高度发达，已经发展到极限了，要提高生产力，要改变经营操作模式。第二个前提，传统的经济管理体制已经败坏了，经济管理体制首先就是对人的管理，如户口，在现代社会如果没有城市户口进城找工作就是农民工，很难，所以我们现在要进步，就要解决户口问题，各个地方解决了户口，就前进了一大步。明朝的户口问题就更大了，从元朝以来，实行了户籍分类制度。现在我们的户口就只有两种，即城镇户口和农村户口。过去户口种类很多，有军户，即当兵的；有民户，即老百姓；有官户，家里做官的；还有阴阳户，这家世世代代算命的；医户，看病的；匠户，做工的；还有淘金户，专门淘金的。世世代代户口本不得改变，龙生龙、凤生凤，如果想改变户口除非皇帝特别允许。国家用户口制度把人束缚在土地上，从事固定劳动，向国家承担赋税和服役，休想出现资本主义萌芽。那么，资本主义萌芽的前提是什么呢？就是这些制度被破坏了，人可以自由地到市场上出卖自己的劳动力，《资本论》就是这么写的。在元朝，你想出卖劳动力不行，你要靠家里的地出产的产品向国家缴纳赋税，你也离不开土地，因为你出行要凭通行证的。

朱元璋就出生于元朝末年一个淘金户的家庭，淘金的，每天跟金子打交道。淘不淘得到金，都必须向国家缴纳金子。最后他们没有办法，就不断地逃亡，但是户口的本子控制着，你要承担这个赋税。明朝后期，户籍制度解体了，人们开始崇尚商业利益，可以做生意、出卖劳动力，皇册制度对土地的管理开始被破坏了，土地不断地自由流动和买卖。军户制度也被破坏了。以前因为你是军户，当兵的世世代代当兵，如果当兵的死了，还得出一个兄弟当兵，如果家里没有人当兵，那就得亲戚、远房亲戚代替，这种制度限制了生产力的发展。还有匠户制度的破坏，也就是传统的经济制度被破坏了，人有了更多的自由去选择他的职业，农业、手工业当中的商品经济因素发展了，整个社会发生了变化。海外贸易也在发展。有一种说法，说明朝是一个最封闭的社会，说朱元璋说过“片板不能下海”，关于这句话我后来到处找也找不到原始出处。为什么在明朝有一段时期严厉禁止百姓下海呢？是因为沿海的倭寇太猖獗了。朱元璋在平定天下时，张士诚的一批力量逃往海上，所以明朝曾经有一段时期不准百姓下海。不准百姓下海是什么意思呢？是不是国家就闭关了呢？没有！实际上明朝官办的、官方管理和控制的海外贸易一直没有停止，明朝在地方，像泉州、广州、宁波等地，设置了市舶司来管理海外贸易。海外贸易者持明朝发给的有效证件，叫做勘合，进行所谓勘合贸易。嘉靖十九年，在浙江沿海，海上曾经有两批日本人自己打起来，怎么打起来了呢？都说自己是正牌的供使，说自己有勘合，是合法贸易，另外一伙人也说自己是合法贸易，结果就打起来了，其实是争供之意。

可以说在明朝，很多外国的商人，无论是官商还是民商，他们拿着明朝的有效证件是可以和中国从事贸易的，这种贸易在永乐年间，在郑和下西洋进一步打通丝绸之路之后极度繁荣。当时说西方 30 余国来到中国朝贡进行贸易，还带着一个什么麒麟，实际上不是麒麟，是长颈鹿。最近阳江发现了“南海一号”沉船，中央台采访我，说为什么当时把长颈鹿叫麒麟，麒麟是我们想象中的动物，现在我们在一些陵墓里，或者是在图画里都能看到，认为这是一种吉祥的象征，如果发现了麒麟则象征天下太平。非洲人大概认为长颈鹿的发音跟麒麟很接近，所以明朝人也认为长颈鹿就是麒麟了。明朝没有实行严格意义上的海禁，官方的贸易一直没有停止。到了隆庆皇帝继位的时候，他批准到东、西两洋贸易。如果说在隆庆之前，朝廷没有实行海禁，仅仅是允许官方的海外贸易的话，那么隆庆之后就允许老百姓到东、西两洋贸易了。这是在隆庆年间。

从此以后海外贸易时松时紧，但是整体上呈现开放的态势。刚才我们说所谓明朝的社会转型，包括政治层面、经济层面和外交层面，这种对外交往、开放的态势，因为一个新的事物出现，使整个明朝后期的知识界产生了一个新的情况，是什么情况呢？就是西学东渐。西学东渐指的就是西方学术逐渐传到东方来，这件事的契机是意大利基督教传教士利玛窦来到中国，最后在北京建立了一个教堂，这个教堂现在还可以看到，大家如果有兴趣可以到北京前门的西边宣武门，那里的一个拐点有一个教堂，就是利玛窦建的教堂。利玛窦当时所带来的学问是中国人从来没有接触过的。这是全新的东西，可是我们当时中国的知识分子和科学家们已经能够和他们对话，比如徐光启。我打过一个比方，我说如果一个博士要谈专业领域的课题，他的对象是一个小学生，这个博士肯定不谈，因为小学生不懂。所以他的谈话对象和交流对象，水平肯定也要跟博士差不多。是什么意思呢？英国人李约瑟在写《中国科学技术史》的时候说，徐光启的定位不应该和利玛窦相比，实际上他在科学界的地位应该跟当时的伽利略相提并论。中国自身科学技术的发展水平已经接近近代化的前沿，中国接受西学是自身科学技术向前发展的逻辑动力，它有这个要求，中国也走到这一步了，世界也走到这一步了。中国在明朝末年的西学东渐是一个平等的对话，而现在我们跟西方的对话却是不平等的。

比利时传教士吉米格曾经在来华时带来 7 000 部图书，既有宗教、哲学等人文科学的，又有自然科学的，涵盖了自然科学的各个领域，如天文、算术、地理、测量、农业、机械等，这是大规模的文化交流。这 7 000 部图书中，很多已被翻译成中文。西方当时最先进的作品，几年之内可以翻译成中文，但当时没有这么多翻译工具，也没有什么电子邮件，更不用说电脑。那是在交通很不方便、现代科技手段交流很缺乏的时候，中西一个平等的交流机会，不是西方强势文化来压迫我们，让我们学也得学，不学也得学，不学就得挨打。所以后来清朝人魏源说“师夷之长技以治夷”，可是徐光启说的是什么？是要“超胜”，心胸不一样了。徐光启说“欲求超胜，必求贯通”，是要求中西学术贯通，然后超过西方，这是明朝人的姿态，明朝人的心胸不一样。

更不一样的是明朝科学技术界追求新知的开放态势，它是由民间向上发展的，是从民间启动的。像徐光启等人，是从民间开始，最后得到了官方的认可。反过来，清朝是什么样子呢？清朝是官方控制了，不许民间这样。康熙皇帝身边曾经有很多数学家、地理学家，编制了世界地图，但是地图绘制好了不许出版，天文书籍也不许别人看，数学书籍也不准别人看，只准我康熙一个人看。这样对社会生产力发展有好处吗？这些科学家成了皇帝的摆设、宫中的弄臣，普通老百姓是不允许接受科学的。

不过，别看明朝末年衰败了，但是整个国家是一种开放的态势，是活泼前进的态势，从民间到皇帝都是这样。明朝末年内忧外患，内忧是李自成等起义，外患是满族人造反，企图分裂国家，在东北自己搞独立政权，消耗了明朝的力量。意大利传教士毕方济给崇祯皇帝上了一道奏折，说是为了明朝更加强盛，提出两条建议，第一条就是用西法修历书。中国人很注重历书，为什么？皇权神授，谁拿到历书就可以解释天的权力。所以明朝的皇权神授，历书很重要，西方人也投中国皇帝所好，用西法修历书，崇祯皇帝同意了，让其和徐光启一起修历书。第二条是打开海外贸易，控制海外贸易所得到的金钱，使国家强大；开矿业，增加国家的收入，让老百姓也能够获利。这些建议看起来是形而下的，实际上它包含了西方治国的基本理念，是价值观的转变，和农业社会的传统是不一致的。崇祯皇帝说：好啊，这么忠心，爱我大明，表彰，发匾牌。匾牌一路从北京到澳门，整个国家从上到下都是一种开放的态势。

皇宫里也是一种开放的态势，对于异域的文化也是接受的心态。我们可以给明朝再概括一句话，这句话就叫“明朝在衰败中走向活泼开放”。这个态势是很明显的，中国生产总值居世界首位，当时白银大量流入中国，白银主要产地是拉丁美洲，西班牙在那儿建立了殖民地。当然，后来由于鸦片战争，白银也卖得差不多了。为什么万历皇帝这么着急到全国各地开金矿、银矿呢？很多人批评万历皇帝，说他母亲出身低贱，他很爱钱，等等，这种批评很狭隘，皇帝富有四海，他会看中这些钱吗？万历皇帝主张开矿时，周边很多人表示支持，认为现在国家的经济要发展，开矿是很对的。现在在我们看来也是很对的。当然开矿的时候很多人借机捞钱、中饱私囊，借机危害百姓，这些都是应该抨击的。万历皇帝想要开矿，要得到更多的白银，是有商品经济发展的大背景支持的，所以明朝是一个从衰败中走向活泼的朝代。

那么清朝是什么样的？有人说清朝了不起，康乾盛世，清朝最后实现了统一，所以清朝取代明朝，就是天经地义的，凡是抗清的都一概是反对国家统一、违背历史潮流的。此话不妥，这是少数人得出的非常偏颇的结论。现在有一些人，虽然是少数人，但影响很大，弥漫着这种论点，这是很不对的。那么清朝是一个什么情况？清朝为什么能够胜利？清朝是胜利者，就是当然的、合理的、正义的代表吗？不是。恩格斯曾经说过一句话，大意是落后民族总是被它征服民族的先进文化所征服，这话是什么意思呢？我们来分析一下这句话。这句话的意思应该是落后民族可以征服先进民族，而不是说它因为先进就必定能征服落后的。有一个朋友，北京大学历史系毕业，当过光明日报出版社的总编辑，他写了一本书《北风烈》，我说为什么中国传统社会会延长，就是因为中国北方少数民族地区与内地的文化差异和经济发展的差别，每一次当南方发展得不错的时候，北方一入主就把南方发展的成就吃掉了一块，中国就要重新来一次。几次重新来，中国不就落后了吗？他说对，我也跟别人老谈这个话，但别人也不听，可是我说一句话他们就懂了：你是现代人，很有智慧，可是在山里可能会被狼吃掉，狼很傻，但是可以吃你。

落后是可以战胜先进的，清朝入主不代表进步，它最后不调整、不改变它的政策，就不能在关内站住脚，所以它要重新回到中国传统的政治轨道，于是出现了一个问题，明朝人认为已经限制了新的萌芽、限制了新事物发展的那些准备扔掉的东西，清朝人拿过来加固，所以有了“文字狱”，有了强大的思想控制。清朝的“文字狱”多厉害啊，清朝修了一部《四库全书》，被称为浩大的文化工程，能存之久远什么什么的，仔细一想不对，《四库全书》是一次文化大浩劫，为什么？收录进《四库全书》里的，还不到全部留存书的一半，其余部分都遭禁毁，烧掉了，比秦始皇烧书还厉害。而且收录到《四库全书》的书，都要经过修改，不是本来面目，这不是文化浩劫吗？所以现在国家古籍整理小组出版重新整理的古籍。在清军入关控制了华北地区，开始实行圈地的时候，英国人也在圈地，中国人把大量的土地圈占，变为牧场，放牧放马，把大量的百姓抓来做农奴，恢复到奴隶制的生产方式。而英国人圈地养羊，发展了资本主义。于是，中国和欧洲走向了两个方向，一个倒退到农奴社会，一个向资本主义道路大步迈进。

就是在“康乾盛世”，中国自己所谓强大的时候，西方完成了工业革命，发明了蒸汽机、纺纱机等，英国从此大阔步地前进。中国重新加固传统的统治机器，重新把准备抛弃的那些东西拿回来，再统治老百姓。本来我们面临与世界同步发展的机会，可是因为出现了由明到清的朝代更换，换了一批统治者，治国理念也倒退了，从一个活泼开放的态势进入封闭的态势，禁止百姓和外界来往，这就是倒退。

为什么闭关锁国，不许老百姓跟外国来往呢？在这里我们要用马克思的一句话，马克思说，推动这个新的王朝实行这种政策的更主要的原因，是它害怕外国人会支持汉人反对他们的统治。由于这种原因，才禁止百姓与外国人有任何往来。不要说康熙皇帝多么开明，他学会了高等数学等，但是不让老百姓学，而明朝是提倡老百姓、民间学的，是不一样的。所以这就出现了一个大问题，清朝人抱着固有的大国心态，对于外国任何新事物都不接受。在承德避暑山庄，皇帝对外国人说，天朝大国无所不有，跟你做什么买卖呢，你们赶快回去。于是，清朝一步步走到鸦片战争，最后被外国的坚船利炮打开了国门。

利玛窦曾经跟徐光启一起在万历年间翻译了一本书，叫做《欧几里得几何学》，一共 12 卷。利玛窦和徐光启翻译了前 6 卷，翻译完了以后徐光启感叹说，以后这件事不知道何年何月何人来完成。因为当时利玛窦的年纪也很大了，果然，后 6 卷的翻译是清朝道光年间才完成。前 6 卷和后 6 卷的翻译，前后大约相距 250 年。

利玛窦来中国，带来了一幅世界地图。现在可以在南京博物院看到原件，这幅地图也被刻印出书在知识界广泛流传。这就是说中国人已经知道在中国之外还有先进的文明，还有高等文化，还有五大洲。中国人当时不封闭，大家知道一个事实，就是到了清朝道光年间，林则徐曾经委托魏源修撰《海国图志》，被毛泽东称为“睁眼看世界的第一人”。这次睁开眼和徐光启当年睁开眼，又是一个 250 年。这两个 250 年，正好是中国从先进到落后的 250 年，正是中国好像强盛了，但其实是被抛在先进世界的外围，脱离了世界发展一致轨道的 250 年。中国从先进到落后，有多种多样的原因，很多学者，包括文化学家、政治学家、经济学家都从不同的领域找出了其中的原因，我也根据我的体会，提出一点解释吧。我的解释是，明朝在衰败中走向活泼开放，它曾经有一个与世界同步发展的机会，清朝在强盛中走向僵化封闭，最后被抛在后面，形成了最后被挨打的局面。谢谢大家。

学生提问：我的问题是如果清军不入关，中国有没有希望真正发展成为一个资本主义国家？

毛佩琦：这是很多人都要问的问题。历史就是这样的，没有办法假设，我们也不知道清军不入关明朝会向何处发展，但是我们只看到一种发展的态势，这种态势是可以跟世界同步发展、平起平坐的机会。不幸的是，当时这个机会丧失了，我们只能说到这样的一个层面。我们不能对历史的发展作妄断，历史毕竟是一份材料说一份话，没有这个事实我们也不好作这个评论。

学生提问：毛教授您好，今天非常感谢您带来精彩的演讲。我的问题是：清朝的皇帝有一个特点——勤政，而明朝的皇帝都有一个特点——怠政，为什么会这样？

毛佩琦：朱元璋建立明朝之后，非常重视对皇子的教育，他在宫里设立了一个大本堂，聘请了海内最著名的学者给他的孩子们教课。所以明朝的皇子们都受到了很好的教育，有一个说法，明朝的皇帝没有文化，这是因为清朝的情结过深了，是不客观的。那为什么明朝的皇帝出现了一些不勤政的现象，而清朝的皇帝个个勤政呢，大概明朝更多的是依靠制度自身运转，皇帝很省心，他不用去干事，国家照样能运转，所以才维持了 277 年，万历皇帝最不勤政的时候，30 年不上朝。所谓不上朝大家不要误解，不上朝就是不在那个大殿上举行跪拜的仪式，但是也要处理问题。万历皇帝长期处理问题，就是在现在中南海所在地，不上朝但是可以处理政务。万历年间抗倭援朝战争是万历一手指挥的，所以上朝不上朝不是皇帝是否勤政的标志。这是第一。

第二，明朝的制度，刚才也说到了宦官的制度和明朝的宦官，不要把宦官看做一个国家的肿瘤，必须要切割掉，不是这样的。宦官是明朝政治制度不可分割的一部分，是正常运转的一部分，它是皇帝用来控制朝廷，以之与文官抗衡的一种权力架构。明朝也有很多好宦官，最好的就是郑和，还有在政治层面起到很重要作用的，当然也有坏宦官，起到不好作用的。所以明朝就有人写过《明史记事本末》，有一卷就是“宦官奸贤”。宦官和朝廷内阁全部把事办了，皇帝玩去吧，就是这样的。我说得比较简单，但是我想有制度层面的原因在里面。

第三，就是明朝皇帝的权力问题。现在有一个说法，说明朝皇帝集权是中国历代皇帝中专制主义程度最深的，如果是说朱元璋的话，这是可能的。但是明朝后期的皇帝不这样，特别是内阁形成以后，内阁有很大的权力，我们看书不难发现，明朝很多重大决策都采用了内阁和九卿的意见，在殿堂上采用实名投票制来决定事情。就像隆庆年间和蒙古安达王谈判，进行贸易往来，封他为王，这也是在朝廷上投票，写上同意或者反对。这种制度带有民主性的精华，这是毛主席说的，中国古代有很多民主性的精华，皇帝不是那么专权；而清朝，除了皇帝和少数几个亲王之外，内阁是没有权力的，所以清朝是最专制的。明朝到后期，其实皇帝没有很大的权力。比如说明武祖，跑到江南去玩，不过只去了一次，但是乾隆皇帝去了五次。而且明武祖去江南，遭到御史的反对，拿着刀坐在那里，不让去。我们看明朝的制度时，要看到这个层面，嘉靖皇帝很厉害吧，从湖北安陆跑到北京做皇帝以后，也想把自己的父母抬高地位，弄到庙里有一个牌位，但是大臣说不行，弄了几十年，才勉强把自己父母的牌位弄到庙里。明朝是用制度来约束皇帝的权力的。明朝的制度也是很复杂、很有意思的。又如明武宗在宣化盖了一个宅子，被臣下批得一塌糊涂。而清朝修了什么呢？圆明园、颐和园，等等。明朝的皇帝朱元璋留下的家法，谁敢败坏，虽然有腐败的一面，但是也要受到家法的控制。一有举动，就会有大臣的抗议批评之词，明朝和清朝的风气是不一样的，清朝的皇帝是没有人敢管的。

学生提问：提一个很粗浅的问题，今天我听了毛教授感染力很强的明清点评，感觉很精彩。了解了明朝是从衰败走向活泼开放，清朝是从强盛走向僵化封闭。今天的主题是从明代到清代的历史转折——中国为什么落后、挨打，第一句话就是知其一，第二句话就是知其二。中华民族的历史，接近上下五千年，我们有一个先进的光荣的古代，又经历了一个耻辱、落后的近代，现在在迈向振兴的当代。请毛教授给我们指出，我们的落后、挨打的内因和外因是什么？虽然是很旧的问题，但是想听您从史学角度的精彩解答。谢谢！

毛佩琦：从先进到落后是250年，这250年是清朝统治的250年，走向僵化封闭，倒过来说，逻辑就是这样的，因为走向僵化封闭，尽管你自己可能是强大的，但是你在世界范围就落后了。

学生提问：明朝曾经给了我们很多希望，那么明朝最后衰败最主要的原因，到底是天灾还是由于政府的运转机制不良，没有办法把粮食运到灾民的手中呢？

毛佩琦：我想明朝灭亡最主要的原因，是明朝的制度已经不适合新的历史发展的要求。明朝的传统制度应该被新的东西取代，但绝不是清朝应该取代的，因为清朝是拿旧制度取代了，而不是新制度。明朝和李自成之间是两败俱伤，清朝是乘虚而入，得到了胜利，清朝皇帝不是一个好的领导，不是一个开明的领导，所以我想这是一件非常遗憾的事情，当然历史也不能假设。我建议大家看一本书，北京师范大学顾城教授写的《南明史序言》，书中就说到这个，不能够把历史发展看做一个宿命论，很多时候是偶然的，历史大势从落后到先进，这是不能改变的，但是在具体环节上，两三百年在整个人类大历史中还是很短的，是由很多偶然因素决定的。所以我想从明到清的历史转折，正是因为从明转到清，中国走向落后，事实也是这样，所以我所描述的，既是事实，也应该就是原因。

学生提问：毛教授您好，我的问题可能有一点偏离了今天的主题。每一个王朝灭亡之后，都会有一些民间组织来推翻现行王朝，重复之前的制度，比如说反清复明的天地会，一直到清末还存在，为什么它能够存在这么长的时间？

毛佩琦：中国利用秘密结社，利用类似宗教的组织来反抗朝廷是有长久历史的。我们知道朱元璋起义前后也是利用白莲教，当时叫白莲社，也就是明教。白莲教一直到清初，几十年都闹得很厉害。这些宗教，他们鼓吹的是人间的平等，鼓吹所有成员之间互助、互帮，共同建立美好的平等社会，这种宗教的理念，或者结社的理念，对于百姓有天然的号召力，它是当权者天然的反对面。如果在不具备新的思想武器的历史阶段，它可能会永远秘密存在下去，成为反抗政府的秘密势力。那么，后来这种势力为什么就没能成气候呢？就是因为当时新的革命思想出现了，就是同盟会，后来就是国民党等政党出现了，其他民间组织的生命力和号召力就没能更强大。

（演讲时间：2008 年 1 月 10 日　视频整理：张伟龙）

中国历史上的统一和分裂

葛剑雄

葛剑雄，历史学博士，曾任复旦大学中国历史地理研究所所长，历史地理研究中心主任、教授，现任复旦大学图书馆馆长，并任国际历史人口委员会委员、中国史学会理事、中国秦汉史研究会副会长、上海市历史学会副会长等。从事历史地理、中国史、人口史、移民史等方面的研究，著有《西汉人口地理》《中国人口发展史》《普天之下：统一分裂与中国政治》《统一与分裂：中国历史的启示》《简明中国移民史》（合著）《中国移民史》（一、二卷）《往事与近事》《泱泱汉风》《未来生存空间·自然空间》《悠悠长水：谭其骧前传》《悠悠长水：谭其骧后传》《葛剑雄自选集》《行路集》《碎石集》《走近太阳——阿里考察记》《剑桥札记》《中国古代的疆域变迁》《人口与中国的现代化》（合著）等，发表论文百余篇。

各位老师，各位同学，大家早上好！我的老师谭其骧教授，1927—1930年在当时上海真如的暨南大学学习，当时暨南大学有很多一流的学者，例如，他的一位老师就是后来著名的人类学家、清华大学的教务长、图书馆馆长潘光旦教授；他的中文老师是近代著名的文学家夏丏尊先生，夏先生还曾经带着他们几位学生去见鲁迅，跟鲁迅座谈；他的英文老师是林语堂先生；他的英文老师兼文学老师是著名的戏剧学家余上沅先生。当时他们的教务长是“五四”运动中的健将，后来曾经担任人大常委会副委员长的许德珩，这是他的第一段经历。第二段经历是1947年，他在浙江大学当教授，后来他又在上海的暨南大学当教授，直到1949年上海解放。由于暨南大学停办，暨南大学历史系和其他几个系的学生就并到复旦，这些学生又向校方强烈要求希望谭先生来复旦做教授，所以复旦大学历史系的主任周予同教授向谭先生发出邀请，可见谭先生后来成为复旦大学的教授，也跟这批暨南的老同学有关，这些情况有的我已经写在传记里面了。我很感谢暨南大学的老师对我的帮助。譬如，我提到谭先生曾经写过小说，但我一直没有找到。现在暨南大学的老师帮我在当时的材料里找到了。正因为这样，我今天有这个机会来这里，也感到特别高兴。

我们讲中国历史上的统一和分裂，首先要弄明白什么是“中国”。这个问题在今天来讲是不成其为问题的，“中国”就是“中华人民共和国”的简称，它是一个国家的名称。但这个名词刚产生的时候，并不具备今天这样的意义。所以“中国”这个名词，它的含义是随着历史的发展而不断变化，最后固定为一个国家的名称的，那么“中国”最早出现在什么地方呢？20世纪60年代，有人在陕西宝鸡一个废品站里发现一个被作为废铜来卖的青铜器，后来经过考古学家鉴定，是中国少有的几件青铜器之一。考古学家把它命名为“何尊”，上面有当时刻的铭文，这个铭文的大意是说，周王攻克了商朝的首都以后，举行了一个明确的仪式，向上天报告说：“我现在已经占据了中国，统治了那里的百姓。”那么，这个何尊是什么时候铸造的呢？下面还有一段话，大意是说这个王又迁回到周朝的发祥地成州，重新实行周武王的礼仪制度。可见铸造的时候，是周武王的儿子周成王的时代，离今天已经三千年了。也就是说，三千年前，已经有了“中国”这两个字。其他的儒家经典，譬如说《尚书》，又称《书经》，还有《诗经》，里面都有“中国”这两个字。《尚书》里面“中国”两个字的解释跟“何尊”差不多。《诗经》原文说：“惠此中国，以绥四方。”就是说，把中国统治好了，那么四方也就安宁了，可见“中国”同“四方”是两个不同的概念。

从文字的形成来讲，繁体字“國”，大的“口”里面有一个小的“口”，这个小的“口”原来是写成一个椭圆形的，代表一个人的眼睛，下面有一个斜杆，本来是一个横的杆，表示一片土地，旁边一个“戈”表明是一个人拿着武器，警惕地守卫着这片土地。可能这样还不够安全，拿个圆圈把它围起来，这就是“國”。所以“国”的本义，是由城墙包围的、由人拿着武器守卫着的一片地方，那就是一个居民点，一个聚落，一座城，一个邦，或者一个域，这就是国。住在国里面的人称为国人，所以我们看到，先秦时期的著作里面，讲到国人的意思，不是现在的国家的人民，而是城里的人。而国外面叫做郊，我们现在讲郊区，也就是这么来的。住在郊里面的人称为郊人，再远一点的地方，我们称为野，住在那里的人当然叫野人。所以我们看到《论语》里面讲孔子遇到一个野人，这个野人不是野蛮的野，而是说他住的地方离那些“国”很远。

这样的“国”有多少呢？一般讲所谓“有万国”，这个“万”，在这里不是一个确切的数量词。在许多情况下，比如说“万众欢腾”，是不是有一万个人呢？不是的。也许几百个人，也许一两万人甚至更多，反正是形容多，那么到底有多少国呢？现在很难统计，但是的确很多，比如说，周武王号召诸侯去讨伐商纣王的时候，据说响应的诸侯有 800 个。当然还有不响应的，站在对立面，保卫商纣王的。所以，肯定地讲，诸侯应该在 1 000 个以上。据历史记载，春秋的时候，这样的国还有 1 000 多个，但是后来这些国慢慢地减少，因为在兼并。一旦上面的天子缺少权威，下面的诸侯之间就你争我夺，大的诸侯灭掉小的诸侯，强的诸侯吞并弱的诸侯，所以诸侯国的范围越来越大，但数量越来越少。譬如山东半岛，原来大的诸侯有齐国、鲁国等，大家知道齐国是姜太公的后代，鲁国是周天子的弟弟传下来的。但是，山东还有大大小小的诸侯国好几十个。后来鲁国也被灭掉了，就只剩下齐国了，齐国有 72 个城，意味着以前至少有过其他 70 多个国。又譬如，楚国开始只是在湖北西北部那里，后来范围到了今天的荆州、江陵，又在那建立郢都。之后又从湖北发展到湖南、江西、河南、安徽，甚至到了山东一部分，又包括江苏、上海、浙江，这么大一块，全是楚国。这个过程楚国吞并了很多国家，所以到了战国的时候，大的国只剩下七个了，那就是秦、楚、齐、燕、韩、赵、魏，还有几个小国。而到了公元前221年，七国就并为一国，诸侯国越来越少了。

这个“中”是什么意思呢？“中”的本意是一面旗帜，是商朝人召见他的部下集合时用的。我们今天集合可以印些通知，现在大家可以看表，或者发短信，或通过广播、电视。但是在没有这些媒介，也没有共同的统计时间的标准的时候，要集合这么多人是不容易的。好在人类有各种办法，有的点火，有的通过打击产生声音，甚至比较原始的，就站在高处呐喊。现在已经装上麦克风，声音传得比较远。商朝的中心地带是平原，就做一面很大的旗子，找个空地，插在那里，大家一看，有事情集合了。因为平地上就一张旗，所以这面旗子的地方，往往就是各方到它的中心点。这样，“中”就由一面旗子变成“中间”、“中心”、“中央”，或者“最重要”等含义了。

那么，这两个字怎么并到一起呢？什么叫中国呢？就是在众多国里面，最中间、最重要的这些国，就叫中国。那么，这个中国应该在哪里呢？我们知道从公元前880年以后，周朝的政治中心迁到了洛邑，就是今天的洛阳。所以东周这段时间，洛阳及其周围的国，就是中国。洛阳被称为“天下之中”，据说，河南人对这点还是很重视的。我们其他地方说话经常用“这件事情好不好”，河南人如果说“好”就说“中”，所以有人说这个“中”传下来就是这个原因。当然，后来“中国”成为一个重要的名词也是其原因之一。为什么它是中国，周围不是？在这种情况下，中国的范围就扩大了。因为除了地理上的原因以外，还有譬如跟周天子关系的亲密程度，还有它的重要性，甚至还有这个诸侯国的实力。你说，如果有人称了中国，有实力的、地位重要的、跟中央统治者关系密切的愿意不称自己为中国吗？当然不会。所以，后来各诸侯都要表明自己是中国，人家不是中国。等到秦始皇把天下都统一了，那么，哪一个地方还不愿意说我是中国呢？即使原来老牌的那些“中国”的地方瞧不起它，也不把它当中国，它自己也要称中国。中国的范围就这样逐步逐步地扩大了。

“中国”的含义一直在变化，那么它是怎么变化的呢？第一，它是一个政治上的含义，“中国”被认为等同于中原或者中央王朝。譬如秦朝，秦朝的领土就认为是中国；譬如汉朝，汉朝的领土就被认为是中国。那么，根据这个概念，到了18世纪的中叶，也就是清朝乾隆年间，已经有1 300多万平方公里的土地，都被认为是中国，这也是政治上的概念。第二是民族意义上的概念，那就等同于华夏诸族或者汉族。也就是说汉族的、华夏族居住的地方，都被认为是中国。那些南蛮、东夷、西戎、北狄各种少数民族居住的地方，往往不被认为是中国。这是个狭隘的概念，但它是长期存在的。譬如西藏，西藏在元朝的时候，其实已经是中央王朝直接统治的地方，但是到了明朝的时候，关系又一度疏远了，因为交通不便，同时一般人认为那里不是汉族。所以明朝人往往把西藏称为西番，认为他们不属于中国。这里讲的中国是一个非常狭隘的民族概念。第三是文化上的含义，那就等同于华夏文化，或者汉族文化，直到今天，我们讲到中国文化的时候，你有没有想到伊斯兰文化、藏传佛教是中国文化的一部分？其实也应该是的，中国境内 56 个民族，中国境内 13 亿人民，他们的文化都应该是中国文化的组成部分。所以我们讲中国文化往往用的是狭义的概念，想到了汉族，甚至想到了儒家，而没有想到一个广义的中国人的文化。第四是地域含义，是地理的概念。实际上这个“中原”，也是在逐步扩大的，而且它往往不受到地域的限制。今天的中原到底在哪里，河南省是中原，难道山东就不算中原吗？陕西就不算中原吗？实际这是个相对的概念。在特殊的情况下，这个地理坐标也会变化。譬如说，在中国发生分裂的情况下，有些边远地区也认为自己是中原。这个中原已经不是地理上的概念，而是他认为自己应该成为政治的、文化的中心。

其实不仅中国是这样，世界的坐标也不是固定的。法国的国王在画法国地图的时候，曾经下命令把通过巴黎的这条子午线称为零度经线，以它为中心。康熙皇帝请了西方的传教士来测绘中国地图，传教士秉承康熙的旨意，把北京作为零度经线。可是为什么到后来，全世界都接受伦敦格林尼治天文台为零度经线这一事实？其实，也没有别的道理，就是因为当时的大英帝国强大。另外还有一点，没有其他哪个国家做得到，就是英国几乎在每个主要的时区，都有自己的领土，当时被叫做“日不落帝国”。如果全世界要统一一个测量时间，只有英国有资格，所以大家不得不接受以格林尼治天文台的经线为零度经线这一事实。又譬如，我们现在把亚洲这里较多地称为远东，靠近伊朗、伊拉克那边叫中东，这通通是英国人的概念。对英国人来讲，巴勒斯坦一带是中东，或者中近东，中国是远东。在我们中国历史上有什么远东不远东，不就是我们中国自己的地方吗？

地理的概念都有一个坐标体系。这个坐标是谁建立的，究竟有什么标准？如果中原是由中原的统治者统治，这里当然是中原；如果换一个统治者，这里就到了边缘，他那里可能就成了中原了。譬如日本，日本是深受中国文化影响的。在日本也有中国，日本的中国就在本州的中间，而周围就不是中国。所以，地理概念其实也是变化的。那么，我们比较多地讲统一，应该注重它的政治含义，不是用其他概念来代替政治概念。正因为“中国”这个名词产生以后，很快就成为中原重要的国家，到了秦始皇统一以后，“中国”就往往成为一个不受朝代更替影响的持续延续下来的政治概念。在分裂的时期，大家都希望统一天下，就往往出现“中国之争”，都说自己是中国，对方不是中国。譬如说，从东晋开始，北方出现了十六国，以后北魏把它们统一起来，后又分裂成东魏、西魏，之后又分成了北齐、北周，最后由隋朝统一。那南方呢？东晋以后是宋、齐、梁、陈，后来陈被隋灭掉，重新统一。

在这个南北对峙的过程中，双方都宣称自己是中国，认为自己是正统，而对方是窃取了名号的伪政权。北方政权就骂南方是岛夷，是逃到海岛上去的野蛮人。其实，海岛还没到，只是逃到了南方而已。但在北方人看来南方都是荒凉的，不要说广东这一带，就是长江流域都是荒凉的。这个岛夷在什么地方？就在今天南京。北方人说，我们北方统治的是洛阳、长安，我们是黄河，这一带就是中国发祥地，我们不是中国谁是呢？所以，我们是正统。你们呢，逃到海岛上去，你们是野蛮人，不是中国。而南方政权呢？骂北方人是索虏，是头发扎起来的强盗，靠武力把我们赶过来，我们是北方来的，是炎黄子孙，我们带来的是真正的文明。我们的制度也比你们先进、文明。你们才是强盗，我们是正统。但最后还是北方武力厉害，把南方灭了。

中国有一个传统，后面的朝代要为前面的朝代写史、修史，二十四史除了前面几部是私人写的，后面几部都是官方写的。什么道理呢？一方面要总结历史的经验教训，但更重要的是我有资格给你修历史，就说明天命已经到我这里了。我继承了天命，所以我有资格来解释历史，有这个含义在里面。所以一般来说，新朝代建立、安定下来以后，马上要开一个专门修史的机构。修成以后，要献给皇帝，皇帝批准后，就成为正式的历史。实际上，是对以前的历史保存他的解释权，证明天命在他手里面。而隋朝统一以后，时间太短，史还没有修出来。唐朝再统一，到了唐太宗的时候，修史的官员就向他请示，怎么办？一个南方政权，一个北方政权，到底谁为中国，谁为正统？最后唐太宗做了结论：双方都是正统，都是中国。南方修一部“南史”，北方修一部“北史”。南北朝的名称就是这么来的。在这以前双方都是互不承认的，你说我是野蛮人我说你是强盗。到了唐太宗修历史的时候，就给两方以平等的地位，大家都是中国。他何乐而不为啊？他要否定北方，肯定不行，因为唐朝是从北方沿袭下来的，唐朝这个李家都是北朝的大臣。他也不应该否定南方，南朝的地方差不多占了唐朝的一半，而且，人口也差不多占全国人口的40%，如果把自己国家这部分人说成是伪政权的后代，对他有什么好处，所以他都继承下来了。这样才有了南北朝的名称。这种情况后来又被元朝的统治者所继承。元朝建立以后，也面临着前面有三个朝代（契丹人建立的辽朝、汉人建立的宋朝、女真人建立的金朝）的历史还没有修的情况，所以最后元朝就下命令，三史并修，都是正统，都是中国。正因为以前有这样一种眼光，所以中国没有被分裂，而是越来越大，越来越稳定。因为最终不管怎么样分裂，大家都自认为是中国的一部分，所以中国是不会分裂的。

历史往往具有惊人的相似。1949 年以后，蒋介石带着国民党政权的残余逃到了台湾，成为“岛夷”。但是，在他的眼里，掌握了政权的共产党是“索虏”。当时内地的口号是“解放台湾，消灭蒋匪”，而台湾的口号是“反共复国，消灭共匪”，这样的状况一直延续到改革开放初期。现在不知道怎么样，可能我们在厦门的海滨，看到大陆这边挂的标语是“一国两制，统一中国”，而台湾那边岛上挂的标语是“三民主义，统一中国”。不管什么主义，后面“统一中国”的认识，大家是一致的，都承认是一个中国。在这种情况下，尽管有冲突和战争，但是，不要担心中国会分裂，大家都是一个中国。当有人不承认中国，或不想再做中国了，事情就比较麻烦了。前些年，我们看到台湾有些人要“去中国化”，不要中国，要把中国史说成世界史。最荒唐的是台湾所谓的“教育部部长”，他不但提出“去中国化”，还主张把地图斜过来，说这个地图，这里是中国大陆，这里是台湾，不公正。要这样倒过来，把台湾画在上面，把中国放在下面。我说你随便怎么画，你能够让 3.6 万平方公里超过 960 万平方公里吗？你能把全世界地图都倒过来吗？表面看来很愚蠢，实际上暴露出他不希望再做中国的心态。可是历史是不能改变的，也没有办法改变。在他还在“中央研究院”做所长的时候，我曾经跟他谈过这事。他问我，难道你们大陆不讲地方历史吗？为什么我们台湾研究台湾史你们要反对。我说，谁反对你了，我们大陆不但有地方史，还有乡土地理。比如说我们上海，有人专门研究上海的历史地理。我们还把这些乡土内容作为地理的补充教材，教给学生。所以你研究台湾史谁也不反对。的确，台湾的历史研究得不够，但是我们从来没有说过上海史不是中国史啊，而你却说台湾史不是中国史。我跟他开玩笑，就算台湾明天“独立”，今天的历史也是中国一部分。这也是我们一定要坚持“一个中国”的理由，这是从长期的历史中总结出来的经验。大家坚持自己是中国，这个国家是不会分裂的。这是一个很重要的概念。

还有一个争是要争中央和周边。我刚才讲过，这个实际已经不是一个地理的概念，而是一个政治的概念。所以在分裂的情况下要称自己是中原，其他是周边。这个概念也影响到我们周边的国家。譬如说越南，越南在中国南面，我到越南顺化以前的皇宫里看过，里面挂有皇帝的画像，虽然只是小小的国家，有的却自称为南天尧舜，有的称自己为南天中华。他们也认为自己是中原，而周围的柬埔寨、泰国、老挝等都是蛮夷。朝鲜也是这样，他瞧不起日本，瞧不起其他国家，只有他这里才是中华。而在台湾蒋经国的时代，曾经也有人提议要建设新中原。台湾岛怎么叫中原，这个中原其实已经不是个地理概念，实际上就是建设新中国，我们用“新中国”，他们就用“新中原”。还有呢，历史上要争中国和外国，今天我们会觉得不可思议，外国就外国，中国就中国，这有什么好争的。历史上，中国不仅包括中央王朝直接统治的地方，实际上当时中国周边的、通过保护的、长期受中国影响的、对中国称臣纳贡的一些附属国家，如朝鲜、越南、琉球、缅甸等，特别是他们中的一些知识分子，就依然以中国自居。他们认为，什么日本，什么荷兰，这些是外国，我们是中国，他们有这个概念。比如我曾经在韩国跟韩国人看他们古代一些墓葬，如果它是明朝的，这个墓碑上面一定会刻上“大明朝鲜国”，然后才是什么地方什么人。首先他必须承认是大明的。所以你们看电视剧《大长今》里面提到明国，是完全歪曲历史的。在当时没有朝鲜人敢说“朝鲜国”，一定要说“大明朝鲜国”。同样地，如果是在清朝的时候，那些朝鲜的墓碑上面肯定会写上“大清朝鲜国”，或者“友清朝鲜国”，或者“皇清朝鲜国”，他们认为成为中国的一部分是他们的光荣，是他们的地位。大家去看二十四史，外国传里是不放朝鲜和越南的，只放在藩属里面。所以历史上“中国”同“外国”的概念也不同。到了 1912 年，“中华民国”建立，就明确宣布，这是中国的国号。

从 1912 年开始，中国的概念就比较明确了，“中国”是一个国家的名称，是“中华民国”的简称。在这以前，会出现中国同外国界限不一致的地方。在西方牵扯到“中国”怎样翻译的问题。西方人用 china，关于这个 china 是怎么来的现在有两种说法，一种说法认为来自秦朝，因为中国第一个统一的朝代是秦朝，“秦”这个声音慢慢变成 china；第二种说法是古代的时候波斯人把蚕丝称为 china，认为中国是一个丝国。至于我们现在把瓷器叫做 china 是后来的事情，因为这个东西来自中国，就用中国 china 来称。这种翻译就有个对应的问题。当明朝人问传教士：“你们称我们 china，china 是什么意思啊，相当于中文里面的什么呢？”这个传教士很聪明，他没有讲它相当于明朝，他说这相当于“中国”。“中国”，三千年来都是一个了不得的词。所以，中国人很乐意接受。要不然，你说这相当于明朝，清朝就不用了，清朝要找另外一个词。“中国”是一个延续下来的概念，后来，懂英文的中国人甚至建议，应该用 central empire 或 middle empire，这样更符合“中国”两个字的意思。这也反映出大家的“中国”概念很强。你一旦认为是中国，不管什么都接受，都延续下来。

我们现在讲统一，到底什么叫统一呢？一个范围是中国，中国的统一就离不开这个范围。那么统一的标准是什么呢？统一是一个政治概念，不是其他概念。用政治的标准，这个“统”字，大家看到是一个绞丝旁的，为什么是绞丝旁的呢，原来最早所谓的“统”，是指在蚕丝烧丝的过程当中把很多分散在蚕上面的丝，捏在一起，这叫“统”。所以它是绞丝旁的。大家知道怎么烧丝，怎么把丝从茧子里抽出来呢？一般先放在热水里面煮，煮了以后，就固定了，然后在茧子上面抽到一个头，往上扯。其实，整个茧子就是一根丝，就把它抽出来。“一”就是把分散的变成一个，“统一”实际上就是把分散的集中起来。然而作为一个政治概念，应该怎么解释呢？是指后面一个政权完全恢复了前面一个政权的疆域，这就算完成了统一大业；或者虽然没有完全恢复，但已经得到双方和各方面认可了。反过来就是分裂。什么叫分裂呢？一个地区或者政权，脱离了原来所属的政权，并且没得到这个政权的准许或承认，这就是分裂。我们看中国历史，秦朝统一了没有，统一了。原来不属于它的地方都是它的疆域了，这就是统一。汉朝有没有统一呢？也统一了。非但统一，还超过了秦朝的范围。但是，唐朝很大，到宋朝，很多唐朝原来统一的地方它都管不到了，但是它又不承认，这就是分裂。所以，从这个标准来看，1949 年中华人民共和国成立其实还没有统一，原来“中华民国”所拥有的领土如台湾，我们现在还没有，当然就没有统一。还有一个外蒙古呢？外蒙古虽然没有得到恢复，但得到双方和各方认可，这没有办法。外蒙古宣布独立以后，蒋介石一度承认过。1949年新中国成立以后，中国马上跟苏联和蒙古人民共和国建立外交关系，所以这就不属于统一的问题了。

为什么强调统一是一个政治概念呢？大家注意，你如果把它解释为文化的概念或者种族的概念，很多现象是矛盾的，譬如说同样的文化、同样的民族，不一定需要同一个政权。欧洲很多国家都是一个民族，凭这就统一吗？美国大多数人都是欧洲过去的，它是不是一定不能独立，要跟欧洲统一呢？还有，历史上很长的时间里，汉族的文化跟朝鲜、越南非常相似，朝鲜和越南的官方语言都曾采用汉字，礼仪也受到汉族的影响，甚至，我们现在已经没有的，他们都还保存着。举个例子，清朝建立以后，下令要改服装，男的要剃掉头发、留辫子，朝鲜坚决不干，一直在抗争。清朝曾经把它的太子扣为人质，但朝鲜表示宁死都不改变。清朝也没有办法，最后不改算了。朝鲜现在的民族服装，还是从明朝以前留下来的，是真正的汉家衣冠。明朝的服饰在哪里，在朝鲜，这是事实。不要忘记我们是个多民族的国家。朝鲜、越南曾经用汉字，而西藏、新疆用过汉字没有？当地民众没有用过。一定要讲文化相似，国内不同的文化怎么办？所以，大家记住我们讲统一是个政治标准。我们有的时候把过多的希望寄托在民族和文化上。台湾鼓吹“独立”，他们祖上也是从大陆过去的嘛。虽然说我们是同一文化，但实际上同一文化分成两三个国家或更多的都有。虽然文化、民族能起一定作用，但是起根本作用的，主要还是政治。这是个国家的认同问题。文化也好，民族也好，或者家人也好，能够起到一个润滑剂的作用，但不是原动力。这一点要分清楚，不要把过多的精力放在这上面。还有华人的问题，现在我们大多数华人在法律上已入了外国籍，尽管他姓张姓王，他也知道老家在哪里，讲同样的语言，但是从国家的标准、政治的标准来看，这是两个国家之间的关系。所以，统一的标准是不能改变的。

根据这个标准，我们看看中国历史上统一的分类到底怎么回事。秦朝的时候统一的范围不到今天中国的一半。就是在这个范围里面，也没有做到真正的完全统一。很多地方，特别是南方都是当地民众自己来治理的。到了汉朝的时候，范围就扩大了，东面包括朝鲜半岛的大部分，南面包括今天越南的大部分，北面已经到了阴山辽河这一线，西面已经通过河西走廊，连接新疆和中亚，到了巴尔喀什湖和帕米尔高原。所以可以说，汉朝奠定了中国疆域的基础，所缺少的只是边疆地区，如蒙古高原、青藏高原东北部。以后大的变化都发生在边疆。在朝鲜半岛的统治范围缩小了，到了公元10世纪在越南的统治范围也缩小了；其他一些边疆地区又扩大了。但是西汉以后，从东汉开始，边疆有所收缩。到东汉中期以后，大批的少数民族内迁。东汉末年，发生农民起义和军阀混战就分裂成为三个国家，形成三国时期。三国时期结束后，西晋有过短暂的统一，但是马上又重新出现分裂，北方是十六国，南方东晋以后是南北朝，长期处于分裂状态，到隋朝重新统一，接下去又是分裂。

唐朝的时候一度拥有中国最大的领土。唐朝在灭了东突厥之后，就拥有了蒙古高原，把领土扩展到西伯利亚、贝加尔湖一带。之后，唐朝又灭了西突厥，将其领土恢复到巴尔喀什湖、东亚。就在这时候，波斯国发生内乱，波斯的一个王子逃到唐朝，也给唐朝带来大片的领土。唐朝最兴盛时候，最西到了咸海阿姆河流域，是中国历史上疆域所达到的最西面，以后再也没有到过更西面。2006年，我参加了中央电视台举行的一个大型的活动。我们从新疆喀什开车出去，一路到达吉尔吉斯斯坦、乌兹别克斯坦、阿富汗、巴基斯坦、印度。在前面三个国家的时候，我跟大家说我们现在都行进在唐朝的领土上面。因为我们到吉尔吉斯斯坦的碎叶城是安西都护府曾经住的地方。那么朝鲜半岛呢？唐高宗的时候基本上把朝鲜半岛占领，并且在上面建立政权，把它的国王和大多数民众统统内迁，最远的迁到四川。但是这样的局面并没有一直维持。我以前讲的是唐朝从建立到灭亡都作为一个统一的阶段是不科学的。唐朝真正统一的时间没有那么长，“安史之乱”以后就不叫统一了。唐玄宗的时候阿拉伯兴起，阿拉伯阿拔斯王朝的军队跟唐朝的军队在今天哈萨克斯坦的江步尔一带打了一仗，唐军全军覆没。后来，阿拉伯人打过来，唐朝就退守，直到“安史之乱”，唐朝已经退到了巴尔喀什湖。再看吐蕃，松赞干布的后代，他们强盛起来后，扩展到河西走廊、新疆，几乎把西部全部占据了。他们又往东扩张到四川省的西部，然后青海、甘肃。最强盛的时候，一度打下长安，唐朝皇帝逃走了。但是，过了几天，吐蕃的军队又一晚上完全撤退，一直撤到甘肃的高原上面。

明朝疆域最大的变化就是蒙古人又回到蒙古高原了，外蒙古和内蒙古一部分已经跑到了伏尔加河流域。后来把土尔扈特人安置在新疆，新疆的蒙古人主要是这一批。明朝地图也变化了，特别是满族人强大起来以后，整个东北慢慢都丢了。明朝到后期只有山海关，山海关外面就是清朝了。到了清朝的时候，我们形成了最大的疆域。满族人兴起以后，首先统一了东北，并且扩张到整个黑龙江流域，包括今天俄罗斯的库页岛。然后，跟蒙古结盟，形成蒙满联盟。入关灭了明朝以后，当时准噶尔的格尔丹占据了今天的新疆，还一度攻占外蒙古。经过康熙、雍正、乾隆三任皇帝，终于平定了天山南路、天山北路，形成了 1 300 多万平方公里的空前辽阔稳定的疆域。这是中国历史上从来没有达到过的。即使在唐朝，疆域虽然一度很大，但是很不稳定，真正扩张到边远地区不过三年时间。而清朝呢，到 18 世纪中叶就形成了一个直接统治的大帝国，特别是西藏，与清朝关系非常密切。什么原因呢？蒙古人很尊重佛教，宗喀巴被元朝尊为帝师，他出生的地方就是今天西宁塔尔寺。元朝灭亡以后，蒙古人回到了蒙古高原，但是一些牧民一直在青海游牧。吐蕃人也到青海游牧。通过这样的传播，藏传佛教就传到了蒙古人那里，蒙古有了自己的活佛。甚至有一代的达赖喇嘛都是从蒙古寻访来的灵童。而且蒙古人又大量迁入西藏，成为西藏的世俗领袖，所以像清朝初年的拉藏汉、赞巴汉都是蒙古人。正因为这样，满族跟蒙古结盟，蒙古皈依佛教，又跟藏族有密切的关系。到清朝的时候，中央的统治者和藏族的关系，在历史上是最密切的。顺治皇帝到北京不久，达赖喇嘛就到北京朝见他。清朝就封班禅为班禅额尔德尼，管理后藏，住在日喀则；规定达赖喇嘛管理前藏，住在拉萨。他们两个人互为师徒，达赖喇嘛如果是他的师父，下一代转世以后就是他的徒弟。清朝又派了驻藏大臣，规定灵童转世最后的鉴定要通过驻藏大臣，经过抽签，然后由皇帝册封。驻藏大臣还管理西藏的外交部队，但内部实行高度自治。我们现在在布达拉宫和扎什伦布寺还能看到很多汉文的匾，如扎什伦布寺里面写着“道光皇帝万岁”，下面还有“皇上万岁万万岁”。以前讲清朝的领土就像一张秋海棠的叶子，我们现在讲中国领土是雄鸡。为什么变成雄鸡了呢？就因为近代帝国主义对中国的侵略。

到 1860 年，俄国通过《瑷珲条约》迫使清政府把黑龙江以北的领土割让给他，同时规定乌苏里江以东的领土由中俄共管。但共管的结果是俄国用武力把它夺过去了。一个背景是这样的，清朝犯了一个很大的错误，《尼布楚条约》签订，中国和俄国划定边界以后，清朝继续把东北作为禁地，不允许内地的百姓迁过去，东北大都是无人区。所以俄国人占领了黑龙江以北，他们说我占领的是无主的土地，我是这片土地的开发者，不承认是侵略清朝。为什么俄国有机可乘呢？因为那里的确人很少，除了少量的达斡尔人。如果有人的话，就很难被占领了。黑龙江以北有一个江东六十四屯，当时有10 000多中国人居住。谈判的时候，俄国人不得不承认江东六十四屯继续由中国管辖。后来俄国通过部队把那些中国人赶过来。所以一个地方只要有人，这个地方就能守得住，但清政府长期以来不让百姓迁到东北去。到了1860年，清政府终于认识到不迁不行了，只得宣布开放。一开放就络绎不绝，特别是山东人大批迁到东北，所以现在的东北人大都是山东人的后代。还有河北的、山西的都迁过去了。这样，到日本发动“九一八”事变妄想占据东北时，就碰到一个最大的难题：东北有3 000万中国人。所以后来日本采取的办法是扶持溥仪做傀儡，表面上还是叫满洲国，不是他日本侵略的。因为日本没有办法消化这3 000万人。与此同时，日本制订一个很罪恶的计划，叫移民，大规模移民，准备移民500万。日本预测到十年以后，东北的人口可能是5 000万，在这5 000万人中间，日本人要占1/10。于是，他们大量从北海道或其他地方组成开拓团移到东北和内蒙古。日本的目的是要长期占领东北，所以移民跟国家领土的巩固是有密切的关系的。要不是1860年中国大规模的移民，恐怕现在整个东北不是被日本人就是被俄罗斯人占领了。我们有些地方之所以失掉了，就是因为没有人。你到黑龙江对面去看看，是什么人住在那里啊？几乎全是俄罗斯人！你要这些人突然想到这是中国的地方，让他们赶快走，因为这原来是中国的，可能吗？绝无可能。但是相反，如果这个地方的中国人多，那么就有了一种感情的维系，情况就不同了。

第二个地方就是新疆的西北一带。清朝出现了新疆阿古柏叛乱，这实际上也是俄国人策动的。俄国人借口他的侨民受到威胁，派军队进驻新疆。等到左宗棠带领军队出关，平定叛乱，俄国军队还赖在那里不走。清政府跟俄国谈判，但是俄国要经费，我帮你守了这么长时间，肯定要付点费用。另外中俄边界还没有划定，要重新划定边界。在重新划定边界的过程中，重新规定了七个划界条约。最后俄国把这片地方都给占了，现在这片地分别属于俄罗斯、哈萨克斯坦、吉尔吉斯斯坦和塔吉克斯坦。

第三个地方就是156万平方公里的外蒙古。我们知道，外蒙古和内蒙古原来都是中国的领土，但是后来出现了一些问题。一方面俄国人企图占领它，另一方面清朝后期也有一些政策的失误。清朝在开放东北的同时，也宣布开放西北，大量的山西人走西口。东北叫闯关东，西北叫走西口。移民本身对巩固和开发边疆是有好处的，却没有处理好一个问题：王公贵族把原来的牧地租给迁居来的农民，使贫困的牧民失去了生机，引起了蒙古人的不满，所以很多蒙古人就往北迁到外蒙古去了。另外，后来搞改革，搞立宪，却没有注意到加重了当地人的经济负担。所以到辛亥革命以后，1912 年外蒙古就宣布独立，原来的活佛宣布当皇帝。但是西方各国不希望俄国独占外蒙古，中国政府也采取强硬措施，拒不承认，并宣布组织远征军。在这样的压力下，外蒙古的第一次独立就宣布撤销，皇帝退位继续当活佛。从 1920 年开始，外蒙古出现第二次独立。这个时候苏联已经建立了，斯大林唆使外蒙古人民党也就是外蒙古共产党闹独立，其实就是投降苏联。另外，他又借口白匪军进入外蒙古，苏联红军以追剿白匪军为借口，进入外蒙古。这样外蒙古想独立的势力获得了苏联红军的支持，把中国设在那里的机构赶走。中国住在那里的官员不断地向国内求救，但是原来组织的边防军已经用于军阀混战，中国没有派出一兵一卒，眼睁睁地看着中国的军队被驱逐出境。于是，外蒙古就宣布独立，把活佛废掉，建立了蒙古人民共和国。但是中国政府一直没有承认。直到第二次世界大战后期，要商量战后的割据问题，美国、英国都希望出兵东北，消灭关东军，提前结束世界大战；苏联也答应在消灭德国之后出兵东北。因为原来在“二战”期间，苏联和日本保持中立，是承认伪满洲国的。如果苏联要改变这种状况，就得有借口。斯大林就提出条件，要恢复日俄战争以前的状况。1905 年发生的日俄战争是在中国领土上的罪恶战争，战争结果是俄国的势力被日本取代。苏联要恢复什么呢？首先，要日本把旅顺港租借给它作为军港。所以在叶利钦时期，有一任俄罗斯总理是出生在中国大连的旅顺港，是俄罗斯海军军官的孩子。其次，大连要作为自由港，从大连到满洲里的铁路要由中苏两国共管，实际上由苏联完全控制，还不得把东北的权力让给其他国家，当时中国都接受了这些条件。还有个条件就是中国必须承认外蒙古独立。当时，美国、英国、中国、苏联谓“四强”，是盟军四大国。因为斯大林瞧不起中国，所以斯大林经常跟其他三国碰头之后再跟蒋介石碰头，比如开罗会议，斯大林就没有去，结果是蒋介石、罗斯福、丘吉尔开会，但是转达斯大林的条件。在此期间召开的雅尔塔会议、德黑兰会议、波茨坦会议都迫使中国答应这个条件。

美国人提出的条件是在未来的联合国（开始叫国联，里面要设安全理事国，还有常任理事国）里，中国应该是安理会的常任理事国。应该承认如果没有美国人的强烈支持，中国是当不了常任理事国的。当然，美国也有自己的考虑。美国战后要考虑亚洲，要考虑怎样对付苏联。而斯大林也提出条件：苏联这么大一个国家不能只有一票，苏联的加盟共和国也可以加盟联合国。所以苏联以前都是三票，除了俄罗斯以外，乌克兰、白俄罗斯各一票。在这斗争的中间中国就成了牺牲品。经过多方考虑，蒋介石就同意派宋子文到莫斯科签订《中苏友好条约》，包括承认外蒙古独立。但是得给中国一点面子，所以再举行一次公民投票，中国可以派代表观察，但是不能干涉。这票投下来，据说99.7%的赞成，没有一票反对，还是独立了。但是蒋介石不承认，认为苏联人不守信用。因为苏联红军赖在东北不走，又抢物资，又把武器交给共产党。所以后来到了台湾，蒋介石在国民党召开的一次大会上作了一个报告，其中提到："同意外蒙古独立，这是我的罪恶。我当时认为先同意以后可以再收回来，想不到不可挽回了。"不管怎么样，是他当时同意了。蒋介石到了台湾以后，台湾挂的这个"中国地图"，还包括了外蒙古。我第一次到台湾时，发现电视台有一个节目叫做《海棠风情》。开始我不懂，后来一看，原来相当于我们中央电视台的《祖国各地》。这个"海棠"就是中国的意思。

还有一个地方，在外蒙古和俄罗斯的交界处，叫唐努乌梁海，有十几万平方公里。这个地方一直是中国的，但因为外蒙古的独立，加上苏联人在那里活动，就跟中国隔开了。到1947年，最高苏维埃就向外宣布，应当地人民强烈请求，苏联决定，接纳他们加入苏联，加入图瓦共和国，于是这里就变成了苏联的地方。但是直到现在，俄罗斯与中国之间从来都没有谈过这件事。关于唐努乌梁海，我们没有承认过，也没有办过任何手续。

以前我们的历史书上，都把1644年清军入关到1911年这一时期认为是中国的统一时期。鸦片战争以后中国还是统一的，1860年以后就不算统一了，我们已经签了条约，就已经跟外蒙古是两个国家的关系了。但这样说的话，清朝在1895年割让了台湾，到现在我们这个统一还没有结束。从近代来看，我们也不能说都统一了。我们要根据历史事实，虽然我们计算的标准不同，但我觉得还是实事求是比较好。

最后我们再讲一讲统一的分类。到底统一与分裂在中国历史上起了什么作用？当然，统一的贡献很大。第一，能够抵御外敌。你看世界上没有一个国家像中国这样延续了三千多年（至少从商朝算起应该三千多年了）

吧。印度，其主人早已是欧洲人的后代。所以你别看现在印度人皮肤黑，但他们是雅里安人，是白种人。看印度的历史，还在公元前的时候，亚历山大帝国就包括北印度了。今天的印度人，已经不是当初印度人的后代了。我们都认为释迦牟尼在尼泊尔、印度创立了佛教，但是我到印度才明白印度现在佛教徒不到300万，它的主要人口全是印度教教徒。印度教教徒有10亿，佛教教徒只有300万，变化了很多。再比如埃及，现在的埃及人已经不是当初法老的后代了。古埃及以后，希腊人、罗马人、拜占庭人，什么人都过去了，特别是到了公元9世纪以后已经全部阿拉伯化，全部改信伊斯兰教了。而两河流域——幼发拉底河流域、底格里斯河流域原来的巴比伦文明也早已被阿拉伯文明所取代了。但我们中国还在延续，这靠什么？我们讲这个概念是在没有联合国的时候，是没有平等的，谁有武力谁就是主人。到了近代，至少还有人保护你。那国家不强行吗？国家不大行吗？

第二，可以集中人力物力消除自然灾害的影响。现在最现成的例子是“5·12”汶川地震，当时全国都出动了。像这样的灾害，如果发生在一个小国，或得不到周围的援助的国家，那么这个文明就消失了。历史上有很多国家像非洲的国家或其他一些国家那样，兴盛一段时间后就消失了。原因无非是受到一种外力破坏，主要是天灾导致灭绝。如果在分裂的情况下，发生大地震肯定就没有人救援了，最后剩下的人也可能会消失。我们国家东部主要是受到季风气候的影响，不是旱就是涝，年年都有灾，几年就有一次大灾。为什么能够生生不息，实际上就是靠国家大，相互调剂，集中精力来解决。当然在统一情况下可以进行一些大型工程的建设和维修，比如长城和运河。还有大家没有注意到的，清朝统治那么大的国家，在一定程度上仰仗于发达的道路交通系统，而西藏有些人总是不安分，原因之一就是交通运输条件太差。差到什么程度，就是1950年中央政府要派代表去西藏，都没有办法去。张俊武将军去西藏上任，先从北京到香港，然后从香港坐船到新加坡，在新加坡换船坐到印度的加尔各答，再从加尔各答坐火车到达吉，然后换汽车到喜马拉雅山下，最后骑着马到拉萨。这是从清朝末年开始中央政府官员到拉萨最安全的一条路线。在这种情况下，怎么去守卫？所以解放军一进西藏，马上要做的事，就是修康藏公路，你不修没有办法的。为什么英国人老是动西藏的脑筋，甚至开了所谓的希姆拉会议，公然想把中国领土拿走，当时的中央政府都没有办法，主要是交通太不发达、太不方便了。现在我们有些人稀里糊涂反对修铁路。我们当然要保护环境，也要保护西藏的文化，但对于一个国家来讲什么最重要，当然是主权问题，这条交通线是必须要的。

国家的统一有利于移民和边疆的开发。清朝如果不是移民东北的话，东北早就丢掉了。但国家大统一才能移民。移民有利于民族的交流和融合，有利于经济的多样性，达到全国的自给自足。我国历史上有茶马互市，西藏、新疆、内蒙古没法种茶或者也没这种习惯，一旦他们喝了茶就再也摆脱不了了。1982 年，我到帕米尔高原上，我问当地人：你们最需要什么？他们说："茶和酒。"这两样东西他们原来都是没有的，但现在一天也离不了茶。农业民族有些东西也解决不了，如好马。曾经少数民族内迁，鲜卑人就把马养到河南。所以中原的茶叶去换北方的马，叫"茶马互市"，像云南是茶马古道。马把茶叶运到西藏去，这样就可以互通有无，也有利于中华文明的延续。

我国历史上曾不止一次出现北方的游牧民族征服农耕民族的情况，但军事上的征服者都成为文化上的被征服者。中华文明是延续的。比如清军入关以后民族矛盾很尖锐，要剃发，要换衣，中国文明眼看延续不住了，好在清朝统治者慢慢就醒悟了：要利用中国传统文明。慢慢地，清朝就改变了。首先，他说他也是炎黄子孙，只不过祖宗迁到了东北，大家就是一家人。其次，清朝除了保留了满文、萨满教以外，其他主要学的是汉文。到了清朝末年许多满族人已经不会写满文了。有很多满族学者，如著名的书法家启功，他是爱新觉罗家族的，但有人把他叫做启老师、启大爷，其实他的姓是爱新觉罗。清朝认识到中华文化的意义，清朝皇帝也把自己变为文化的保护神，延续了中华文化的传统，接受中华传统观念，才征服了人心。清政府的统治稳定以后，就在全国下令，表彰原来抵抗过的这些人，凡是在反清斗争中自杀或被杀的，统统追认为革命烈士。原来江南的一些士绅，因为祖上曾经抵抗过清政府，有的被杀，有的自杀，现在一下子都扬眉吐气了。满族人能够继承汉族人的传统文化，就彻底征服了大多数汉族人的心，到后来都合作了。举个例子，太平天国为什么失败？谁最后把太平天国打败的？是满族的八旗兵吗？是蒙古的骑兵吗？不是的，是汉族的文人地主，是曾国藩组织的湘军，是曾国藩、胡林翼、左宗棠。据说除了左宗棠会点武功，其他人都手无缚鸡之力。曾国藩打了败仗，急得跳水自杀，他没有其他办法了。而他下面的人，湖南人组织的湘军，李鸿章组织的淮军，他们为什么最后能获胜？其中一个原因是洪秀全非但没有推动中国传统文化，还成了对立面。他在广西的时候就开始烧文庙，打下一座城市就把文庙烧掉，把孔子的牌位扔到粪坑里，把读书人抓起来，要么杀头，要么当兵。所以曾国藩当时发表的《讨粤匪檄》里就说了，如果我们读书人不起来，中国的传统文化就可能断绝了。现在我们的老祖宗孔子、孟子在地下痛哭，我们再不起来，就对不起孔子、孟子，于是很多读书人就参加进来了。他们感到被洪秀全统治是没有出路的，所以文化也起了很大的作用。

那么，统一有没有弊病呢？当然也有。中国的大多数时间不是统一的，是全面或局部分裂。这样社会在进步吗？也在进步。什么道理呢？关键是因为我们中国的统一一开始就是一种中央集权制。从秦始皇开始，以后越来越严重。人力物力是能够集中，但是往往不合理，并且造成极大浪费，因为要满足集权统治者——皇帝的私欲，如花大量的钱去修宫殿、陵墓。当我们走进故宫，看到那巍峨的建筑，不要忘记有多少人的血汗在里边。太和殿一根柱子，从云南和四川砍了木材，在路上运一年。当时没有大型设备，没有吊车、起重机，只能利用山势和河道。从秦始皇开始就大规模修陵墓，秦始皇的陵墓不算最了不得的。汉朝规定，每年国库收入的1/3给皇帝修陵墓。有的皇帝十几岁，才把老子葬掉，就给自己修陵墓。汉武帝做了54年皇帝，修了54年陵墓。一开始没有想到皇帝要做那么长，没有超前意识。地下迷宫修得太多，什么都有，什么都要放进去，这不是浪费吗？小国就做不到这样的倾全国之力。在这样的集权统治下往往是重中央、轻地方。中国历来地方要是不做政治中心就发展不起来，一般的城市连修个城墙都修不起。没有地方预算，所有的钱都是中央的，都是皇帝的。比如说，各地要建造一些仓库准备受灾时救济灾民，但是灾民来了你不能开仓，先要经过中央同意后才能开仓，随便开仓是要杀头的。重中央、轻地方，往往就是中央非常发达，地方却发展不起来。还有就是重政治、轻经济，经济不是主要的，重要的是国家太平，这种风气一直延续到改革开放以前。还有就是重汉族、轻少数民族。另外，统一有时也限制了学术和思想的自由。太过统一了，统一到人的思想里了，统一到人的脑瓜子里了。有些事大家简直不能相信，汉武帝死后，新发明一个罪名，叫腹诽，即肚子里说坏话。当时没有先进的仪器，也没有测谎仪，测谎仪也只能证明你有没有说真话，不能证明你肚子里想说什么。就是凭借“腹诽”

这个罪名杀掉了一个大司农，他的罪名是腹诽，肚子里讲坏话。到朱元璋的时候，不合作的自由也没有了。朱元璋下了一道命令：士大夫不为君王所用，可以坐诛。就是说你这个读书人如果不愿意为君王所用，可以把你全家人都杀掉。

在中国历史上，有时往往一个分裂的阶段反而导致学术繁荣、思想自由。中国历史上有两个辉煌的时期：一是春秋战国时期，那个时候思想自由，各流派百花齐放，为什么？你这里不用我，我到那里去。秦朝为什么最后能够灭六国啊？秦朝吸引了最优秀的“移民”，如商鞅，商鞅是魏国人，在魏国不得志，到秦国来；以前的范雎也是别国的；重臣李斯是上蔡人，也是东方人；把秦国灭掉的赵高也不是秦国人，是赵国人。因为可以到处流动，各种思想流派都出来了。我们现在比较熟悉，除了儒家以外，还有法家、道家、阴阳家、兵家。可以说中国历史上后来几种思想的渊源，都可以追溯到春秋战国时期，这是一个很辉煌的时代，但恰恰是分裂的。二是五四运动前后，那个时候也很辉煌。一方面世界各国的思想都传播过来了，只要世界上有什么思想，很快就可以在中国传播。清朝完了以后，民国表面上统一，其实并不统一。北洋军阀只能控制一部分，南方有孙中山建立自己的政府，地方有地方军阀建立自己的势力。如阎锡山在山西，连铁路轨道都跟你两样，桂系军阀在桂林提出建设新广西，四川军阀也在割据。在这种情况下，一般的只要你对他有好处他都用你，这里不行你可以到那里去。还有一些地方，比如上海的租界，共产党可以开会，可以发表意见。这样的情况客观上造就了思想的脉络和学术的自由。比如说，马克思主义传到了中国，但是你不要忘记法西斯主义也传到了中国；国家社会主义传过来了，无政府主义也同样传来了。已逝世的著名作家巴金就是著名的无政府主义者。他为什么叫巴金啊，因为他崇拜巴库宁和克鲁泡特金。正因为不同思想的影响，马克思主义在中国越来越成熟。毛泽东开始的时候什么新思想都吸收，也学习中国传统的东西，他崇拜曾国藩，所以在《湘江评论》的第一期写的文章，就是鼓吹湖南要“独立”。当时流行联省自治，就是各个省脱离中央。但他后来能成为马克思主义者，就是因为吸收了各种思想。

这样一来，大家可能认为统一不好，但也不是这样。这是历史的事实，我们得看看这些弊病是怎么造成的。难道是统一本身造成的吗？难道是没有战争造成的吗？不是，是因为中央集权的专制制度。如果不是专制的中央集权制度，这些弊病大多是可以避免的。难道统一了就没有思想自由和学术自由吗？其实二者是不矛盾的。所以我们要总结历史上的经验教训，根本的问题不在于统一或是分裂，而是用什么制度统一，统一到什么程度，统一能够发挥什么作用。今天，改革开放让我们看到了希望，改革开放以来许多统一的消极作用都在被克服。如现在的中央政府，逐步地和地方建立一种契约型的权利和义务关系。我们的税收分中央税跟地方税，中央税有很多的条件，我们好多地方是政策包干。上海这几年发展比较快，就是朱镕基在上海当市长的时候，跟中央达成了一个协议，每年上海财政上交多少钱，每年增加多少百分比，结余的部分归上海自己使用。这样一来，上海就摆脱了困境。这个对中央政府有好处，有一年我看到财政预算中讲到前一年上海上交多少外，又给中央贡献了二十几个亿。中央跟地方都得到好处，都调动了积极性。又如我们要认真落实民族政策，即使统一了，也不会重汉族，轻少数民族。所以关键还在于我们不断地进行改革，通过改革我们完全可以做到，在维护国家统一的前提下，充分调动各地方、各民族、各群体的积极性。我们也可以完全做到在保持国家统一、避免分裂的前提下让我们的人民享有充分的学术自由。这是完全可能的，而不是我们的历史的一个简单重复，所谓分久必合，合久必分，就是讲分也不一定是分裂，合也可以是分治，可以是分别有特色地发展。如欧洲曾经分裂成几十个国家，现在欧盟把有些地方逐步统一起来了。你现在到欧洲去，签证很方便。进入任何一个国家，不再需要签证。还有货币，除了英国还保留英镑外，其他大部分国家都使用欧元。我记得 20 世纪 90 年代去德国，早上在火车上就遇到麻烦了，我是半夜到的，厕所已经关上，要扔一个马克进去才能打开。我口袋里没有马克，要兑换的话得等到早上八点半。离开德国去瑞士、法国都需要兑换本地的货币，一天到晚换来换去，这个钱不仅要贬值，而且也很麻烦，而现在在欧洲就很方便了。分分合合不是简单的循环，而是人类社会的进步。所以本着这样的信念，本着改革开放伟大成绩的信念，我们国家一定能够走出历史上分合的循环，开创一个更加辉煌的明天。

（演讲时间：2008 年 4 月 18 日　视频整理：蒋超）

中国古典诗词的生命精神和哲学智慧

蒋述卓

蒋述卓，暨南大学文学院中文系文艺学博士生导师，暨南大学党委书记、副校长，文艺学国家重点学科带头人，国家教学名师，主持“中国传统文化”国家精品课程，兼任教育部中文学科教学指导委员会副主任，中国文艺理论学会副会长，中国古代文学理论学会副会长，中国中外文艺理论学会副会长，中国比较文学学会理事，广东省文艺批评家协会主席，广东省作家协会副主席，《文学评论》《中国比较文学》《中国文学研究》《民族艺术》等杂志编委等。在中国古代文学理论、宗教与艺术关系、文学与文化关系研究等领域建树颇丰，出版学术著作有《佛经传译与中古文学思潮》《佛教与中国文艺美学》《宗教艺术论》《宗教文艺与审美创造》《在文化的观照下》《宋代文艺理论集成》《诗词小札》等13部，发表学术论

文 200 余篇。曾获全国首届青年优秀社会科学成果奖二等奖，教育部第四届人文社会科学优秀成果奖二等奖，广东省社会科学优秀成果二、三等奖，获广东省第二届“优秀中青年社会科学家”称号，享受政府特殊津贴。

各位老师、各位同学，非常高兴能够与大家一起领略中国古典诗词艺术的审美魅力。这两年，我应《羊城晚报》的邀请，开设了一个“诗词小札”的专栏，主要是从现代的角度去解释古典诗词，探索古人的生命精神和哲学智慧，解释古典诗词的文学意象，并且用美的文字去表达对古典诗词文化内涵的领会。为了体现诗歌传统的延续并探讨现代诗歌对传统的继承，我还选了一些现当代诗人的诗歌，比如卞之琳、徐志摩、海子、骆一禾、顾城等，目的是找出这些诗歌血脉相承的线索。我写的《诗词小札》和学术前辈刘逸生先生所写的《唐诗小札》略有不同，刘逸生先生从古典诗词本身的美学韵味上写得较多，非常有成就，而我则主要着重于文化精神的揭示和现代意义的阐发。应广大读者的要求，《诗词小札》已由中国青年出版社结集出版，这也体现了读者对古典诗词的热爱。

诗的悲情体现生命精神

诗来自现实和理想的冲突，来自生命的悲情及对生命的看重。马克思说“悲愤出诗人”，当然快乐也出诗人，但总体上来讲，从诗歌的缘起来说，诗歌起源于个体对生命的体验。《诗经》里面包含了很多劳动人民自己的心声，所谓“饥者歌其食，劳者歌其事”是也。“诗可以兴，可以观，可以群，可以怨”，是《诗经》在表达方面的传统。“兴”是指诗歌可以比兴，可以抒情；“观”是指诗歌可以观风俗、正德行，统治者可以从诗歌里感受到民间的风俗和人民的情绪，从而矫正自己的治国政策；“群”是指诗歌可以团结、凝聚民心；“怨”，是一种愤懑和讽刺，是当理想和现实发生冲突的时候的一种生命体验。钟嵘在他的《诗品》里讲到："嘉会寄诗以亲，离群托诗以怨。至于楚臣去境，汉妾辞宫；或骨横朔野，魂逐飞蓬；或负戈外戍，杀气雄边；塞客衣单，孀闺泪尽；或士有解佩出朝，一去忘返；女有扬蛾入宠，再盼倾国。凡斯种种，感荡心灵，非陈诗何以展其义，非长歌何以骋其情？"就是指诗歌生命激情的倾诉与表达。

诗人有了内心的悲情冲动，就有了诗。朋友相会，将自己的诗歌寄给亲人朋友，这时吟出的是欢乐的诗歌；离别时托诗以怨，也会写出悲怨的诗歌；战争时期，"骨横朔野，魂逐飞蓬"，则发出感叹生命价值的诗歌，如汉代以《古诗十九首》和曹操等为代表的诗歌即是如此；战士戍边，"杀气雄边，塞客衣单，孀闺泪尽"，出征的人与留守家里的人都有思念亲人的诗歌；"士有解佩出朝"，如屈原，一去难返，同样出诗歌；再有就是"女有扬蛾入宠，再盼倾国"，指被皇帝打入冷宫的妃子，此时也出现诗歌，这在汉代表现的比较明显。"凡斯种种，感荡心灵"，不歌咏就难以把心境表达出来，于是就产生了各种表达生命悲情的诗歌。

屈原的《离骚》就是一个鲜明的例子。"离骚"就是发牢骚。屈原为何要发牢骚？因为他的满腹经纶和治国政策得不到朝廷的重用，甚至还被赶出朝廷。正是在外漫游的过程当中，屈原写出了中国历史上由诗人署名的第一部长诗——《离骚》。

从"诗可以怨"到"骚言志"再到"诗穷而后工"构成了中国古典诗歌理论的悲情传统。"诗穷而后工"是指诗人在穷困艰难时，写出的诗反而会更加精巧。宫廷诗人的诗歌充满欢乐气氛，往往不是佳作，反而是历经磨难的诗人，如杜甫、韩愈、苏轼等，留下许多不朽的名篇。

悲情之一是伤时。对时间的感伤是人类特有的感情。在中国农业社会里，人对季节的感受是最深的，所以中国有独特的二十四节气，如立春、雨水、惊蛰、清明、立秋等。尤其是季节变化时，人的感受更深。动物虽然也有季节的感受，但是它们没有对时间的思考。人在思考时间时，就会感到悲伤，因为人的一生是短暂的，要"立德立功立言"，要有所作为，要有事业的成功，而时间不常驻，于是就有了生命的紧迫感。孔子周游列国宣扬他的思想却不得重用，面对滔滔江水，发出"逝者如斯夫，不舍昼夜"的感叹，对时间的感伤从而赋予了时间以哲学意义与历史意义。汉代曹操的《短歌行》写道："对酒当歌，人生几何？譬如朝露，去日苦多。慨当以慷，忧思难忘。何以解忧？唯有杜康。青青子衿，悠悠我心。但为君故，沉吟至今。呦呦鹿鸣，食野之苹。我有嘉宾，鼓瑟吹笙。明明如月，何时可掇？忧从中来，不可断绝。越陌度阡，枉用相存。契阔谈宴，心念旧恩。月明星稀，乌鹊南飞。绕树三匝，何枝可依？山不厌高，海不厌深。周公吐哺，天下归心。”汉代由于战争和疾病，百姓大量死亡，人口锐减，所以使人感受到生命的可贵。“对酒当歌，人生几何”，有人认为这是消极的思想，其实不然。这是从时间的感伤里感受到生命的可贵和建功立业的迫切，因而“慨当以慷，忧思难忘。何以解忧？唯有杜康”。从整首诗来看，曹操的伤时是同他对统一大业的忧心、对人才的渴求联系在一起的。

悲秋是中国诗歌的一个传统。杜甫在安史之乱后流落夔州所作的《秋兴八首》是中国悲秋诗中的典范，其中一首写道：“玉露凋伤枫树林，巫山巫峡气萧森。江间波浪兼天涌，塞上风云接地阴。丛菊两开他日泪，孤舟一系故园心。寒衣处处催刀尺，白帝城高急暮砧。”诗人漂泊在夔州，眼前却浮现出关外的景象，他将自己比喻为一叶孤舟，心系着国家的安危和前途，所以说杜甫的孤独，是一种生命的大孤独，是一种生命的大放射；他的悲情，不是个人的悲情，而是连接万里之外，连接整个国家的悲情。所以他在另外一首诗中写道：“万里悲秋常作客，百年多病独登台。”在对秋天的感受中，体现了对生命的感伤。欧阳修说：“草木无情，有时飘零。人为动物，唯物之灵。百忧感其心，万事劳其形，有动乎中，必摇其精。”人从草木的生长和凋零中，感受到时间的可贵与成功创业的迫切，进而奋发而起，去实现生命的价值。

我写过一篇散文，叫做《生命是一部书》。我在香港做访问学者的时候，有一天走到跑马地附近的一片墓园，有一块墓碑设计成一本书的造型，左页是墓主的出生日期，右页是他的去世日期，我由此联想到我们每个人的生命都是一本书，书的厚薄、分量如何，就看自己如何去写。在每个人的一生中，要使自己的书变得更有分量和质量，就要用每一天去充实，才能使生命更有价值。我最喜欢清代张惠言的一首《水调歌头》，词中写道：“今日非昨日，明日复何如？竭来真悔何事，不读十年书。为问东风吹老，几度枫江兰径，千里转平芜。寂寞斜阳外，渺渺正愁予！千古意，君知否？只斯须。名山料理身后，也算古人愚。一夜庭前绿遍，三月雨中红透，天地入吾庐。容易众芳歇，莫听子规呼。”

一夜间芳草盈庭，三月中红花带雨，此时的天地宇宙仿佛都纳入我的庐舍之中。这里的“庐”既指屋舍，更指自己的内心，自己的精神家园。每个人都应该拥有自己的精神家园，就像陶渊明写的“众鸟欣有托，吾亦爱吾庐”一样，他在归居田园时找到了自己的精神家园。《水调歌头》中写的是伤时，是“今日非昨日，明日复何如”，是“东风吹老”了“几度枫江兰径”，是斜阳下的丝丝愁绪，但作者提出的是不要消极对待时间流逝的观点。

悲情之二是伤史。伤春和悲秋往往是和历史的沧桑感和纵深感结合在一起的，所以写历史又叫做写“春秋”。但是，历史也是由时间构成的。正是因对时间的感伤才牵涉到历史，苏轼才在“故垒西边，人道是三国周郎赤壁”的地方发出“早生华发”的感叹，生命的感慨和忧愁就升华为历史的忧伤。就像刘禹锡的两首诗，《乌衣巷》中有“旧时王谢堂前燕，飞入寻常百姓家”的沧桑之叹，写的是时间的转换，实际上感伤的是历史。还有一首《西塞山怀古》：“王濬楼船下益州，金陵王气黯然收。千寻铁锁沉江底，一片降幡出石头。人世几回伤往事，山形依旧枕寒流。今逢四海为家日，故垒萧萧芦荻秋。”生命的悲情和历史的沧桑感跃然纸上，历史和英雄人物都已过去，但“山形依旧”，故垒萧疏，使人进入到对历史的思考中。

还有唐代刘希夷的《代悲白头翁》，“今年花落颜色改，明年花开复谁在”；“年年岁岁花相似，岁岁年年人不同”；“此翁白头真可怜，伊昔红颜美少年”。诗从时间写起，但最后抵达的还是历史。

悲情之三是伤离别。因为时间难再无法把握，人生短暂也很难挽留，所以朋友相聚就显得非常重要。《古诗十九首》中对此就有强烈的感受，发出了“人生天地间，忽如远行客”的感慨，极有生命的感受，游子在外漂泊，远离亲人，没有寄托。推而广之，人生在世，在天地之间飘荡，不过是一个过客而已，佛家讲人是一个皮囊，家不过是旅社，最后还是要回归尘土，亦即此义。由此而起，就有了人在他乡的离情别绪和对生命的感悟，像白居易的“树初黄叶日，人欲白头时”，司空曙的“雨中黄叶树，灯下白头人”，马戴的“落叶他乡树，寒灯独夜人”，等等。黄叶代表时间的流逝，灯下自处是孤独，白头表示人生的短暂，意象对比非常强烈，衬托的是对人生的一种悲叹。黄庭坚对此更有感触，“桃李春风一杯酒，江湖夜雨十年灯”，他把人生的感悟放在诗里写出来，确确实实让人感动。“桃李春风一杯酒”是写他当年顺利的时候，朋友聚会在一起，春风得意，但一遭贬谪即是十年，故有“江湖夜雨十年灯”的感慨。由夜雨之灯、江湖之灯联想起人生际遇的艰难曲折，同样流露出人生的一种空幻感和沧桑感。“杏花春雨江南”这些意象，几乎成了古代知识分子心中的精神家园，尤其是南方人到了北方，或者是在战争时期，一想起“杏花春雨江南”就有了一种宁静、安宁的感受。因而陆游的“小楼一夜听春雨，深巷明朝卖杏花”就给人一种美的感受，使人感受到生命的静谧。韦庄写了一首歌咏江南的词《菩萨蛮》：“人人尽说江南好，游人只合江南老。春水碧于天，画船听雨眠。垆边人似月，皓腕凝霜雪。未老莫还乡，还乡须断肠。”正是在人生的漂泊当中，故乡才变得如此令人难以忘怀，才有如此强烈的魅力。所以，远游思归，不仅仅是思念归家，更是对生命归属的反思，考虑的是人生的归属点究竟在哪里。就像晚唐戴叔伦的《除夜宿石头驿》里所写：“旅馆谁相问？寒灯独可亲。一年将尽夜，万里未归人。寥落悲前事，支离笑此身。愁颜与衰鬓，明日又逢春。”他从年老而未归家延伸到对生命归属的思索。

悲情之四是伤生命。《古诗十九首》中写道：“出郭门直视，但见丘与坟。古墓犁为田，松柏摧为薪。白杨多悲风，萧萧愁杀人！”见到死者、见到坟墓，更感觉到存者的可亲，更感觉到生命的格外重要，并由此进入到对历史和人生的追问和思考中。如王羲之的《兰亭集序》，本来朋友雅集是欢乐之事，但是王羲之记述此事时却生出了许多感慨，说“死生亦大矣，岂不痛哉！……固知一死生为虚诞，齐彭殇为妄作。后之视今，亦犹今之视昔。悲夫！”一种生命的悲情油然而起。在欢乐和悲痛的对比中，寄寓着生命的反思和历史的伤感，使得《兰亭集序》成为千古绝唱。苏轼《前赤壁赋》中“寄蜉蝣于天地，渺沧海之一粟”，“盖将自其变者而观之，而天地曾不能一瞬。自其不变者而观之，则物与我皆无尽也”，由感叹人生的短暂与无常进入到深刻的历史和哲学的思考中。

诗的思索体现哲学智慧

智慧之一：化悲为健。古人在生活穷困、仕途受阻的时候，生命的激情更为旺盛，往往体现出一种抗争精神，也体现出一种哲学智慧。如魏晋南北朝时期的鲍照，他是一个平民，当时实行门阀世袭制，一般百姓很难登上高位，因此他写了《拟行路难》：“对案不能食，拔剑击柱长叹息。丈夫生世会几时，安能蹀躞垂羽翼。”他有才能但是没有出路，此时他就要抗争，就要挑战，“人生亦有命，安能行叹复坐愁”。李白在受阻的时候，就要寻求一种生命的解放，寻求一种自我的超越。他能够把悲情转化为雄健，表现出一种对于功名利禄不屑一顾的人生价值观，他的《将进酒》是他生命痛苦之后的一种精神发泄，充满着无穷的生命动力，“君不见，黄河之水天上来，奔流到海不复回；君不见，高堂明镜悲白发，朝如青丝暮成雪”，同样是由对时间的感叹而引发的对人生前途与名利的拷问。“钟鼓馔玉不足贵，但愿长醉不复醒”，功名利禄算什么，有酒喝才是最好的，咱们就以喝酒来解放自己吧。“古来圣贤皆寂寞，惟有饮者留其名”，那么他就甘当一个饮者，这是他的自我解放。这当然是一种激愤之言。他视富贵如粪土，表现出一种傲气，“五花马，千金裘，呼儿将出换美酒，与尔同销万古愁”，此时他就有了一股雄豪之气，这就是化悲为健。《将进酒》是一曲悲壮而深沉的醉歌，一曲雄放而高亢的生命壮歌。

像李白那样自我宽慰、化悲为健的诗人还有很多，尤其是在一些被贬谪、被流放的诗人身上，更表现出一种对生命的顽强不屈。欧阳修在新政失败后被贬到峡州做小县令，他不但不消沉，反而自我勉励，其《戏答元珍》写道：“春风疑不到天涯，二月山城未见花。残雪压枝犹有橘，冻雷惊笋欲抽芽。”他坚信野花终有开的时候，春风的远近没有关系，身处天涯也没有关系，只要自己有自信就能再迎来生命之花的开放，故“野芳虽晚不须嗟”。

智慧之二：化困为通。要使生存的艰难困厄化为通达，不总是纠缠在困境里，就要有很高超的哲学智慧。魏晋南北朝的阮籍，对前途感到失望，天天借酒消愁，有一次赶车，前面的路不通了，结果他“哭穷途而返”，表达的是生命的无望。但王维不这么想，他是“行到水穷处，坐看云起时”，前程似乎是到尽头了，但是等待着，别怕，还有机会，这又是生命的另一种境界，千万不要因为穷困而感到悲伤。

更典型的是苏轼，他因为乌台诗案被贬到黄州，也产生过“小舟从此逝，江海寄余生”的念头，好像从此以后就流荡外面回不来了，但是实际上他并没有这样做，他对这种困境看得越来越清晰透彻，也越来越通透。“莫听穿林打叶声，何妨吟啸且徐行”，即有一点风雨不要怕，你一边唱一边往前走，“竹杖芒鞋轻胜马，谁怕，一蓑烟雨任平生”，谁怕？不用怕，人生就是有风风雨雨的。“料峭春风吹酒醒，微冷，山头斜照却相迎”，这时候看到山头还有斜照，还有暖暖的阳光，“回首向来萧瑟处，也无风雨也无晴”，难关一旦渡过，尤其是心理大关的渡过，过去的困厄风险根本就不值一提，这就是化困为通。苏轼对于人生的体验，可以说是中国文化浸染的结果，也是他自己独特的性格所致。他受了那么多的磨难，最后还是从儋州回到了中原，他是靠着坚强的信念来支撑的，到哪里都能做到“此心安处是吾乡”，所以林语堂称苏轼是“快乐天才”，就是因为他不悲观，他的遗世独立时常流露出一种英雄气概。

智慧之三：天人合一。其一是在自然中安顿生命。古典诗词里经常会体现古人在自然中融入生命、安顿生命的智慧。陶渊明的《饮酒诗》写道：“结庐在人境，而无车马喧。问君何能尔？心远地自偏。”这就是一种心灵的安顿。处于物欲横流的社会当中，你只要坚守住自己，也能够做到“心远地自偏”，不会因为自己的钱少而精神穷困，关键在于我们自己怎么样去看待。所以陶渊明说：“采菊东篱下，悠然见南山。山气日夕佳，飞鸟相与还。此中有真意，欲辨已忘言。”他觉得自然当中有“真意”，这个“真”是什么？就是返璞归真。

古人认为，大自然中，有着生命的节奏，有着生命的感悟。刘方平有一首《月夜诗》：“更深月色半人家，北斗阑干南斗斜。今夜偏知春气暖，虫声新透绿窗纱。”虫声刚刚响起，预示着春天万物复苏，正是在这种人被虫声感化的简单而朴素的抒写当中，人与自然相呼应、相契合了，这是生命和生命的呼应、生命和生命的对接。人类能够感受到虫声，看到萤火虫飞舞的身影，那是一种幸福，我们现在在城市里已经听不到、看不见了，但是古人在大自然的寂静当中却能感受到跳跃着的活泼的生命，这就是在自然当中去感悟生命。倾听自然，对人类来说是非常重要的，如果人类忽视自然中的生命甚至加以干涉，将来是要受到惩罚的。20 世纪 60 年代，美国女作家蕾切尔·卡逊写了一本书叫《寂静的春天》，她因听不到青蛙和昆虫的叫声而感到人类生存的危机，向美国政府提出要终止杀虫剂的使用。在她的努力下，美国政府在 20 世纪 70 年代停止使用杀虫剂。由此而悟，我们每个人都应该尊重自然。

其二是自然与人生的比照。白居易的“野火烧不尽，春风吹又生”，是将自然和人生相对照而悟出的哲理。韩愈的诗，发现了别人没有发现的美，观察小草顽强的生命力，这也是生命的精神的反射。“天街小雨润如酥，草色遥看近却无”，草色远远地看有一片绿了，但是走近看却了无踪影，在这小小的生命当中，草色的痕迹虽然很淡，但它很快就会连成一片，它蕴藏着一种无穷的生命力，同时也蕴涵着一种哲理：有许多新生事物在开始的时候都是悄无声息的，但你千万不要低估它。“最是一年春好处，绝胜烟柳满皇都”，这样的草色，其实是春天最好的景色，它远远胜过后来杨柳飞絮的时候。他认为千万不要忽视了生命当中的任何景色，那种若有若无的草色，其实是最具强大生命力的，这种春天的好去处你千万不要错过，不要等到桃花都开了、树叶都绿了你才去观赏，其实美景就在身边，就在每时每刻。

其三是自然与人的融合。人和自然互为主客体，应把自然和人看成是一种平等关系。辛弃疾在词里就讲到“我见青山多妩媚，料青山见我应如是”，即我看到青山那么妩媚、那么漂亮、那么青葱，我想青山看我也应该如此，这是互看。李白也有“相看两不厌，唯有敬亭山”，山和我也在对看，我看山，山也在看我，这就是物我合一观。古人把自然视为自己的朋友，往往可以表现出一种对生命的珍惜，体现出一种生命的境界。像张孝祥的词中所述，“尽吸西江，细斟北斗，万象为宾客”，谁是主，谁是客，实际上已经互相通融在一起了。面对这种景色，人就会有一种超越感，不再计较个人的穷通得失。

将自然事物视为自己的朋友，往往就是把自己的生命推及于物，把事物当做自己的知己，像钱起的诗《暮春归故山草堂》：“谷口春残黄鸟稀，辛夷花尽杏花飞。始怜幽竹山窗下，不改清阴待我归。”这其实是诗人移情于竹，竹子像朋友一样迎接诗人回来，里面透露出一种亲切。古人对竹有特殊的感情，哪怕是租住他人的房子，仍要在屋前栽种竹子，“不可一日无此君”。故竹与松、梅被称为“岁寒三友”，成为中国人精神的象征。这就是人与自然的平衡和融合的文化传统。

智慧之四：日常生活的审美体验与审美升华。这种智慧也是生命精神的体现。对于日常生活，古代人也是非常享受的，如果我们每天都可以用审美的情怀去对待日常生活，我们每一天的生活就会很快乐。白居易的《问刘十九》写道：“绿蚁新醅酒，红泥小火炉。晚来天欲雪，能饮一杯无?”简简单单四句，但是充分反映了诗人对于生命的极度热爱和生命的激情。面对一缸新酿的酒，古人是那么兴奋；面对一场即将飞扬的雪，呼朋唤友，急不可待，由此可以看出唐人的生命当中充满了激情和温情，他们每时每刻都在享受生活的美，也表现出对美的渴望和激情，这就是唐人生命的亮丽和鲜活。“晚来天欲雪，能饮一杯无?”或许刘十九根本就没有来（以前要叫人来还要让人骑马去送信，不像现在发一个短信就来了），但是没有来也没有关系。“能饮一杯无”意即有这种情怀就行了，诗人是乘兴而作，率性可爱。

唐人喝酒非常豪放，宋人则比较细致。所以，同样来朋友，宋人则以茶代酒：“寒夜客来茶当酒，竹炉汤沸火初红。寻常一样窗前月，才有梅花便不同。”高洁的梅花，窗前的皓月，再加上清香的茶，就构成了宋人对日常生活审美享受的一种精神表达。宋人写自己的读书生活都非常惬意而富有哲理。如陈师道的《绝句》：“书当快意读易尽，客有可人期不来。世事相违每如此，好怀百岁几回开?”读一本好书，结交一知己好友，都是人世间可遇而不可求的事。世上不尽如人意之事太多，逢笑则笑，快乐享受当下吧。

智慧之五：超越生命的终极思考。儒家思想强调积极进取，宋代的理学家则强调万事通达，实则也是儒家人生理想的另一面。理学家程颢写过《秋日偶成》：“闲来无事不从容，睡觉东窗日已红；万物静观皆自得，四时佳兴与人同。道通天地有形外，思入风云变态中；富贵不淫贫贱乐，男儿到此是豪雄。”“闲来无事不从容”，这也是生命价值的体现。“富贵不淫贫贱乐，男儿到此是豪雄”，男儿不一定要建功立业才是英雄豪杰，其实享受平静之乐，像颜回一样，“一瓢食，一箪饮，曲肱枕流”也是豪雄，所谓“达则兼济天下，穷则独善其身”是也。

看透，也是对生命的一种超越。明代杨慎的《临江仙》：“滚滚长江东逝水，浪花淘尽英雄。是非成败转头空，青山依旧在，几度夕阳红。白发渔樵江渚上，惯看秋月春风。一壶浊酒喜相逢，古今多少事，都付笑谈中。”诗人从时空、人事、是非成败的转换中，看出变与不变的哲理。如果没有这种生命的超越就无法穿透历史，虽然作者之诗透露出人生的空幻感，但却能激起人们对于历史的反思和对生命的思考。王维在《辛夷坞》中描写了在山中寂静开放的芙蓉花：“木末芙蓉花，山中发红萼。涧户寂无人，纷纷开且落。”表达了一种遁向空门寻找精神解脱的愿望。“空”当中当然也有一种哲学的智慧，那就是对功名的消解，于生命的另一途径中求得解脱。所谓“以退为进”就是这个道理。古人在退让、隐世、遁入空门当中，同样有一种对生命的追求。

学生提问：在古典诗歌中，爱情占有很大分量。爱情诗歌除了体现人类对感情的感悟之外，在哲理方面是否也对后人有启发？

蒋述卓：古典诗歌中的爱情诗，从某一个角度来说，也是对生命的尊重，体现了一些哲学智慧。悼亡诗感人至深，充分体现了对人的尊重，对生命的尊重；海枯石烂的真情表白，标示着对感情的坚贞。比如李商隐，他的诗含蓄隐晦，其中表现出了恋情进程中的哲理思考，像"此情可待成追忆，只是当时已惘然"，这种距离之美、朦胧之美，是非常真挚而感人的。而陆游发出"莫莫莫"、"错错错"的呼喊时，更是像重锤一样砸在人们的心上，使人感受到生命的沉痛。爱情诗同样也是我们古典诗歌的精髓。

学生提问：儒、佛、道的思想在古典诗歌中，哪个占的分量大？

蒋述卓：中国文化的构成是儒、道、佛三家互补。从中国来说，儒家文化占主体地位；道家追求长生不老，相对于佛教而言它更切合中国人的现世功利之心；佛教则具有超越感，主张来生后世报答，有一个彼岸世界。总体来说，在古典诗歌中，佛教思想占多数。

（演讲时间：2008 年 6 月 18 日　视频整理：蒋超）

“许霆案”审理的启示

贺卫方

贺卫方，著名法学专家，北京大学法学院教授、博士生导师，《中外法学》主编，北京大学司法研究中心主任，兼任全国外国法制史学会副会长、中国法学会比较法学研究会副会长，2004 年被《南方人物周刊》评为“公共知识分子五十人”之一。1996 年至 1997 年在哈佛大学法学院做访问学者。从事法理学、法制史以及比较法学等方面的研究和教学。主要著作和译作有《司法的理念与制度》《法边馀墨》《具体法制》《比较法律文化》《英国法与法国法》《美国法律词典》等。

尊敬的夏部长，尊敬的各位老师、各位同学，还有司法界的朋友们，很高兴能来到暨南大学和大家一起进行学术交流。暨南大学是我向往已久的一所学校，因为这里有我的同学、朋友，这里让我感到非常亲切。之前，我曾来这里给暨南大学和西南政法大学合办的一个硕士课程班的同学们做过一次讲座，但这次是我第一次来暨南大学做真正意义上的讲座，一次单独面对暨南大学朋友们的讲座。这次，暨南大学党委宣传部邀请我，对我来说，是人生的一个里程碑。这里的党委宣传部是真正地、全心全意地投入到了对学生的思考当中。我想，一个学校的党委机构，无论是哪个部门，其根本目的都是为了提高学校的学术水准，提高学校在国内外的影响力。从这一意义上说，暨南大学党委宣传部和夏部长做了一件开创性的工作，这符合汪洋书记解放思想的要求。

今天，我们想讨论的是“许霆案”审理的启示。在现实生活中，许霆事件也可能会发生在我们身上。也许有一天我们去取钱，也会遇到这样的事情。面对这种情况，也许我们会措手不及。我有时也扪心自问，当我遇到这样的事情时，我会怎么办？可能我也经受不住这样的诱惑，因为这种诱惑实在是太大了。每一个普通人遇到这种事情时，也许都会设身处地地想一想，当自己面临这样的情况时，会怎么办？

确实，它与我们每个人都有关联，而不仅仅涉及许霆一个人。我非常重视这些被大量报道和被网络爆料出的具有典型意义的重大事件，就如许霆事件、孙志刚事件等。它们也许都会成为我国法律发展史上的重大事件。不过，孙志刚事件已经表明了他所具有的重要性。它最终成为一个悲剧，是我们无论如何都无法释怀的一件事情。但是，他的死是不幸中的万幸，因为他的死引发了一场全国性的对中国法律制度的关注和反思。对中国从 1982 年开始实施的《城市流浪乞讨人员收容遣送办法》是否合法、是否是一条恶法的质疑，也引起了我们广泛的深思。“孙志刚事件”之后，在舆论的压力之下，广州市政府终于废除了这条臭名昭著的法律，最终我们获得了自由。如今我们到广州，再也不需要办暂住证了。“孙志刚事件”导致了一条恶法的废除，这就是一个案例能推动法制发展的典型。

今年是改革开放 30 周年，回顾中国 30 年来所取得的成就，真是成绩惊人。30 年前，我们无论如何也想象不到中国能发展到今天这个样子。今天的中国已成为国际大家庭中一个非常重要的成员，是改革开放改变了我们的人生，改变了我们的生活。在法律制度领域中，我们再也不用像以前一样人人自危，我们不需要害怕因背错《毛泽东语录》中的一句话而被揪出去遭批斗了。改革开放以来，我们国家发生了沧海桑田的变化。用“沧海桑田”这一词语来形容我们30年的变化，已经没有丝毫夸张。过去，我们是一个没有多少法律制度的国家。1949年到1979年这整整30年间，中国只有两部重要的法律，就是《宪法》和《婚姻法》。《婚姻法》是比较先进的法律，它的实施在家庭中树立了良好的伦理道德和法律规范。而1954年制定的《宪法》却实施得一点也不好。《宪法》规定：“国家保障公民的通信自由。”而“胡风案件”却是起因于他的私人信件而认定他为反革命分子。私人信件被别人拿去，在报纸上公开发布，并且断章取义，胡风因此被认定为反革命，被剥夺一切权利。这一案件充分表明了我国法制的缺陷，即法律虽被制定出来，却没有被执行。到1979年，我国终于制定了《刑法》和《诉讼法》。从那以后，一个人是否犯法完全由法律来裁定，而不是靠政策和群众口号，我国终于迈入了法制社会。但是法律能否得到严格执行呢？在现实生活中，我们能否把法律的规范落到实处呢？我们从特定的案件就能看出法律实施的具体过程。

从许霆案件来说，他在拿着自己的卡取钱时，万万没有想到他的行为给法律界出了一个难题。许霆案一审判决一公布，舆论哗然。许霆除了必须交纳巨额罚款外，还被判为无期徒刑。年轻的小伙子居然要为自己的行为付出一辈子丧失自由的代价，这一结果使全国人民深感困惑。在他们看来，对于案件怎样处罚、处罚到怎样的程度，应该与犯罪的程度成正比。也许有人会问，有人贪污几千万，也没被判无期；许霆案件恶性不大，为什么处罚这么严重？更有人直截了当提出了中国是阶级社会，高官违反法律可以从轻处罚甚至不受处罚，而广大群众一旦犯法，则必被严究。“天理何在”，也许是广大人民透过许霆案件所发出的共同的呼喊。的确，这一案件折射出了我国司法空间中的许多问题。这些问题的出现，不能归罪于司法人员。我觉得许霆案是一个奇怪的案件，我国法律明确规定：盗窃金融机构且数额特别巨大，判无期或者死刑。但这里有一疑问，ATM机属于金融机构吗？许霆这一行为属于盗窃金融机构吗？这一问题确实无法作出定论。最高人民法院规定：盗窃3万或10万以上就为数额巨大。其中的数额区别就在于不同地区之间经济发展水平的差距，也就是说，所谓的数额巨大，在不同地区有不同的标准。许霆的行为确实属于盗窃行为，已经构成了犯罪，但判无期就有点过分了。1980年，我国《刑法》规定：“法院审判委员会如认为某一案件处罚过于严厉，可在法定形式下重新判决。”刚开始，这一权力属于每一级法院。但这一规定使得下面法院的权力过大，又导致了一系列新问题的发生。新刑法出台以后，这一权力为最高人民法院独自享有。这一权力本来也不适用于许霆，但在媒体的压力之下，许霆走上了这条路。许霆案发生以后，广东媒体进行了多方面报道，最终在广大媒体的压力之下和广大人民群众的呐喊声中，许霆被改判为5年，但仍需交纳巨额赔款。透过这一事件，我们见证了媒体力量的巨大和人民群众对法律制度的密切关注。

许霆案件已告一段落，我们现在更多的是应该思考这一案件对中国法制建设所产生的影响和启发作用。许霆案引发思考的第一个方面是，我国在法治上面临着一个重大问题，即法律制度本身的确定性问题。什么是法治社会？法治社会即依法治国，其中的一个重要要求就是法律规范必须是清晰明确的，但法律规范要做到清晰明确又谈何容易。法律条文是用语言来构造的，其必具有语言所具有的缺陷，即模糊性。语言虽然是我们沟通的一种途径和渠道，但语言也有其贫乏的一面。语言的意义是丰富的，不同的人有不同的见解。也许有时你会发现你充满好意的一句话却被人误解，就像诗中所描述的“盈盈一水间，脉脉不得语”，因为水的阻隔，人们之间却不能进行沟通和交流。有些东西是不能用语言来言说的，而法律则是将不能言说的也加以言说，因此法律条文的规定就需要写得非常清晰。但立法中也会出现一些问题。因为法律是人制定的，人们在制定法律时立法意图的不同导致了立法的模糊性。在立法层面上，法律规范、关键概念处于不清晰状态时，人们的权利就会处在不可预期的状态中。自由是什么？自由即做法律不禁止事情的权利。但最大的难题就是人们对于法律所禁止的事情并不清楚，罪与非罪之间的界限不明确，法律条文不清晰时就可作多方面的解释。我国《宪法》规定：“人民享有宗教信仰自由。”但关键在于什么是宗教？宗教是否包括邪教？这些都是值得思考的问题。宗教信仰的空间有多大，界定太重要了。概念不明确、立法模糊，这就需要司法工作者透过法律条文去寻找依据，去探求当初立法者的意图。涉及许霆一案，首先应该思考当初立法者制定法律时，金融机构是否包括ATM机？从这一角度讲，我们有理由要求司法人员在施法时对法律条文进行更加深入细致的考察，对立法者的意图进行深入的解读。而许霆案的判决书说理不够，写得太简单，没有进行深入细致的解说和论证。我认为长篇大论是对公民负责的精神，因为公民权利的保障就在于法官清晰细致的论证。如果某一案件结果没有这种论证，那么判决就变成非常简单、武断、粗暴的决策。也许许霆事件本身所具有的复杂性使得法官怎么说都不能让所有人信服，就连法官们也没有达成一致的见解。我们知道法律制度被制定出来以后不能总是被修改，应该保持自身的稳定性；如果法律规范、立法文献被不断修改，就没有办法树立其应有的权威。对于人们来说，经典最具有权威的原因就在于它的稳定性。但在社会快速发展的今天，法律的稳定性必定会使其不能适应社会的发展。但如何使不变的法律适应不断变化的社会？这就对法官提出了一个新的要求，即法官应使法律条文变得清晰，让一些立法者在制定法律时将没有想到的东西逐渐吸收进来，因此司法者的法律解释具有重要意义。法官的职责之一就是能使法律条文的含义随时代的变迁、社会的发展而得到发展，使法律条文在不修改时仍然能适应已经变化了的社会，这也是我们今天所应该注意的问题。而今天遇到的障碍恰好是法官说理方面的问题，法官在说理方面存在一些制度性障碍，即法官自身的素质问题。中国现在的法官有 20 多万，但正式接受大学本科教育的人只有 20% 左右，可见法官自身的素质并不高。另外，法官常以过去的规则来审视今天的行为，长期历练使法官具有保守的一面。法官职业不能及时跟随时代的发展，与时俱进。此外，还有司法判决、路径依赖等方面的问题。但体制具有巨大的塑造人的行为的力量，我们没有办法去突破体制的束缚，这是文化、制度本身的力量。尽管我们可以说许霆案件说理不够，但还应该站在法官的角度去思考一下，毕竟案件具有复杂性。从法律的确定性本身来看，这件案子具有自身的缺陷，但这一缺陷本身也不是一点道理都没有。

许霆案件引发思考的第二个方面涉及的是司法与传媒之间的关系、司法与社会舆论之间的关系。这个问题在今天越来越凸显了。前网络时代，中国的舆论比较好管理、好控制。有人说，网络是上帝给中国人带来的最好礼物，因为之前中国人没有实现真正的新闻自由。今天，在西方国家，网络几乎没什么用处，国家大事不怎么被关注；而在中国则不然，网络上各种言论都有。今天的网络虽然还受到一定控制，但现在看来相对自由的网络空间对中国的司法制度带来了实实在在的，有时候甚至是非常严重的影响，这种影响会使有些案件出现问题。比如说“刘涌案”。沈阳所谓的黑社会老大刘涌，在刚发财时确实做过一些不好的事情，但发财之后他开始做一些慈善事业，人性有了巨大的转变。他就因为一次恶行被判死刑。这是十年前发生的一个案件。当时，他被指控涉嫌指挥手下杀人，但是他是否真这样做了呢？证据仅仅是他手下一个人的指控，而且这个人的口供还来自于刑讯逼供，但后来那人又翻供说刘涌只是让他收拾收拾那个人。“收拾”一词本为模糊语言，什么意思谁也说不清。但刘涌一审被判死刑，立即执行。二审时，刘涌请了刑法方面著名的大律师田文昌先生，田先生又在北京请了 14 位国内顶尖的刑法学家，全部参与了关于这一事件的专家意见书。专家们提出，假如证据来自刑讯逼供，那么按照中华人民共和国最高法院的有关规定，这样的证据将被排除。如排除，刘涌则不应该被判死刑，甚至不应该被判刑，因为证据不足。在他们的共同努力下，辽宁省高级人民法院减轻了对刘涌的处罚，刘涌被改判死刑，缓期两年执行。没想到某官方媒体一篇题为“黑社会老大竟然逃脱法律制裁”的报道一出现，其惊心动魄的大标题立即吸引了人们的眼球，使得几十万人在网络上大发评论。我国《刑法》规定：二审终审后，检察院不抗诉的话，案件不会再变动。但最高人民法院在舆论的重大压力之下，在没有办法不予理睬的情况下，对刘涌进行了特别提审。最后在辽宁锦州市中院进行开庭审理，刘涌被改判死刑，立即执行。改判的原因就在于媒体的巨大压力。而像孙志刚事件，是《南方都市报》率先报道的，这一事件冲破了种种压力，给了人们一种令人感动的鼓励。《一个公民的非正常死亡》这篇报道一出来，在有了网络的今天，立即牵动了多数人的心。一名 27 岁的年轻人就这样不明不白地死掉了。人们也许会问，广州作为改革开放的前沿城市，不是一个最自由的城市吗？为什么还会出现这样的情况？的确，广东是媒体最自由的地方，所以这一事件才能被报道出来。孙志刚事件引发了媒体的密切关注，广大群众也在网络上不断呼喊、不断地加以谴责。在这样的压力之下，孙志刚事件才能获得最后那种让人略微感觉到满意和欣慰的结果。

透过这两个事件，我们看到了媒体的双刃剑功能。它既能使一个案件走向一种非常可怕的不公正的结局，同时也能使一个案件走向一种特别公正的结局。我们怎样去评价媒体与司法之间的关系？如何真正地使媒体逐渐起到好的作用，而不是坏的作用？我们知道法院、司法界对媒体有一种特别的恐惧，他们有一句话经常挂在嘴边，即“防火、防盗、防记者”，不喜欢记者报道事件。这种情况在 2003 年达到高峰，即广东省最高人民法院与广东省省委宣传部联合发布了一项规定：“新闻媒体在法院没有对案件审结时，不得对审判进行报道。法院审判审结后，媒体可对案件进行报道和评论，但不得发表与法院判决不一样的评论。”我认为法院无权制定有关媒体与司法之间的行为规范的准则，因为那是立法机构要做的事，法院作为当事人无权这么做。媒体在一定程度上是人们自由发表意见的一个途径，人们有权在网络上发表自己的意见，有权批评法院的工作。可以明确地说，在世界范围内，一个国家司法独立、司法公正表现良好的地方一定是有新闻自由的地方。也就是说，新闻自由与司法公正其实有一种唇齿相依、唇亡齿寒的关系，两者是不可分离的，自由离不开良好的司法制度加以保障，同样司法制度的完善也离不开新闻媒体的监督和批评。我国《宪法》第三十四条规定：“人民享有言论、新闻、出版自由。”但这些自由怎样行使、怎样拥有，我们需要法官给出合理的解释。此外，民事案件也涉及言论自由，但最重要的还是我们的名誉权问题。我们享有的名誉权是否是无限制的？我们能否在言论自由与名誉权保障之间保持一种良好的平衡？现在越来越多的国家开始接受最初指向美国的公众人物的一种规则。美国一家杂志社在某一期的杂志上刊登了一则略带黄色的葡萄酒漫画广告，而广告的主角则是选用全国最受尊重的宗教领袖。不过，在漫画的下面还有一行小字：“本故事纯属虚构。”之后，这位宗教领袖向法院控诉这一杂志，结果却遭失败。美国最高法院的法官们认为这不构成侵权，因为宗教领袖是公众人物，作为公众人物就要忍受别人这种羞辱性的批评，就要忍受这种让人感到不愉快的批评。另外，对言论自由的蚕食从来就是从对坏的东西的剥夺开始的。如果我们想从这一地方入手，过分追求言论自由的纯洁，最终将会丧失言论自由。“二战”时，纳粹德国一开始打击的是坏人、社会渣滓，之后又打击犹太人、工会会员、共产党，最后只由纳粹一党执政，最终导致了一系列恶果。因此，要警惕一个社会过分追求纯洁化带来的专制情怀。一个社会一定要容忍各种言论，不能被净化，净化社会的努力永远是我们所要警惕的。所以，保护言论自由，首先要保护那些看上去不太严肃、让人不大喜欢的表达，这是言论自由保障的真谛所在。那则葡萄酒广告即便没有那行小字，人们也知道那是在搞恶作剧。一个有健全理性的人，不会相信那则广告是真的，所以不构成侵权，这是法院所作的终审判决。总的来说，美联邦最高法院20世纪后期把对言论自由的保障推到了一个极致，即最大限度地保护所有的言论自由、表达自由。这些年来，我们越来越明显地感到名誉权的保障和法院的司法标准密切相关。法院对保障新闻自由非常重要，同样，新闻自由对法院又何尝不重要。法院如没有良好的新闻自由对其进行坦率的批评和监督，也就没有良好的司法。所以，我们需要去鼓励、去倡导新闻自由，倡导网络对司法更加直率的批评。但是，如果我们发现一个新闻媒体行使权利不当，过分偏向某些东西，就会出现言论越来越多，理性越来越少的状况。所以，我希望新闻界的朋友能通过对新闻自由的追求、对客观事实的追求、对新闻本身职业伦理的追求，使一个案件的报道变得更加客观、公正，而不是一开始就人为煽情、人为地吸引人们的眼球、人为地使一个案件向着记者所希望的方向发展。我们真正希望新闻媒体能像一面镜子一样，本身是比较客观公正的，无所谓价值偏向，能够对任何一个案件都尽可能把两方面的观点都加以表达，这样的话就会使法院所面临的压力变得最小化，但这最终取决于我们是否拥有独立的司法体系。

中国是否可能会因为许霆等一系列案件的发生而进入一个案例时代呢？在英美，法律有一种确定性和可预定性，因为他们实行了判例法。判例法即遵循先例，同样的事情一定会得到同样的对待，英美大体实现了“法律面前人人平等”这一目标。而在中国，同样的案件在不同地方，甚至是同一地方都有可能产生不同的判决结果。如果法官对法律关键概念的解释不一样，所作的判决结果就会不一样，这样就会导致整个社会混乱不堪，那么“法律面前人人平等”这一说法仍是一句空话。所以，我们要做一些制度上的努力，使人们不会因为时间、空间、地域的差异而在法律面前受到不同的待遇。但要实现这一目标，需要我们去作非常复杂的努力。美国的立宪者在宪法通过之后，不断论证宪法条文的含义，以期使美利坚合众国成为一个真正的法治国家。他们在文中提出之所以作这样的努力，是因为在此之前人类的命运完全取决于偶然因素。一个强大的君主、一个暴力的军阀就可以改变我们的命运，就会使一切变得不可预期，所以宪政、法制努力的目标就在于保障我们能够驾驭自己的命运，让我们通过制度的努力，使自己生活在一个自由的国度里。其实，这也是所有法制努力的目标。中国两千年的传统证明，我们在这方面缺乏努力。我们今天仍没有办法从传统中寻找真正的、能奠定现代法治基础的、最基本的元素，所以我们今天可能处于一个非常艰巨的时代，也可以说是一个非常伟大的时代，这取决于我们是否能作出足够的努力，让我们的国民也可以非常自豪地说我们的命运取决于我们的制度，而这种制度取决于我们能否建构起具有确定性的法律，是否具有在新闻自由与司法独立方面保持齐头并进的态势以及我们是否能够努力地使每个人都生活在同样的法律准则之下。这三方面都需要我们作出巨大的努力。

学生提问：贺老师，您好！感谢您给我们带来了智慧之光。刚才您说到了法律的确定性问题，即法律条文必须是清晰和明确的，但立法者也是人，也会受自身知识领域的一些限制，从而导致立法的一些缺陷。社会是不断向前发展的，法律的滞后性是必然存在的。那么，我们所希望的法律规范的确定性会不会是一个“乌托邦”式的美好愿望？

贺卫方：这一问题具有一定的深度，也可以说恰好是永远无解的一个问题。法制社会存在的一些基本矛盾是可以缓和的，但是无法消融。法律规定：“法律面前人人平等。”但在人类社会中，不平等永远是一个常态，法律上的平等只能是相对地追求的一个方向，甚至不平等也是人类进步的动力。法律的与时俱进与法律权威之间的矛盾、法律的适应社会发展与司法所把握的严格向后看的行为模式之间的所有这些矛盾都是法制社会无法避免的、内在的、与生俱来的矛盾，这些矛盾是不能够完全解决的。因为法制所存在的不合理的矛盾，柏拉图、马克思都曾想过建立一个美好社会。马克思所设想的共产主义社会是没有法律的，我们想象将来有那样一个没有法律的社会，那个社会还是一个合法的社会吗？法学研究者一定要想象到人类本身存在的问题。一半是天使，一半是魔鬼，这就是人的本性。人内在的缺陷是不可能消除的，可以说人所制定的法律制度也不可避免地存在那种不可消除的矛盾。所以正是对这样一种现实的尊重，没有矛盾确实是一种“乌托邦”式的想象，但我们一直都在尽力减少其中的裂痕。

学生提问：贺老师，您好！关于“许霆案”所涉及的司法与舆论的关系让我想到最高法院院长说过的一句话：“判决要符合人民的意愿。”这样一句话是不是传递了一种舆论干涉司法自由的方向？

贺卫方：判断一个人是否应该被判死刑，有三个标准：①法律的规定；②全国治安的综合情况；③人民的感情。从某种意义上说，中国的司法从来没有达到第一条，即纯粹按照法律的规定办事。我们现在常说，判决案件既要讲法律效果，也要讲社会效果，完了再加一条，还要讲求政治效果。那么，要做到法律效果、社会效果、政治效果三者的统一，结果就成为小案讲法律，中案讲影响，大案讲政治，最后案件怎样判决就更搞不清了，因为要考虑的因素太多了。我们要讲法律的渊源，就是法官到哪里去寻找法律依据，这需要一个非常清晰明确的因素，不能把非法律因素加入到法官考量的基本因素中去。

（演讲时间：2008 年 4 月 16 日　视频整理：张伟龙）

北京奥运与中国国家形象构建

胡百精

胡百精，博士，中国人民大学新闻学院院长助理、中国人民大学公共传播研究所副所长。研究方向为传播学、公共关系、危机传播管理，代表性著作有《公共关系学》《危机传播管理》《中国危机管理报告》(2005—2009 年，四部)等。

我们今天坐在这里，彼此对话、倾听、分享，这是一件幸福的事情，然而我们的内心并不平静。2008 年，有数万人的生命因“5 · 12”汶川大地震而消逝，有千百万人的心灵和身体遭受创伤，悲苦不堪，流离失所。2008 年是奥运年、地震年，外国人说是中国举行“成人礼”的一年，这些标签不重要，重要的是我们当以怎样的心灵、头脑、姿态面对自己、面对世界。接下来，我们采取内外统观的眼光来探讨这一问题，重点则落在对外的一面，即奥运、地震语境下的国家形象构建问题。

2008 年以来，我们遭遇了各种公共危机和突发事件，天灾、人祸，还有海外一些不友好，甚至是敌对性挑战。这并非始自今日，新千年、新世纪以来，我们见证、卷入了越来越多的危机。此中缘由，不止一端，而历史地看，这是社会发展、大国成长所必须面对的烦恼。我认为，这是可信的解释之一，无论偶然、必然，主观、客观，这些烦恼一直缠绕于我们身心。

改革开放30年，我们创造了持续、快速发展的奇迹，这种一路高歌的状态让我们对眼前的烦恼感到不适应，震惊、焦虑，有时还会产生强烈的挫败感。这意味着解决烦恼或者说危机管理的能力，已然和财富创造的能力同等重要。我们下面所要分享的话题，奥运、地震与国家形象，正是存在这样一个生成中的语境：大国成长的烦恼。正如一个人在向前挺进的过程中，必定要担负所有具体的忧喜悲欢。

关于北京奥运，可能你和我一样，有太多的期待，有无数宏大的想象，比如我们将其想象为历经五千年风雨的中华民族，在遭受近代百年屈辱历史之后再次崛起的一个标志性事件，或者说一个继往开来的契机；再比如我们曾经假定奥运能够超越所有具体的文明形态，并在此基础上实现人类真正意义上的对话，而这个对话系统能够包容平等、自由、进步等所有美好的尺度和内涵。

我们还有其他很多想象，归根结底，北京奥运是一个隐喻，是中国人脱离贫弱、落后的强烈意志和雄心勃勃的现代化情结在当下这个时代的集中化升腾。这与奥运精神并不矛盾，奥运是世界的，也是中国的，进步本身也是奥运精神的一部分。具体到我们每一个人，这个隐喻召唤了一种朴素的期待：至少到2007年底为止，你总觉得奥运会召开之后，一切都将是新的、好的，也就是明天一定会因奥运而更美好。但是从2008年初南方冰雪灾害到拉萨“3·14”事件，再到随后奥运圣火海外传递遭遇袭扰，以及“5·12”汶川大地震，这个朴素的期待被干扰了，我们忧伤、愤懑，升腾的情绪突然凝结了，仿佛“咔”的一声，凝固在这里了。

以上是我们自己的想象和期待，那么国外的情况呢？他者如何想象和构建北京奥运、汶川地震乃至整个中国？从“3·14”事件到现在，海外媒体和舆论对北京奥运和中国形成了三个传播框架。传播学、社会学、政治学专业的同学都知道，框架也就是我们在确定视角、选择事实、提炼观点、评价对象的时候所依循的基本模式，它预设了框架的使用者看到什么、怎样去看并因此作出何种反应。我们看任何问题总会有特定的框架，这影响了我们对信息的加工，甚至会决定我们以怎样的心态和姿态面对对象物。

我们在研究中发现海外媒体和舆论对北京奥运构造的三个框架：第一个框架，就是从冷战到今天的所谓意识形态偏见，说到底还是那个老问题：你是“资”营还是“社”营？众所周知，经济全球化并没有消解不同意识形态之间的冲突性和复杂性。这个框架解释了我们的一个困惑，即为什么中国社会发展中的一些问题和议题，总是被一些西方力量曲解，如将社会问题政治化、简单问题复杂化。具体到今天，就是社会问题奥运化、奥运问题政治化。例如，“黑砖窑事件”就被放在奥运的语境下，进而被政治化了。还有“毒饺子事件”，一直到现在还缠结着奥运议题被一些海外媒体翻炒。

当然，我们要承认，有时候我们自己也存在这种冷战思维。我们经常一边批判西方中心论，一边不自觉地陷入西方中心论。比如说我们有时候太在意别人对我们的评价，一个外国人假如在街边接受了我们记者的采访，说了几句我们的好话，我们就会放大篇幅，集中报道。各位知道，西方人特别是美国人在讲话的时候，喜欢用大量的形容词，如 great，这个时候我们就很兴奋，我们甚至把他们放在课堂、课文、教案当中向同学、家人展示。而一旦相反的情况发生，别人讲了我们的坏话，我们就感觉自己被强烈地刺激了，被伤害了。

第二个框架是利益竞夺。面对中国近年来的飞速发展，特别是举办了全球瞩目的盛大的奥运会，西方世界始终存在一个复杂的心态。这种心态可以用“焦虑”两个字来描述，为什么这么说呢？世界总的能量和财富，在特定的时空结构下实际上是一个总盘子，当你所获得的财富、资源、机会越来越多时，意味着竞争主体之间的分配格局、分配方式以及最终的分配结果，都会随之发生变化。在“3・14”事件和后来圣火传递的过程中，国内很多新闻学者发出声音，批判西方媒体的不客观、不公正：你们不是依凭所谓新闻专业主义，素来以客观、公正自居吗，为何在关于北京和中国的问题居然“一边倒”、“丑化奥运、抹黑中国”？我们发出这样的道德义愤是可以的，但是新闻学理性、客观、平等的理论框架，不能解释“3・14”以来的国际舆论纷争，因为它归根结底是利益层面的竞夺，它也不只是某些西方媒体的行为，其背后是西方世界复杂的、多元的利益主体。

第三个框架是人道主义。“5·12”汶川大地震发生之后，西方媒体对中国的报道倾向发生了一个扭转，有人说是逆转，为什么呢？前几天还在批评、指责我们的种种是非和不足，汶川大地震发生之后，海外媒体所引领的西方舆论，对我们总体来说是支持、肯定的态度，甚至在西方为我们感召一批力量。感召出来的是哪一种力量呢？我们知道就是人道主义。西方的人道主义和所谓普世主义是关联在一起的，在他们看来人是最重要的，人的选择优先于一切选择，人的生命、尊严是最高的价值。因此我们可以看到，5月12日以后，西方媒体关于中国国家形象的报道基调是正向、人性的。

如前所述，我们不必过度在意他们对我们的指责，同样也不应该放大他们对我们的正向基调。这种人道主义和所谓普世主义与刚才说的前两个框架——意识形态和利益竞夺等是联系在一起的，但凡北京奥运和中国被报道的议题，对一些西方媒体及其背后的力量来说，可以根据需要放入三个框架中的任何一个当中。这三个框架成了万能抽屉，不同素材分置其中。所以，“地震救了奥运”或者说“地震舆论逆转了奥运舆论”的说法是不准确的。

以上分析了关于北京奥运的国内想象与西方框架，下面我们来探讨话语建构与博弈问题。在此之前，我们需要导入来自哲学领域中的事实和价值“二分法”。简言之，我们时刻不停地进行两种判断：事实判断与价值判断。来到暨南大学的校园，我说花开了，这是事实判断，描述了花开这一客观的过程、变化、状态和结果；我说“厅前花草几度枯荣，片片叶落，点点心伤”，把自己主观的态度、情绪等融入判断之中，进入了价值之境。事实和价值二分法问题，自休谟提出以来，再经康德等人的发展，如今已经成为哲学领域的经典论题之一。我们在这里导入二分法，并不是探讨这个哲学论题，而是以其为一个话语分析框架。我们每一个人都生活在事实世界和价值世界交错构建的图景当中，前者有关多寡、贫富、高低，后者则指向情感、理想和信念。事实世界与价值世界并非可以对等切割，却是有效的分析框架。

我们开展的相关研究表明，从申奥成功一直到现在，我们对北京奥运与国家形象的传播，最大的一个特点是事实议题的大量输出，而在价值议题上则相对表达不足。我们可以简单地做一个区隔：所谓事实议题，即场馆建设、道路交通、环境治理、赛事规则等议题，所谓价值议题，是指精神、信念层面的议题。事实议题用来说明情况，价值议题则用来传达意义。换言之，从传播学的角度看，我们面临的一个问题是事实表达充分，而意义构建和输出不足。

什么是意义？这个问题在流行电视剧《士兵突击》中被许三多多次追问。古希腊人相信世界真神奇，他们觉得在人和神的对话中、在人和人的意见交换中，真理和意义自然可以闪现。火炬点燃，广场的辩论开始，那时候人们觉得自己找到了真知、道义、温暖和关心，找到了苏格拉底所说的要凝视对方的眼睛讲话的力量，而这些正是意义所在。中国古代人，特别是后来成为封建社会主导思想的儒家，确认仁、义、礼、智、信等为意义。这些被祖先构建的意义，分别在西方和东方发挥了巨大影响，绵延至今。

及至工业革命发生，工具理性在随后的一两百年的全面崛起，使人们因循共同的价值追求所构筑的意义世界开始黯淡无光。人们相信科技、财富能够改造一切，带来一切。泰坦尼克号被制造出来了，但是它不幸沉没了。这个事件现在往往由一次海难被解读为一个有关文明意义的隐喻——我们可以制造巨轮，但是无法征服大海；我们可以搭建那座传说的著名的塔，但是我们抵达不了天堂。刚刚过去的20世纪为人类提供了前所未有的战场和市场，战场意味着浩劫，市场则贩卖商品、狂欢和欲望，唯独不贩卖崇高和意义。正如大量学者和有识之士所说的那样，近现代以来，不同文化族群的人们，皆不同程度地遭受了意义消逝的惩罚。

而到了全球化的今天，这种意义的危机进一步加剧了。原本已身陷意义危机的不同族群，在交通和通信技术等力量的推动下，开始大规模地相遇。地球村的预言实现了，你我之间如此之近，我们可以和大洋彼岸的人随时联系，但这又如何呢？我们如此靠近，却尚未掌握彼此靠近的规则和秩序。空间太拥挤了，我说的空间不仅指地理空间，也包括人文空间，以至于每一个人都无法自由飞翔。除了交易和观光，不同文化的族群于今日面临的另一个紧迫任务，是协商出新的意义，并以之构造相遇后的规则和秩序。

在所有可能性中，奥运显然是最纯粹、最温和的一个协商平台。赛事本身是重要的，赛事之上、之外的意义协商也同样重要，甚至更重要。每一届奥运都致力于弘扬更快、更高、更强、友好、和平、公正的奥运精神，每一个主办国也都努力传播本国、本民族的文化精神和价值信念。实际上，这种价值输出及其可能获得的全球范围内的广泛理解和认同，是举办国最大的机会之一。

就此而言，我们有必要改善目前有关北京奥运和国家形象的议题传播结构，即在大量输出事实议题的同时，强化价值议题的传播频度和强度。我们不但要传播场馆建设得怎么样了、道路交通有没有疏导、食品安全是不是更有保障、奥运吉祥物销售业绩是否一路飙升等议题，还要提升价值议题——奥运精神、中国文化观念以及二者共性的传播力度。如果只输出事实议题，就很难为北京奥运构建一个赢得广泛认同、不能被颠覆的价值层面的理由。这个价值理由来自奥运精神，来自我们的文化，来自奥运精神与中国文化的共鸣地带。

这就涉及我们要探讨的第三个问题：中国国家形象的目标导向。北京奥运传播要输出价值议题，而价值议题除了来自奥运精神，另一个重要的来源就是中国文化及其承载的价值信念。中国人民大学人文奥运研究中心做了一项调查，是针对海外 405 位意见领袖展开的。这项调查的一个核心问题是：在中国所有可能被列入国家形象的要素当中，你们最看重的要素是什么？数据显示，文化要素以明显优势排在第一位，其次是社会要素、经济要素，其他的要素我就不提了。一言以蔽之，文化中国的海外接纳度最高。

那么，在过去这些年里，我们客观上主打的国家形象要素是什么呢？或者说，我们实际上打的是哪一张牌？对，经济，经济中国，而不是文化中国。这不偶然，也不是一个错误。改革开放以来，我们的基本方针是“以经济建设为中心”，多年的经济建设改变了我们的生存处境，给了我们一个充裕、富足的当下，并许诺了一个充满希望的未来。没有比这个更重要的事情了。贫穷不是社会主义，经济中国的对外形象，是以经济建设为中心的内部国策的反映或投射。

然而，此中有两个问题需要强调：一是国家形象本身即是一个动态的系统，二是硬实力是软实力的基础，但并不能直接生成或替代软实力。我们现在讲统筹兼顾、协调发展，同样适用于硬实力与软实力的关系构建。我和我所在的研究团队认为，对内以经济建设为中心的发展道路不能偏移，同时还要大力培育文化软实力，特别是在国家形象的目标导向上，要以塑造和传播文化中国为第一要务。

谁都知道国家形象建设是系统工程，不能单靠某一个要素，但是任何战略都要有一个目标导向，都得有一个中心，而不能因为它是一个系统工程，我们就把它划归为一个空泛而无所支撑的话语。现在看来文化中国的国家形象应当成为中国国家形象构建的一个战略中心，我们也注意到世界大国崛起的过程中那些发达国家普遍的经验，也正是以文化为主导的要素来构建国家形象的。各位注意，我们说经济美国，说军事美国，而当前全世界最强大的流行文化来自什么国家？美国，文化美国。“二战”之后的德国，由早年的纳粹德国、技术德国到现在强力输出他们的思想和思想家，他们在造就一个文化德国；法国、英国素来以文化闻名于世，日本、韩国也在产业输出的同时大打文化牌。

我们可以注意到当一个国家发展到特定阶段的时候，国家形象战略的中心就应该适当地由硬转向软，由事实层面的经济有多少增长、业绩是怎样的，转向一个国家和民族的文化价值、精神信念、道德主张。所以再打经济中国这张牌，很可能会重新卷入一些国际舆论纷争中，并且或多或少地伤害国家形象，众所周知的“中国威胁论”即是例证。无论你怎样表白自己，总有人以你亮出的经济牌当证据：你看，你太强大了，你强占了我们的资源，你挤压了我们的就业。

挺立文化中国，不是放弃经济中国，二者之间并非简单的替代关系，而是根据历史条件和发展环境变化进行国家形象要素序列的再排列。也就是说，这不是一个非此即彼的问题，而是一个优先性问题。当经济中国这样一个目标导向调整为文化中国的时候，你才发现这符合一个大国的国家形象，大国地位应当有大国形象。而大国的形象，我们说它应当是一个文化形象。

各位可以再看几个具体的方面。在传统文化与现代文化当中，海外公众更关心中国的传统文化，这一点没有异议。在具体文化类型中，外国人最关心的是中国的饮食文化。此前，有专家对我们这个结论有疑问——中国地大物博、历史悠久，难道外国人在奥运期间来到中国就是为了吃吗？大家可以想一下，如果奥运期间数万名海外记者、百万名海外游客，连一顿饭都吃不好，他们的奥运体验注定是不愉快的。如果他们回去都说中国的菜非常好吃、非常健康、非常安全，我认为，北京奥运在相当意义上就成功了。无论我们把奥运勾画成怎样宏大的叙事，归根结底是由具体的情景构建的。还有一个事实，当海外公众来到中国的时候，他们最希望和中国的什么人打交道呢？排第一位的是普通市民，第二位是在座各位，青年学生。这说明，海外公众渴望接近中国社会发展的原生状态和真实图景，特别渴望亲近这个国家的普通人和青年人。这意味着，我们有必要作出的另一个调整是：目前我们对外传播的主体是政府和官员，这与海外公众的期待出现了偏差；我们要传播普通市民和青年学生的故事，要让他们成为与海外公众对话的主体。

因此，文化中国国家形象意味着中国与世界的三重相遇：

第一，让中国与世界在传统文化与现代文化的均衡当中相遇。我们既要展示自己的传统文化，也要让海外公众体验到现代文化。你知道，一个外国人越亲近你的传统文化，有可能对你的现代文化就越疏离、越陌生，甚至有反感，这基于怀旧情绪的反感。

第二，在生命和生活的基本体验地带相遇。这意味着什么呢？吃、喝、玩、乐，让海外公众感受到中国人实实在在的社会生活。我们要尽量避免那些脱离生命价值和生活状态的宏大叙事，工业战线喜报频传、农业战线喜报频传、科技战线喜报频传，这样不行，我们要把传播、对话的重心拉到生命的基本体验地带，拉到自然而然、不经意间付出的努力上。

第三，在文化的核心价值层面相遇。我们有必要对我们的文化要素、文化价值进行一个基本的排序，使他想要见到的就见到，使他见到的更明朗，而不要想起中国文化就是古老、神秘、充满不确定性。

刚才所讲的要点，与我开头提到的奥运以及地震灾难有什么关系呢？在我看来，北京奥运之中、之后的文化中国国家形象战略，应当强调意义输出与事实表达并举，而不只是事实的一维构建。地震损害、伤害的应对，也不只是一个应急救灾问题，而应关乎民族精神、国民心态和社会性格。地震必然影响到人们的内心和生命意识，我们渴望安全感，而最终是价值层面的安全感，是我们共同坚守的那些崇高、那些永恒，那些永远都不会被颠覆的精神信念。

奥运给我们提供了这样一个前所未有的全世界都关注、关心我们的机会，在这样的一个平台上，我们要把地震中张扬出来的中国文化、中国意义传达出去。它们是我们抗震救灾的重要力量源泉，也是中国可以为奥运并通过奥运为世界作出的精神贡献。这又导出另外一个话题，文化中国所承载的意义是内外一体的。

国家形象是对内还是对外的？传统上，我们把形象理解为自己留给他人的印象，是对外的，现在看来，不全对。国家形象的基础是对内的，只有一个合理、和谐的国家内部的认同，才会有一个强大的清晰的对外的形象系统。我不相信一个国家、一个民族在内部不存在坚强、明晰的价值观，在国家遭遇挑战的情况下能够对外生发出集体勇敢的心。意义的构建同样变成国家形象对内维度的一个重要的战略中心。在地震发生时，西方媒体对我们的报道是正向的、良性的，除了灾难本身激发的人道主义之外，一个根本原因是从中央到地方，我们始终坚持把人放在全部问题的中心，人始终是第一位的。简言之，生命意识、人本观念是统领我们应对如此巨大的一场灾难的所有原则的总原则。

这次地震为我们如何做好奥运传播和国家形象提供了大量的启示，归结起来，有如下四点：

第一，多元表达主体。自地震发生以来，多元社会主体获得了比较宽广的表达空间，并因此达成了强大的社会共识。所有人把目光投向四川，投向那些灾难中的人，每一个人都在说话，每一个人都在表达自己深切的关心，每一个人都可以提出自己的质疑。比如，一些网友对“红十字会”工作效率的质疑等。有关地震的社会表达和讨论呈现出一个非常闪亮的品质：它们是以人性尊严为前提的，以公共理性为前提的，每一个表达者在获得表达的机会之后，不是为明显的荒谬添加逻辑，而是发自肺腑的关心，让每一个人都有说话的机会，希望通过说话让我们获取更多的智慧、勇气和力量。我认为这是此次地震当中，我们获得的一个非常重要、非常宝贵的财富，我们要表达，要理性地表达，要把这种理性的表达变成我们将来应对所有灾难的财富。

多元表达主体意味着什么呢？在拉萨“3·14”事件中，我们在舆论上一度比较被动，其中一个原因，就是政府在单独支撑所有的对外说明和解释工作。我们的国家政府对西方有关国家政府，我们的国家政府对西方媒体，我们的国家政府对西方社会精英和一般民众，也就是说，我们这一方是单一主体苦力支撑，表达是单一的。后来，除了政府，我们的各类社会组织、专家学者和民众都行动起来，我们共同担当起向世界说明中国的使命。特别要感谢“80 后”，他们以理性的爱国主义组建了一支庞大的“网军”，在网上参加了这场说明中国的运动。

多元主体表达，不是在一个具体事件中让各方站出来说话的问题，它涉及社会结构的改造，要给民间更多表达的权利、资源和机会。当然，赋予民间以表达的权利、资源和机会的同时，交付民间的还有理性和责任。

表达资源和社会结构的改造两者是一体化的，不只是言说的通路建设，还有体制上的问题。我相信关于这方面我们会越做越好，要把权利交给民间，也要把理性和义务交给民间，这次地震当中的经验，我们应该总结，并且把它一以贯之地推广下去。

第二，战略性构建与西方媒体的关系。在地震当中还有一条经验是需要我们来总结的，就是我们怎样来面对西方媒体。刚才我提到了西方媒体的三个框架，有时候让我们觉得摸不着头脑，当它们以意识形态偏见的框架或利益竞夺的框架报道我们时，往往是负面的；当以人道主义的框架进行报道时，我们又认为它是有人情味的。为什么上个星期这家报纸还在批评我们，这个星期又高度赞扬我们呢？为什么会有这样的变化呢？其实不是他们在变，他们的框架也没有变，只是根据具体事件的属性不同，采用不同框架而已。社会议题奥运化、奥运议题政治化，这个框架不会变，不同的事往里装，适合这个框架就装在这个框架里，适合另外一个框架就放在另外一个框架里。

认识到这一点，我们还要从自己的身上来找问题，我们对西方媒体有没有一些误解，或者对西方媒体的游戏规则是不是还不那么了解呢？举一个例子，我们长期以来是不是习惯把西方媒体当成是挑战者，甚至就是敌人呢？国际斗争的确不能掉以轻心，但“非友即敌”的观念则需校正。对待西方媒体，我们要采取对话的思维，而不只是着眼“当下关系”。所有媒体，包括国内媒体，总是社会组织的挑战者，最重要的是我们要把这种挑战者看做对话者，对话本身也充满挑战。我们不要以为海外媒体可以招之即来、挥之即去，海外媒体是需要长期缔结关系的对话者，不是灾难当中它来了我们就去应对，也不是常态中我们临时有需要，就把它请过来，应该放在对话的思维语境下。偏见总是在沟通中改变或消解的。

在一次研讨会上，国内一家著名媒体研究部门的负责人说，我们提供给海外媒体的信息，事实那部分他们保留了，意见部分则往往砍掉了。比如说四川发生大地震，灾难伤亡数字是多少，这个时候我们在后面加了一个评论，我们说这次抗震救灾体现了社会主义制度的优越性，集中力量办大事。海外媒体只把前半段留下了，后半段就给剪下去了。大家现在可以轻易找到原因——海外媒体的意识形态偏见框架发挥作用了。除此之外，这里面还有大量规则、技巧层面的问题。比如说美国白宫的新闻班底，也就是白宫的公共关系团队，他们一项经常性的任务就是研究如何制造一些精彩的“引言片断”，如何讲好一个故事，然后把新闻稿、公关稿传送给媒体，使媒体怎么砍也砍不掉。他们深知，那些媒体一定会引用精彩的片断，可以进导语、进标题，而故事则是传达观点的最佳结构，生硬地把观点塞出去是不受欢迎的。在这些游戏规则面前，我们的策略还要更成熟、更丰富、更立体。

第三，意见领袖游说。大家可以看到，在这次地震中，几乎所有跟地震有关系的专家学者、公众人物都出来说话了，而且这种说话是有力量的，除了提供专业的知识之外，他们在稳定和调节社会情绪方面产生了重要影响。他们是被信任的人，在剧烈变革的年代，特别是在遭遇重大危机的情况下，以专家学者为代表的一些意见领袖扮演着重要的话语权威的角色。

意见领袖游说是国家公共关系的一般性手段。韩国在亚洲金融危机最艰难的时候，聘用专门的公关团队，在美国、欧洲进行大规模的游说，让这些国家的议员、学者、银行家、大投资者站出来说话——韩国虽然遭遇了困难，但是相信韩国会像过去几十年一样励精图治、迅速腾飞，当下的困难一定能够摆脱，请全世界的投资者恢复对韩国的信心。我们国家这几年也作了一些尝试，有材料说，在2007年甚嚣尘上的中国制造危机中，我们也聘用了专业公关机构，并发挥了一定的作用。

第四，输出中国意义。我们把话题又拉了回来，回到价值信念和意义世界。其实回到信念和意义，就是要回到文化，回到人本身。这里面我为大家补充一个问题：我们到底有哪些“中国意义”可以输出呢？大家可能会回答说“是和谐”。我个人也同意这个答案。和谐的观念，是中国传统文化核心价值与当代中国社会主义核心价值的统一。

输出中国意义，并不是拿我们独有的价值去征服世界，这不是中国文化的理想，也不符合现实的国家发展战略。中国人的和谐观念，不是一锅粥地搅拌和调匀，而是和而不同。这里就有一个追问，我们都知道“和而不同”这句话，也能对它议论几句，但是一直解释不清楚到底什么地方“和”，什么地方“不同”。我认为，和在价值，不同在事实。事实层面要雷同的话，你会发现全球的文化就变成了单一文化，即强势文化对弱势文化进行霸权式的支配，这必定是灾难。我们要承认差异和多元，如此才能实在地促进不同文化的繁荣发展。和在价值上也不是大一统，不是遵循西方意义上的“普世价值”，而是寻找不同文化共同的价值追求，造就共同的命运感。正如我们的奥运口号所倡导的：“同一个世界，同一个梦想。”

这就引出大同世界的理想。这两年讲论语的人越来越多了，大同世界这个“大”怎么解释？是普遍、广泛的意思吗？还是指更高远、辽阔的一种境域？我的理解是，大同之“大”不在于空间之上的广大，而在于信念上的高远。尽管你和我如此不同，但是我们会有共同遵守的基本原则、秩序和尺度。因此，我们要输出的意义就是一方面尊重差异和多元，一方面倡导对话而非对抗的和谐观。

奥运是人类文明共享的一场仪式，它最大的价值在于让所有人相遇、对话、点灯。我所说的灯，是价值层面的灯火，照亮彼此，持久互通。我们已经因为意义的危机付出了不少代价，不仅是我们在经受挑战，整个人类都在经受挑战。对话一定不是效率最高的手段，效率最高的手段也许是武力或者是交易。但是，对话应该成为我们的第一选择，也是最后的手段。当我们把情况推到极致时就会发现，假如灾难降临，最后两个人是继续拼杀争夺，还是彼此对话携手向前，找一个可能的未来呢？除了人与人的对话，按照儒家的观念，我们还要重新学会人与天的对话。也许有那么一天，人类最大的问题不是人与人的较量，而是人与自然到底怎样相处，才能各自安身立命，才能存续一种亲善关系。

现在有一个问题，我相信大家都在关心，就是我们普遍地处于对四川大地震的忧伤、沮丧中，处于这种无力感中。两个多月后，北京奥运就要召开了，一个期待了这么多年的欢腾的盛会，我们当以怎样的状态开门纳客？继续忧伤吗？或者转换频道，明天就高兴了？也许最适宜的心态，就是让我们把对逝者的怀念、伤痛，对生者坚定、从容活下去的关心和对奥运的期待结合起来。我们不能把这样的忧伤情绪带到奥运中，也不能把逞强看做坚强。

就这样吧。谢谢各位。

学生提问：非常感谢胡博士给我们做了一场精彩演讲。我是冲着您的标题来的，因为我最近对城市问题比较感兴趣，所以谈到国家形象必然会谈到城市形象。我的问题是这样的，对于国家形象来讲，您认为，就您所掌握的材料，北京经历亚运会之后的改造和现在正在进行的奥运会建设，有什么样的进步？

另外我想提一个建议，您 PPT 上写胡百精，括号，中国人民大学博士，我建议主办方和您本人，今后应该把中国人民大学（虽然您很爱它）

拿掉，大家不会因为您是中国人民大学的博士来听您的演讲，而是因为您演讲的水平来听您的讲座。

胡百精：谢谢你。先回应你的第二个建议。我一直比较喜欢有个性的学生，我经常会发现有一些人，小老头，在年纪轻轻的时候对一切抱无所谓的态度，不敏锐、没锋芒。作为人大的一名教员，我还是要列出身份所属。

另外一点，我觉得你问得非常好，亚运会和奥运会在这么一个时间跨度之内，中国的国家形象是否有一些调整、转换，好在哪里？我们可以看到，首先是国际环境完全改变了，我一直在关心一个问题，就是语境。有时候语境比话语本身还重要。

在亚运会的时候，我们国家处在冷战的末期，我们天然地被西方视为冷战另一极的重要成员，那个年代立场比利益还要重要。彼时，中国改革开放进入了一个攻坚期，我们跨出去了，我们在打量这个世界，但是世界对我们来说是陌生的，我们于世界来说也是相对陌生的。所以，当时有一句口号能够反映我们的心声或者说是国家形象的战略重点，这个口号是："让中国走向世界，让世界了解中国。"而现在，我们可以将这个口号作出一些调整："让中国融入世界，让世界信任中国。"由走向到融入、由了解到信任，我认为这是其中最大的差异。

关于北京城市形象，就亚运会和奥运会这两个重大事件来说，我认为北京是与整个国家关联在一起的。谢谢你。

学生提问：胡博士您好，谢谢您给暨南大学带来了一场精彩的演讲。更让我欣喜的是，您逐步消解了我内心的一些疑问。我如果没有记错的话，温铁军博士也许是您的师兄，但是他说百年中国一波四折。他在《中国到底要什么》中说到百年中国主要是学习西方的符号体系，这和今天您说的中国形象构建是否有异曲同工之妙？您强调价值体系，那中国塑造对外形象应该尊崇哪些核心价值观呢？是马克思主义、儒家文化，还是西方人推崇的自由民主呢？我们应该推崇怎样的核心价值观呢？

您提到了我们"80后"作为一个表达主体，我们有了更多的表达的空间，那我们在表达的同时，能够尊崇什么样的价值观，做哪些更有意义的事情呢？谢谢。

胡百精：我先说第二个问题，"80后"的表达。我特别希望"80后"的表达是有智慧、有个性的，这个你们已经做到了。你们有一个非常高的起点，不仅是站在比你们大一二十岁的上一代人的肩膀上，而且同时站在东方和西方两个前沿平台上。智慧和个性是确保内心自由的非常重要的力量。另外我还想提到另外一个问题，就是群体的力量。你要放在一个群体当中思考自己，我最担心的就是群体的这种表达的力量，而不是个体的。要在群体当中看自己，我想说的是公共理性、公共责任。大家可以结合这两年以来重大的公共舆论事件来反观自己，那些都是自己的镜子。要学会在群体当中生存，要学会让自己在群体当中担当责任。

你刚才说到“核心价值是什么”这个问题，我想跟大家说，几乎所有的人文社会科学学者都在找你所说的核心价值，比如说西方可以用几个词来概括，自由、民主、解放、个性等，我们则在挺立和谐的观念。最近20多年，西方的社群主义开始崛起，发展成为与自由主义一样重要的思想体系。社群主义主张人与人重新相遇，人与社会重新相遇，要造就信念层面的共同体。很多学者很兴奋，提出能不能把社群主义构建成共同体关系、人与社会相遇的主张，以及中国儒家的和谐观、一体观，就像做数学题一样寻找最大公分母，这样就使其变成了东方和西方交流的核心价值。这是可能的吗？如果不可能，还有其他的路径吗？如果可能，又需要怎样去做？

学生提问：胡博士，首先感谢您的精彩演讲。您提到奥运的想象，关于奥运会我确实有很多想象，申办成功时我就对这样一件盛事期待很久。其实我本人对体育项目不是很感兴趣，但是我对这样的一件盛事却有很多的想象。我跟很多人交流过，奥运给中国到底带来了什么？有什么好处？为什么有很多人为之疯狂？我有朋友说要抵制奥运会，我不能想象为什么要抵制？他说在奥运的发源地曾经有市民起来抵制奥运会，认为奥运会举办是劳民伤财。请问胡博士，到底奥运会对社会有无伤害，我们应该警惕什么？

胡百精：这个问题从1896年现代奥运会开始复兴，一直到现在，各个国家都有人在问，不仅是个体在问，一些民间组织、一些NGO也对这个问题感兴趣。国际奥委会一般来说在主办国都会设立一个专门的研究机构，比如说北京奥运会设立了人文奥运研究中心，这个基地就设在中国人民大学。其中有一个项目叫OGGI，就是研究奥运对中国社会的整体影响力，这里面包括了正面的，也包括可能的损害。大家可以关心一下这个研究项目的成果。

针对北京奥运，国际上一些人曾经炮制过几种理论。一种理论是奥运九年论，什么意思呢？1936 年柏林奥运会之后，第九年，1945 年第三帝国覆灭了；1980 年莫斯科奥运会，九年之后，1989 年苏联解体了。以两个样本作出推断，连我们文科生都看不过眼了。另外一种理论，就是奥运之后西方式的民主化，例证是墨西哥奥运会和汉城奥运会，实际上墨西哥的社会改革法案和韩国的民主化开放都与奥运并无直接关联，也是站不住脚的。北京奥运会和以往历届奥运会有很大不同，2004 年雅典奥运会和 2000 年悉尼奥运会都是人类在全球化渐至状态下的一场仪式，而 2008 年奥运会时全球化时代已经到来，而非渐至状态的一场文明仪式。我觉得它的意义，除了我们能够用经济、社会各种可测量、可测度的指标评价外，很重要的一个意义，就是将其放在全世界共识的眼光和过去、当下、未来更长久的历史眼光中进行评价。

（演讲时间：2008 年 5 月 27 日　视频整理：张伟龙）

人类面临的重大问题

李家同

李家同，1967 年获加州大学洛杉矶分校计算机系博士学位，曾任台湾清华大学教务长兼代校长、静宜大学校长、暨南国际大学校长。主要研究领域为符号逻辑、计算方法设计、并行计算方法、算法设计分析、生物计算、生物信息等。曾在上述领域发表百余篇重要论文，对于以上领域及信息科学教育有卓越的贡献。近年来非常关注社会问题，提倡社会关怀、照顾弱势群体，并且推广英文教育。出版了多本专业领域的英文专著和 20 多本中文书籍。

人类要进入所谓的 21 世纪，我们也许应该稍微停下来，看看我们人类有没有什么问题。一个单位，一个学校，也许每过一阵子，就要好好检讨一下，看看自己有没有什么问题。所以我今天就来和各位谈谈人类面临的一些重大问题。

第一个问题我认为相当重要的就是所谓道德沦丧的问题。人类的出现，对地球而言不见得是一件好事。我们人类所表现的七情六欲，在很多动物身上是没有的。举个例子，你有没有看过老虎吃老虎、狮子吃狮子？没有，绝对没有。除非在非常特殊的情况之下，比如章鱼在受到攻击的时候，为了抵抗，也许会这样做。除此之外是没有的。最近几天，美国一份杂志报道了一件令美国土著居民感到很难过的事情，就是美国在美洲发现人类古时候的行为是人吃人。证据显示，人的骨头被煮过，大概就是肉被吃掉了。而且在人的粪便里面有别人的细菌。各位再想想看，我们人类在所有动物里面是最残忍的，没有一种动物像人类这样对待自己的同胞，人类是所有动物里面唯一懂得发明各种武器且使用武器的。人类后来就变成了所谓的社会动物。为使我们不再变成野蛮人，其中最重要的一个规范就是道德。我所担心的是，整个人类对于道德越来越不重视。看到社会上有什么问题，我们就用改革制度来解决。因此我们会立很多法律，定出很多规范。我认为这些东西都没用。我们定出规范，到底谁来执行这些法律？

各位想想，我们对我们的警察、检察官或法官放心吗？所以我始终认为到最后我们还是要诉诸道德。因为如果道德出了问题，整个人类会面临相当大的问题。20 世纪 60 年代，在美国有个每周播出一次且轰动一时的单元剧“Lucy Show”，这个 Show 与后来播出的其他 Show 的差异在于，“Lucy Show”绝对没有不干不净的对白，也没有任何影射“性”的事情。可是今天几乎很少有美国的电视节目不影射“性”。此外，有一部电影《玩具总动员》，我们学计算机的几乎都要拿这部电影作为解释，因为这部电影里面用的是三度空间的卡通片。可是这部设计给小孩看的卡通片，其残忍程度是非常严重的。各位应该有看过这部影片的，里面有个小孩非常不正常，会虐待这些玩具，他把这些玩具的头砍下来。各位想想看，什么人会想出这样的镜头？这是精心策划出来的，因为他们认为这样才会卖座。可是他们难道不知道这件事情是不对的？各位，动物之间有没有发生过这种事情？有没有动物这么残忍过？看看老虎、狮子等，都没有这么残忍。人类沉沦到这个地步，什么理由？就是为了钱。为了钱什么事情都可以做。所以我非常担心整个人类对于道德完全不重视。我实在看不出来我们人类有什么方法解决我们的很多问题。

最近有一家杂志社请我为一本书写序，这本书是关于美国一家 AOL（America Online）公司总裁的伟大故事。可是最后使我拒绝的原因是这个总裁的妈妈仍住在一个很贫困的小镇，这个总裁的家产是上百亿美金，可他没捐过任何钱给这个小镇，而且他很少回去看他妈妈。他妈妈告诉别人，她永远搞不清楚儿子什么时候回来过，上次回来大概是一年半以前的事了。写这个总裁传记的人认为这是一种美德，因为这样，这家公司才会赚更多的钱。这也代表美国人的一种想法，只看这个人成功了没有，至于他在道德上的修养都不是他们所关心的范围。在他们那里，只要能赚钱，即使没道德也不要紧。因此，克林顿总统做出那样的事情，仍然不被弹劾，原因就是当时经济很好，如果那几天 NASDAQ 不停往下掉，Dow Jones 指数也往下降，也许美国人就会希望总统被弹劾，因为经济不好，就不值得留这个总统。那上一次为什么他不被弹劾？因为道德对他们来讲已经不是重要的事情，而经济更加重要。可是这种事情对于整个美国青少年来讲，是一个多么不好的示范。

第二个问题就是战争问题，如今世界上恐怖活动此起彼伏，但我可以给大家举个例子，恐怖主义完全消失了的地方，就是北爱尔兰。在北爱尔兰，基督教徒和天主教徒之间曾经经常闹纠纷，天主教和基督教都是信仰耶稣基督的宗教，照说应该不会有任何问题。但是这么多年来基督教仍然记得天主教徒如何杀害他们，这么多年来天主教徒也记得基督教徒如何杀害他们，可是这些事情都发生在 300 年前。但是最近好了，其中有个什么原因呢？最重要的原因就是爱尔兰的经济变好了，经济变好以后，北爱尔兰随之跟进。北爱尔兰拥有一项最先进的技术，就是半导体工业，不管你是信什么教的都要用半导体，大家马上就互相谅解了。还有一点，人只要有了钱以后就会忘掉过去的事情。所以我们如果要维持海峡两岸的和平，两岸都要有钱，一有钱就忘掉了，穷的时候会记得。所以巴勒斯坦人的这些问题都是因为当地有很多穷人。各位也不用担心台湾会不会有很严重的对大陆不友好的行为等，这是不可能的，因为我们当地的年轻人都不想打仗。在欧洲，好多国家都有严重的种族问题，北爱尔兰后来变得有钱，一旦有钱了这些事情都解决掉了。这些问题曾经在英国大军压境时都没有解决，英国的镇压是相当恐怖的，但也没有解决，最后是靠老百姓自己消除仇恨。我还是要讲，消除仇恨，我一直认为跟经济有很大关系。我们台湾有一个名词，拼经济，大家一起来把经济搞好，对一个国家一定是一件好的事情。

另外，美国曾经大动干戈来解决巴尔干半岛的问题。各位也许会问为什么美国及欧洲要在此地大肆动武，美国的解释是巴尔干半岛上有人遭受种族大屠杀，因此要出兵解救他们。这也许是对的。可是当非洲的卢旺达因种族纠纷而有上百万人死亡的时候，这个问题比巴尔干半岛更为严重，可是联合国、美国和法国都没有出兵。再看苏丹，这是一个非常穷困的国家，到现在仍然有奴隶制度存在，只要花50美元就可以使一个奴隶得到自由。可是世界人权组织对于苏丹有奴隶制度这件事情却无动于衷。这种事情如果发生在欧洲，他们会无动于衷吗？因为他们是非洲人才受到这种待遇。我们时常说在第二次世界大战时，希特勒杀掉大约600万犹太人。可是在第一次世界大战时，信仰伊斯兰教的土耳其人杀掉150万信仰基督教的亚美尼亚人。在第二次世界大战期间，他们依然时常进行有组织的种族屠杀。我们现在在全世界各地都可以看到犹太人被屠杀的纪念馆，甚至还有电影或书籍记录这些事情。可是有没有人谈到过亚美尼亚人被杀的事情？没有。为什么？这是因为世界上仍然有人把另一种人看得比较不值钱，而亚美尼亚人就是其中一个例子。

而所谓种族大屠杀，有时候是同一种族间的，其中最可怕的就是高棉这个国家的大屠杀。大概在美军撤离越南的时候，高棉由波布政权所统治。在波布得到政权的那天，他就马上宣布，为了净化社会，也即为了恢复一个非常简单的社会，所以城市是不可以存在的。高棉首都金边在四个小时之内，居民必须全部撤离。军队对空鸣枪让老百姓离开自己的家园，到乡下去。然后就开始为期几年的大屠杀。那时候戴眼镜的人大概都被杀，因为那代表知识分子，他们是非常有系统地屠杀知识分子。那时候美国存不存在？当然存在，那美国怎么讲？他说那是他们国内的事情，美国不该干涉。可是各位想想，多少其他国家的事情他都干涉了，为什么这件事他不干涉？那高棉的大屠杀到何时才结束？一直到1975年前后，越南军队突然在几个小时之内沿着铁路坐火车进来把波布政权赶走了，这个屠杀才停止。只要有一点良心的人都应该知道，不管越南是什么样的国家，他的军队来了之后，大屠杀停止了。可是美国政府却大肆抨击，认为越南干涉高棉内政。当然各位知道，波布政权里面最后几个人都已经投降了，至于他们会不会接受联合国所谓灭绝种族的战犯的审判，也没有人管这件事情，为什么？因为对美国人来讲，他们不愿意再谈这件事，因为一讲，全世界的人都会问当年你为什么不管？我再强调一次，不管的理由就是因为种族歧视。种族歧视是一个非常严重的问题，这也是我们人类在发展的过程中一个非常不好的现象。

美国跟伊拉克的战争也很奇怪，当初发动战争的三个理由——生化武器、核子武器、萨达姆和本·拉登的关系，直到现在也查不到有任何关系，也查不到有任何生化武器和核子武器，这三个都是假的。他们还叫当时的国务卿鲍威尔到联合国去作证，他都十分难为情，因为他所讲的都是假的。可是布什总统，我又看到他的演讲了，为什么我们要进军伊拉克？“defend our freedom”，而且如果我们输掉，“the next battle will be California”。问题在于那个时候“9·11”事件发生了，美国人非常信任总统。信任总统是干不得的事情，有一点台湾做得好，就是绝不信任领导人。我不太懂什么人愿意做台湾的领导人，因为随便什么人做都是一样的结果。美国有个能够限制美国人自由的《爱国法案》。大家想想看，你说《爱国法案》谁还敢反对吗？因为反对的人就是不爱国的，所以美国人的幼稚就从这件事可以看出来。哪一个国家是绝对不讲爱国和不爱国的？大国中间，英国是几乎绝对禁止的。英国的首相绝对不可以讲爱国和不爱国，因为你说爱国就表示对方不爱国，英国人从来不这么说，法国人也是，意大利更加不说了，要他爱国他绝对不肯。所以我觉得美国人最爱国，美国人家里面都有人升国旗，老头、老太太两个人每天早上起来升国旗，这种人很少，但还是有。所以我要告诉大家能够真正决定自己命运的人，这个世界上是不多的，欧洲有些国家就比较好。有时候我看到两岸关系紧张，我就觉得这不是两岸人民的愿望，我认为我们两岸人民是想安居乐业的，全世界的老百姓都是这样想的，希望我们的下一代能过得好一点。不过最近我觉得不错的是两岸关系不紧张，我今天来也是直航来的，直接飞到了广州白云机场，所以一下子就到了。

第三个问题我认为最严重的就是自然资源迅速消失的问题。工业革命之后人类就开始大肆掠夺自然资源。地球上的宝贵资源是属于我们全人类的。小学课本就告诉我们，地球上有多么丰富的矿产，取之不尽，用之不竭。可是不管有多少矿产，以我们现在的使用速度，很快就会用完。王永庆先生说再过43年，石油就会全部用完，据我所知，只有41年。当然41年和43年没有多大不同。41年后我本人已经104岁，所以有没有石油对我影响不大，那时我大概已经不会存在了，即使存在，我也搞不清楚到底怎么回事了。可是各位想想看，没有石油，人类怎么撑得下去？整个人类的经济靠石油，这是毫无疑问的事。我们的汽车、机车……很多的交通工具都靠石油，没有了怎么办？也许同学们会说，有人会发明新的汽车，到时候会有替代能源。好，假设我们有一种非常好的电动汽车或机车或喷射机，可是你总不能把一个电厂放在你的车子里面吧？此外你的车子里面一定要有一个电池。我的问题就是电池里面要不要有一个金属？一定要有，到现在为止，不能没有金属。那用什么金属？如果你用铅的话，估计大概只够用两年。换句话说，开始使用铅电池，放在车子里面，两年之内铅就会从地球消失。换用其他锂电池等，即使有同样的功能，锂这种金属也会消失。何况最大问题是电从哪里来？我们现在又不赞成核能发电，所谓太阳能发电是荒谬到极点的事情，而风力发电也绝不可行，即使可行还是要用掉一颗电池。而这种金属也很快就会消失。此外，用过的电池，因含大量的酸，会侵蚀土壤，所以要埋在哪儿也是一个大问题。这使我想到我们人类把地球资源用完，就会一去不复返。氰在8年内、钾在3年内会用完，有一天学生们就不必背化学元素表了。至于王永庆先生说的天然气，也会被用完。石油和花是不一样的，花是一种生物。我们一直被教导要尊重生命，可是没有生命的东西，我们难道就不用尊重吗？看到石头，就可以踢它一下？不过踢它一下，石头还在，可是如果你把它拿来建房子，那就完了，因为全世界石头的总数是一定的，是永远不会增加的。这和花是不一样的，你把花剪下来插在瓶子里，明天花依旧再开。即使今天杀一头牛，明天还是会有另一头牛出来。因为他们是有生命的，可以繁殖下一代。可是这些没有生命的东西，我们的石油，我们的矿产，全部一去不复返。我们的沙石也是一个例子，不知政府对沙石采取什么对策，在我看来也是很快就会用完的，那时水灾不知会严重到什么地步。在台湾“9·21”大地震之后，人们把房子倒塌之后拆下来的土石埋在地下，可是它并不能回收，一旦变成水泥混合物，就不可能再把它送回河里。可是造房子怎么办？有人说可以用黄河的沙石，听说他们已经把当地的沙石处理得适合台湾的气候，“三通”之后大概就可能实现。但它还是会用完。如果不用沙石，也是得用到其他金属，依然会用完。

即使资源能够重新恢复，譬如远洋的鱼，拜科技所赐，我们有能力到远洋捕鱼，可是如果全世界的人都像台湾人那样吃鱼，整个海洋的鱼只够我们一天使用，一天以后连鱼苗都没有了。

现在我们一天到晚说我们消耗掉自然资源，其实有很多人并没有消耗。什么人？穷人。而有钱人消耗最多，尤其是美国人，他们的人口只占全世界4%，却消耗掉全世界40%的能量。各位到美国看看就知道他们有多浪费。如果有一天，中国人也像美国这样消耗石油，全世界有那么多石油可供消耗吗？又将会产生多大的污染？现在之所以没有那么大的问题，是因为世界上有太多的穷人并没有消耗我们的自然资源。

这边没有F16，F16是台湾用来防止大陆进攻的。F16也不是台湾最好的飞机，最好的飞机是幻象，幻象比F16耗油。F16每小时耗费30万新台币，现在已经不止了，现在油价涨了，我想大概要五六十万新台币。我常常看到F16起飞，不久它又回来了，因为实在是太耗油了。在台湾可以到花莲去看，每天都有成批的飞机，这些都是很耗油的。当然航空母舰更耗油，印度是个有航空母舰的国家，但很多人不知道的是，印度实在是没有钱让航空母舰出港。

接着要讲的是污染问题。以前台北市的生态环境很好，1961年我从台大毕业，台湾所有的河流都可以游泳，这是现在的小孩所不能想象的事情。现在连乡下的河流都很难游泳了，城市里的河流则绝对不行。什么原因呢，一个是城市人口的增长，下水道做得不够好；另一个是农药，买到的菜上没有虫咬的孔就表明撒了农药，这是没有办法避免的。可是农药绝对污染了我们的土壤，也绝对污染了我们的河流。我们的汽车、机车的废油跑到哪儿去了？油是绝不可能完全回收的，而我们开车、骑机车造成的污染是非常严重的。各位如果看BBC的新闻就知道，BBC的新闻整天讲这些东西最后都污染了我们的社会。温室效应的问题也越来越严重。在外国很多地方的山是终年积雪，过去委内瑞拉有七座，现在一座也没有，一座也没有的意思就是没有终年积雪。有一座山很有名，叫乞力马扎罗，乞力马扎罗是在非洲，有一部小说叫《乞力马扎罗山的雪》，海明威写的，也拍成了电影。然而，乞力马扎罗的雪现在是越来越少，慢慢地就没有了。这个是明显的温室效应，可是美国仍然拒绝签署《京都条约》。为什么？因为如果要减少二氧化碳的排放，美国人就要少开车。而美国人有一个想法，就是像王永庆先生所讲的那样，主张用天然气来产生电力，这一定会产生二氧化碳。解决的方法就是种树。美国也这么说：我们是有钱国家，我们可以多排放一点二氧化碳，你们穷国，反正没有二氧化碳放出来，你们去种树，事情就解决了。我们放二氧化碳，你们的树去吸收。所以你们的树，亚马逊河的树都不准砍，以维持生态的平衡。可是科学家说并没有任何证据显示树木可以全部吸收二氧化碳。何况你的二氧化碳和我的树之间又相隔这么远。我一再强调我们不要这么自私，像英国一向跟美国一个鼻孔出气，可是英国最近遭遇了几十年来从来没有过的大水灾。在这之前，英国就有科学家告诉首相说，水灾快来了，因为温室效应，结果就真的来了。最近几十年来，地球的温度不断地升高。现在的蚊子也越飞越高，爪哇的蚊子已经飞到6千公尺，过去只飞3千公尺。有人说这并非由于温度升高，而是有人跑到高处，身上带着蚊子跟他一起上去了。可是在荒野没有路的地方，蚊子也上去。冰河也是越来越高。如果各位到新西兰的南岛去，一个很冷的地方，就会发现1930年以前南岛的冰河一直到地上，而现在后退了300公尺。因为现在温度升高了。

在60亿人口当中，有20%的有钱人，而这些人的收入占全人类收入的86%，后20%的人的收入只占1.12%。可是在1964年，前20%的人的收入只占66%，而最穷的20%的人的收入是2.2%。当时是30∶1，现在是77∶1。我们可以预测，大概在5年之内，最有钱的人的收入会升高到90%，最穷的人的收入会降到1%。前20%的人的收入和后20%的人的比率将成为90∶1，这绝对是人类的一个大耻辱。而在动物中从来不会发生这类事情，只会发生在我们人类身上。在联合国174个国家当中，有80个国家的收入比10年前少。在非洲有一个叫坦桑尼亚的国家，因为当地没什么战争发生，所以比起其他非洲国家，算是相当好的。据统计，在1993年每100个坦桑尼亚的适龄儿童的就学率是93%，可是到了2000年4月，再做一次统计，只剩下66%。当年秋季开学再次统计，只剩50%左右。为什么？因为当地人穷到连小孩的书本费都交不起。这是一个开倒车的奇怪现象。最近的《纽约时报》也报道中国内地有上百万人，因为没有医生帮他们看眼睛而失明，在过去这种事都是由政府来照顾的。

此外，在联合国有一条所谓的贫穷线，如果每天赚1块美金以上，那么就会在这条线上，低于1美金就在线下。联合国的贫穷线存在了20年之久。这也是一个耻辱，永远拿这个来作为穷与不穷的比较，这是不对的，因为这20年来，1美金已经贬值得非常严重。可是为什么要这么坚持这1美金呢？因为有15亿人是在联合国的贫穷线下，有30亿人一天只赚2美金。刚果民主共和国每12万人有一个医生，我住的地方有40万人，照这个比例，那就是三个医生。所以一个国家穷了以后，什么问题都解决不了。非洲人没有医生，也没有护士，送给他医药也帮不了他。而且交通不方便，联合国送给他们的帐篷也送不进去。世界上的公司在刚果买木材，既不能给美金，因为美金对他们没有用，也不能给刚果的钱，因为刚果的钱已经不值钱了，所以只能以物易物。最重要的是什么呢？就是给食盐。你们想想看，这个也是人类的耻辱，这些国家之所以会越来越穷，就是因为有钱国家的巧取豪夺。除了盐以外，还有就是给他们锯木头的锯子。最好的就是脚踏车，一年也不过送给他们几百部脚踏车。我们知道这都是被有钱人剥削的结果。

那以下我要说个数字给各位听，1% 的人拥有 40% 的财富，这个 1% 的人就是在几个国家，美国、英国和日本，少数几个国家就占据了 40% 的财富。各位知道“财富不是收入，财富到底是什么”这句话是有问题的。因为现在如果你有雷曼兄弟的股票，你的财富就没有了。这时候是银行家非常赚钱的时候，所以美国、英国是这样。不过日本不大一样，日本并不是靠金融界而变得非常有钱的。各位知道日本是有索尼、松下、丰田、雅马哈，这几个东西一下就让他们的国家变得非常有钱，所以最后的实力派就是日本，是真的有钱，靠雷曼兄弟是不行的。2% 的人拥有 50% 的财富，这个还不打紧；到了 10% 的人，就是 86% 的财富。换句话说就是 90% 的人是没有什么财富的，财富是什么呢，就是你有脚踏车就是财富，有汽车就是财富，银行里面有钱也是财富。财富绝对是集中在少数人手里面，欧、美、日三个地区的人就把世界上绝大部分的财富都拿去了，非洲国家还有中国很偏远的地区都是非常贫穷的。那世界上有多少人是没有在政府里面登记的呢，每年是 4 000 万人，他们都没有身份证。当初因为它们没有出生证明，死的时候也没有死亡证明，火葬的时候就把他们丢进去，没有人管，因为没有死亡证明。每一天有多少人因为饥饿而丧生？2. 5 万人。据联合国统计，最近我们的粮食价格涨了，挨饿的人增加了，尤其是阿富汗，好多人是没有饭吃的。印度有一种人叫做“老鼠”，指专门抓老鼠为生的人，他们没有饭吃，唯一的职业就是到田里去抓老鼠吃。为什么穷人非常多，不是因为他们没有采取自由经济这些东西，经济到底该不该自由，我当然承认自由一点会比较好，可是至少有一个条件，就是政府不能够太腐败。

各位有没有看过《山居岁月》，这本书是讲法国农民生活的情形，当然是生活得非常好，常常种葡萄、牧羊。各位就要问了，难道他的葡萄和羊肉伟大吗？当然不是，他们是靠政府补助的。也许各位还要问了，法国政府为什么会有钱？牧羊其实是一件很简单的事情，靠牧羊生活得这么好是没有道理的。我又要告诉各位，法国有牧羊学校，法国和日本政府为什么会对农业有这么多的补助，靠的是他们的工业。各位要知道法国是个很厉害的国家，你们不要以为法国人是糊涂蛋，绝对不可以这样想，法国的半导体就厉害得不得了。可是他们对农民的补助，使得其他国家的农民跟法国的农民比起来显得太可怜，虽然种出来的葡萄差不多，羊肉也差不多，绝对不会有什么差异，可是却一个好一个不好。

最后我要讲科技，可是非洲国家如何才能有科技，我看简直是没有任何希望。所以这是我们应该想的一个问题，非洲国家怎么样才能够发展起来。当然我们讲，如果非洲国家或者世界上所有的穷人都变成有钱人，那么石油早就用完了，2020 年以前就用完了，亏得他们是不用的，他们要用的话就不得了了。非洲有多少次战争？30 次，有很多到现在还没有停，比如索马里，索马里从 1991 年到现在一直战火不断，1993 年的时候克林顿就出兵索马里，然而美国士兵被杀掉，拖在路上走。这还被拍成了一部电影，中文名叫《黑鹰计划》。这是在 1993 年，现在是 2008 年，十几年过去了，我告诉各位，一切照旧。

另外，伯克利的学生有一句话："你可以垄断 CPU，但是你不可以垄断农业。"我觉得这句话是对的，因为农业对人至关重要。我也希望各位同学知道，其实我们的农业和医药会被欧美国家所垄断，至少医药是绝对已经被垄断了，我们在这方面确实有很多问题，例如毒奶粉事件等更让人产生不信任感。所以药基本是欧、美、日做出来的，这个事件是很严重的。我认为，就申请专利来讲，居里夫人是没有专利的。医药已经不是为全人类服务的一种工具，而成为少数资本家赚钱的工具。

最后一点，我们经济的发展是建立在人类的浪费之上的，关于这点，不知各位同不同意？假如各位都不吃零食，不吃这个，也不吃那个，那么食品公司会垮掉，整个经济跟着垮掉。所以这其实是一件很奇怪的事情，因为我们不能够过太俭朴的生活，你如果过太俭朴的生活，我们的经济就会垮。世界上有人写一种书，讲的是如何过俭朴的生活，然后他就赚了很多钱，他就变成百万富翁，他就过着非常奢侈的生活。可是呢，他是对的，他对经济有贡献。大家都过俭朴的生活是做不到了，我们的经济是非常奇怪的。各位有没有注意到，美国人一开始少量消耗，美国的经济就开始衰退。日本的经济衰退很久，就是因为日本人在过稍微俭朴一点的生活。欧洲人不怎么用钱，世界上用钱用得满不在乎的就是美国人。最近美国人也用得少了，但是马上就出现经济衰退。这个是我们的一个危机，为什么？因为它使得我们的自然资源消耗得更加快，因为经济的发展一下子就消耗掉了。

可是我认为大家还是不知道道德的重要性，比如说仇恨。如巴基斯坦的爆炸案，我们知道用武力是解决不了问题的，我们一定要使大家有安全感。巴基斯坦的旅馆是有重重保卫的，但还是不能有安全感，只因有仇恨存在。而金融危机的发生是因为华尔街完全没有道德感，百分之百的没有道德感，他们明明知道他们的所作所为是会引起危机的，他们可是拿了别人的钱在赌。大家都把这次金融危机与美国1929—1933年的大萧条进行对比，但那时候好多人跳楼，这次一个都没有，为什么？因为那时候好多人是拿自己的钱去买股票，是他个人的，而这次赌博的时候是拿了别人的钱。正如买保险的时候他说可以帮你理财，这不就是拿着你的钱去赌吗？赚了还好，赔了就输掉了。所以我要讲，其实这个事情是非常不道德的。大家可能会很崇拜那些有钱人，一个国家如果太过崇拜有钱人，而不崇拜工程师，那么这个国家就完了。如果这个国家人人都想发财，都想赚钱，而不想好好设计发展路线，那这个国家就完了，所以道德还是十分重要的。我想我就讲到这里吧，谢谢。

学生提问：李教授您好，我想知道在台湾，你们对大学生的道德教育是什么样子的？作为大学生，我们在日常生活中应该注意些什么才能在人生的道路上走得更好？

李家同：第一点，我觉得我们做老师的不能光嘴巴上讲这些大道理，要树立一个比较好的榜样。第二点，我们要把是非讲得一清二楚，是就是，非就非，不好的事情一定要讲出来。有一点很重要，我常常注意到欧洲对有钱人是没有那么尊重的，例如芬兰，有钱人非常多，但大家谈都不谈，他们并没有受到那么大的尊敬。有钱人受到尊敬的是在美国，大陆最近也是，大陆的富豪到台湾去买房子，我都觉得不可思议。我认为我们一定不能够过分地强调金钱的重要性。这次受金融危机影响较小的几个国家，如加拿大、法国、德国等，就没有那么把有钱人捧上天。另外，做老师的本身不能太庸俗，老师的价值观应该很明确而且希望是正确的，老师应该把价值观讲得一清二楚，老师自己应该以身作则。

学生提问：李教授您好，您认为大学生应该如何在科学和人文之间得到平衡？另外，您刚才提到了人类的一大堆问题，但并没有说怎么解决，有人说从制度上解决，有人说从科技上解决，还有人说应该唤起人类的良心来解决，这三个方面您认为哪个是核心的？

李家同：不好的制度当然应该改，但这些问题绝对不可能由制度来解决，最后还是应该靠我们人类相互友爱才能解决。回答你的这个问题，我还是认为，我们应该有一种好的文化，互相容忍，相亲相爱。各位都知道在法国大革命的时候有三个口号是“自由、平等、博爱”，自由是现在用得最多的，每一个美国总统上台总是用自由，我敢打赌，新的总统不管是谁，他又会用“自由”这个词。平等是讲得最少的，美国总统从来不讲平等。可是我要讲，平等要最后得到，是要靠我们的爱才能得到的，不能靠正义。这个世界上很多国家讲到正义的时候，实际上是产生了很多的不正义。所以我想人类的很多重大问题，还是要靠我们相爱才能解决。关于大学生科学和人文的素质，我觉得我就是好奇，而且越到后来越好奇。所以我想我们任何一个人都应该对很多事情有所了解。

学生提问：李教授您好，我看过一些您的著作，也对您的价值观非常认同。您觉得对于我们来说，要怎样才能真正维持自己内心的那份价值观，能够不被一些错误的观点影响，并活出真正的自我？我非常想听听您的观点，谢谢您。

李家同：这个不容易，我可以告诉你，你要很厉害你才可以维持得住，你要不厉害得话，你只能随波逐流。要厉害到像我这个程度才行。我还是要劝各位，你要厉害了你才能帮助别人，所以我们还是要使自己有很好的竞争力，才能使得我们在社会上有很好的地位。我从前在台湾帮助了整个台湾盲人的教育，那是因为那个时候我已经很有声望了，等到我讲的时候大家都不敢说不，因为大家怕我闹。

（演讲时间：2008 年 9 月 22 日　视频整理：孙铭蔚）

大众文化的模式和走向

胡野秋

胡野秋，1962 年 7 月 27 日生于安徽芜湖。曾供职于《中国青年报》，多次获国家级新闻奖，包括“中国新闻奖”、“全国好新闻一等奖”、“全国现场短新闻一等奖”等新闻界最高奖。

1992 年末开始供职于《深圳特区报》，并创办《影视双周刊》杂志，任副社长、总编辑。后在深圳从事文化战略、文化产业及传媒研究，出版有《胡腔野调》、《佛国橄榄绿》等著作，并在多家媒体开设个人专栏。同时任凤凰卫视“纵横中国”栏目总策划、“凤凰影响力”栏目策划人。

非常感谢大家牺牲这么宝贵的时间来听我谈文化，今天想跟大家讨论的是大众文化的趋势和模式。大家可能会想，大众文化还用讨论吗，我们每天都生活在大众文化之中，比如大众传媒，从报纸到电视，我们已经越来越离不开它了。但是大众文化究竟是什么？只要有人类社会就会有三种文化。第一种文化是主流文化，所谓主流文化就是政府主导的，由政府出钱推动的。比如“五个一工程”，每年要给很多作家、艺术家发奖、发钱，然后相互讴歌。第二种文化是精英文化，就是大学。精英文化代表一个社会的最高端，代表一个社会的高度。第三种文化就是刚才我们说的大众文化，大众文化在这三者中是最矮的一个，比较可怜。精英文化虽然面小、圈子小，但是它的话语权高。大众文化是最受压抑的，尤其在中国所有的文化圈里。但压抑到 21 世纪，它出现了强力反弹，在此之下就会出现问题，所以大众文化呈现出很多让人忧虑的地方。我们发现这三者之间的权力开始分化了，主流文化开始慢慢失落，比如说茅盾文学奖是官方最高的文学奖，但是中国最好的小说家一个也没入选，而现在的《暗算》就是大众文化的代表。

现在我想用三个部分来谈一下大众文化，第一部分首先还是要了解大众文化本身的概念、大众文化时代来临、大众文化的一些起源以及在中国的发展轨迹。第一部分我会简单地概括。第二部分是这次讲座的主题，我想通过三个文化事件来解读一下大众文化的特点和特征。第三部分再谈一下大众文化在中国未来的发展趋势以及可能会面临的一些问题，这也是我们要注意的问题。

大众文化这个概念实际上从诞生起就有着非常独特的含义，这不同于我们平常所说的群众文化。群众文化只能说是大众文化的雏形，它本身不是大众文化，大众文化是什么概念？它在西方产生于 20 世纪初。20 世纪初，由于西方工业革命的高速发展带来了传媒的发展，带来了传播模式的更新，也由于西方在科技生产上走在前面，于是产生了很多崭新的科技手段，比如说 20 世纪美国的好莱坞，好莱坞的电影工业是大众文化在西方兴起的第一波浪潮。因为那个时候经历了一次经济大萧条，人的精神极其空虚。这时就需要一种力量来整合，大家也知道靠金钱是解决不了问题的，那个时候的美国正处在经济危机刚刚苏醒过来的状态，怎么办？必须靠精神的滋养，这个时候好莱坞的电影工业就开始发挥作用了。经济萧条的时候，文化产业反而兴盛起来了。

那么大众文化传入中国是什么时候呢？20 多年前我在北京的《中国青年报》做记者。崔健的第一场摇滚音乐会在北京工人体育场举行的时候，几乎所有的人都不能接受，一场音乐会弄到体育场去像什么样子？而且全场人在那像疯了一样，和崔健一起使劲喊，崔健在上面嗓子喊哑了，下面的人嗓子也喊哑了。那时候我们媒体的思想还没有解放到那个程度，觉得很奇怪，你不是去听音乐会吗？你自己也在唱歌，你能听到他唱吗？你这不是糟蹋音乐吗？当时就这么想。然后一些老同志更受不了，当时的国家副主席王震，当然我相信他不会去听音乐会，据说他听到广播播放的改编的《南泥湾》后怒不可遏，说这个人是谁，把我们的《南泥湾》唱成这样了。因为当年的《南泥湾》是民歌，他很气愤陕北民歌怎么被崔健唱成了一个愤世嫉俗的东西。

我们主流的价值观一直对大众文化这么排斥。我们认为的大众文化就是刚才说的，代表一部分人的观点而且可能是低俗的，并没有想到所谓的高雅。即使是所谓的精英艺术实际上都有它滋生的环境和基础，也不是无源之水、无本之木。我们现在来看大众文化，首先想到的就是我们身处一个怎样的环境。拿中国来说，中国产生大众文化离我们现在有 20 多年。20 世纪 80 年代的中期，因为中国人脱离了饥饿的状态，文革结束了，百废待兴，然后人们就开始建构新的秩序。旧的秩序被打破之后，在建立新秩序的时候主流文化逐渐地被边缘化。比如说文革时候的主流文化是什么？样板戏。电影《地雷战》、《地道战》可以放好多年，每次放还是有很多人去看它，而这个时候的替代品就是大众文化。大众文化实际上是人本主义在中国最早崛起的代表。所以大众文化在中国经历了一个曲曲折折的历程，从 20 世纪 80 年代到今天已 20 多年。经历了这 20 多年，到今天回头看看，我们就很吃惊，发现全世界的大众文化没有敢跟我们比自由度的。这就让我们觉得大众文化可能带来问题了。

刚才我说了大众文化的概念，大众文化是经过商业包装的，由产业来支撑的，它能形成批量生产的、有商业目的的文化。没有商业目的的、自娱自乐的叫群众文化。自娱自乐的群众文化和商业包装的大众文化是有区别的。大众文化能够和主流文化、精英文化分庭抗礼这么多年，到今天想取而代之，它到底有什么特征呢？

我们从三个事件来解读大众文化的特征，三个事件我想我不用说大家可能都会想到。第一个事件是超女。我们从超女来解读一下大众文化的特征，因为大众文化带来的不仅仅是娱乐，实际上也带来一种生活方式的改变。大家有没有注意，以前大家说娱乐，只是生活中极小极小的补充。今天我们知道，大众文化已经改变了我们的生活方式，甚至已经改变了我们的起居方式。在超女播出的那个时段，它几点钟结束，你就几点结束，它哭，你也跟着哭，它笑，你也跟着一起笑，它改变了你的生活方式，这你不得不承认。所以当时超女刚出现的时候，我们真的不以为然。对一个搞文化研究的人来说我们是迟钝的，我们当时根本没有把它划入文化研究的范畴。我们就认为是一些小孩闹着玩的，一些女孩子和湖南卫视做了一台节目，这个节目就让大家来比赛一下而已。结果三四个月以后，超女已经如火如荼了。很多所谓的粉丝产生了一批新的词汇，我还没看过，当时已经很多人在说了。我们到研究中心的时候，大家开玩笑说“谁不看超女谁就没有话语权”，就是说不看超女就对现代文化的生活失去了话语权，你已经没有发言权了。这个时候我才诚惶诚恐，跑回去看一下，我就发现它有些规则和我们以前相比发生了根本性的变化。比如说它把我们传统的审美观打破了，过去我们知道，选拔歌唱大赛无非两条，第一条是唱得好，第二条就是长得好。要不就唱得好，要不就长得好，这两条颠扑不破。但是到了超女的时候，它变了，它变成什么呢？全民的审丑时代到来了。往往看到很漂亮的一个女孩，结果迅速地被淘汰掉了。你觉得很奇怪，说这个评委眼睛瞎了吗，他就看不出美么？我们当时也有这样的疑问，超女举办过三届，没有一届最后冠军不引起巨大争议的。但是这个时候我们回头再一想，这本身就是比赛的机制之一，它一定要让你争论。假如说超女从一开始就选定一个很完美的女孩子做冠军，她就是冠军，你说这个节目还有人看么，你会觉得没有意外。但是如果每个人都有意外，我喜欢的人被淘汰了，我一方面愤怒，一方面勾起我更大的悬念，我就要去看。再追溯它的老祖宗，原来是从西方引进过来的，是从美国的一些选秀节目移植过来的。我们一看，果然美国人就是这么干的。有一个选秀节目，有个超级模特长得极其难看，我们认为她第一轮就应该被淘汰了，结果最后成了冠军。

那么这个时候我就在想了，大众文化的筛选机制可能是我们传统的文化所不具有的，就是逆淘汰机制。因为审美的标准往往是单一的，或者说美的标准总是相似，就像托尔斯泰曾经说过的一句话：“幸福的家庭总是相似的，不幸的家庭各有各的不幸。”就因为各有各的不幸，才产生了文学上那么多的鸿篇巨制。假如每部长篇小说都去写一个幸福的家庭，小说就没人看了。因为幸福的家庭都是相似的，夫妻恩爱，子孙和谐，没事就天天在一起，吃饭、游玩都在一起，然后一直牵着手到老，你说这种故事多么雷同。这样雷同的故事对人生来说是一件好事，对于艺术而言就是灾难。所以有人说文学家都是残忍的人，最好的文学作品都是悲剧，中国古代传到今天的戏剧中，没有一部好戏剧不是悲剧，《梁祝》、《牡丹亭》，几乎所有的传世之作都是悲剧，实际上也是一种逆淘汰。生命中最美好的东西总是最后湮灭了，然后留给人无限的感慨和悲伤。《红楼梦》这样的东西都是一些大悲剧，而大悲的东西就各有各的不同了。美的东西只有一个标准，你比如说这个女孩长得漂亮，她大眼睛、高鼻梁、双眼皮，但是丑是没有一个标准的。超女的中性美，不能说是丑，只能说是中性美，这样各式各样的非传统的审美标准就产生了。

超女现象带给我们最大的改变，就是我们的筛选机制的改变，而这个筛选机制的改变又意味着什么？意味着草根文化的崛起。近两百年来全世界的草根文化是被压抑着的，两个人到一起为了表示高雅，听交响乐和看芭蕾舞，总觉得不看芭蕾舞的人是没有品位的人，没有几个人会说你去天桥听一场相声就是品位。但是这个观点准不准确呢？实际上是人类的一种虚荣，或者说是人类对艺术本身的解读发生的变异。他的内心可能倾向于这样，但是表达的时候非要把自己伪装起来，按照社会共同的价值观去表露，实际上口是心非，而超女带来的就是全民在审美上的心口一致。大家知道，隔壁有个女孩，她走上超女的舞台一举成名，反过来就带给我一种信心，你看我的女儿比她还强，我就会产生一种莫名的信心。

很多人觉得现在中国人的自信是空前的，这个我深有体会。因为今年还有一场海选，就是从去年开始的“红楼梦”海选，为新版的《红楼梦》筛选演员，在全国有十个赛区。深圳叫深港澳赛区，每个赛区三位评委，我作为深港澳的评委之一，就经历了一次对深圳人自信的震撼，我们几乎每天都要遇到一大批极其自信的人。我给你们讲几个小故事，你就会觉得匪夷所思。比如一个上海女孩，她确实很胖，她上来我们就问她想演谁？她说演林黛玉。然后我就问看过《红楼梦》这部长篇小说吗？她说没看过。那你看过 87 版的《红楼梦》电视剧吗？她说也没看过。我说没看过你为什么要来演林黛玉呢？你怎么知道你能演好林黛玉？她说我因为没看过，所以我要演一个不一样的林黛玉，极其自信。她连林黛玉应该是怎么样的性格，应该是个什么形体毫无所知，她有的就是自信，而这种自信有时候又是极其盲目的。另外一个小伙子也是，一上来就要演贾宝玉。我们就问他知道贾宝玉什么性格？他说贾宝玉的性格就是他那样的。我们就让他说说他的性格是怎么样的？他说他的性格就是贾宝玉那样的。后来评委也哭笑不得，你可以当哲学家，因为你可以把人绕糊涂。你既不知道贾宝玉的性格，甚至连自己的性格也不知道。但是你认为你就是贾宝玉，贾宝玉就是你，这怎么能说服我呢？所以深圳“红楼梦”海选，光报名的就有1万多人。先是在广场海选，有些人一上来后真是叫无知者无畏，胆大得很。你让他下去，他不下去，说一定要再表演一个，再给他一次机会。那就再唱一个，他说从来不唱歌，那就跳一个，他也不会跳舞。这就是今天中国人被激发出来的自信，和我们以前所推崇的内敛完全不一样。一般来说，像我们这个年龄的人你打死我我也不会上去，但是他就是敢上去，好像有一种“舍我其谁”的感觉。

“红楼梦”海选给我们带来了两个好处。第一个好处就是让《红楼梦》开始受到关注，毕竟小青年没有读过，上来以后就被我们毙掉了，毙掉以后有一些人就真的去买书来读。我有次问书城的老总，他就很自豪地跟我说，你看我们《红楼梦》长篇小说已经脱销了。为什么脱销呢？你想深圳有1万多人要报名，而那些书平时就放在那没人买，滞销。大众文化带来的威力就这么大，让你从来不关心这个事件的人因为自己的参与而产生兴趣。所以大众文化除了价值观的改变外，还带来了一个改变，就是权力选择的下移。超女是怎样选出来的？超女的选出一半是靠短信投票，评委已经没有用，不像“红楼梦”海选，我们评委还有一点点权力。超女到最后评委已经失去作用了，决定她去留的是手机短信。而手机短信将很多和超女没有关系的人卷进来了，它变成一个全民事件，它变成一个全民的文化事件，全民的生活事件。上次到华强北，看到一群小孩在那打着周笔畅的牌子，“我们要选她，因为她是深圳人”。我就从那里路过，他们就塞卡给我，说这张卡是她买的，送给你让你打，我说行，打吧，打50个就可以了，这50个就是钱哪。

大众文化是跟商业紧密结合的一种产物。如果没有商业文化的生产，大众文化也就不可能产生。群众文化或者说民俗文化和大众文化是不一样的，尽管也来自民间，但是群众文化就是群众文化，更加淳朴，更加原生态。像我们深圳的很多社区，都有一些人跳舞，包括老年人也在那跳，跳扇子舞，跳迪斯科，这是自发的，跟商业没有多大关系。还有一些民间文化和民俗文化，它尽管发自民间，但也不属于大众文化。大众文化实际上就是民间文化进行了商业包装后把它批量生产，最后销往各个地方，这样的文化产品叫大众文化。所以超女把商业化的生产模式推广到了极致。有段时间就爆出了所谓的内幕，超女其实就是花钱，你花100万去买卡，那你女儿肯定飙升，这是很明显的。所以有人说这是文化和商业进行的一次合谋，然后从老百姓的口袋里掏出来很多钱，就形成了商业模式。而超女的商业模式形成了一个多方面共赢的局面，电视台本来为自己的节目收视率而发愁，现在有了固定的收视率；超女这样的小女孩经过这么一个舞台，把自己人生成功的道路迅速缩短，既不要去读大学，也不要再去工作，艰难地去拼搏，像白领一样辛苦，她一步就成功了，缩短了这个时间；另外还有一方就是移动通信公司，或类似这样的商家在中间获取了巨大的利益。所以大众文化带来的是大众文化消费规模的加大。把大众文化消费规模一下扩大了，本来是互相没有关系的群体，现在联系在一起，你挣钱我也挣钱。就像以前说的挖金矿，真正挣钱的人不是去挖金子的人，而是卖铁锹的人。因为你挖金子不知道能挖多少黄金，你要卖铁锹，如果有一万个人我就能先发一笔财。所以它带动整个文化消费的边际效应的扩大，就可能和我们每个人产生关系，商家的电视机销售就会空前增加。互联网络也加入了，互联网已经成为大众文化传播最快捷的一个方式，而且中国有1亿多的网民。互联网的商家最初也没想清楚怎么挣钱，现在开始知道怎么拿你的钱了，怎样从网上支付，找到了一种盈利模式。超女带来的实际上是一个娱乐模式、商业模式的极大的规模扩大化、效益的扩大化。

另外超女还带来一个现象，就是中国人娱乐精神的产生。因为中国人实际上缺乏娱乐精神，这点我们必须承认，中国人没有真正的娱乐精神，所以现在娱乐圈随便出一点事马上就引起了媒体极其强烈的反应，引起公众极大的反应，但有些东西本来就是逗你玩一下。逗你玩你就这么当真了，最后你就会被这个东西牵着鼻子走，而牵着鼻子走的时候你无意中就变成了它的一个工具。这无论在杨丽娟事件还是在其他事件中都能够体现出来。杨丽娟事件，我认为，她追星也好，不追星也好，应该是个人的事情。但是家乡的媒体介入以后，媒体就变成了杨丽娟追星的一个工具。饭都吃不上了，家那么贫困，她能到香港去追星么？路费谁出的？是她老家的媒体，是一个报社和一个电视台资助的。你资助她吃饭就完了，还算是慈善事业，你资助的是让她去继续追星，所以我们到最后也不知道杨丽娟是自己向前走还是被舆论推着往前走。而这种东西证明了什么？说明我们现在在娱乐精神上还是缺乏理性，我们总是自觉不自觉地把自己放到娱乐事件中去，这样我们就会慢慢发现娱乐负面的东西。比如说在超女竞赛中，都出现了这样的一批事件：买黑票，或者互相诋毁，包括那些粉丝们。“粉丝”这词也是随着超女的诞生而诞生的，同样“PK”也是在超女中诞生的。粉丝这些群体的出现在超女中间就演化成了群体性事件。喜欢李宇春的，喜欢张靓颖的，喜欢周笔畅的，这些人在面对他的偶像的时候，他是温顺的小绵羊，对待对方的粉丝的时候就是非常有攻击性的，互相之间的攻击导致了不同的群体性事件。这时候娱乐慢慢变得远离娱乐本身，有一点不好玩了。这个不好玩也是现在我们娱乐文化带来的副产品。

所以每一届的超女出来全都有争议，因为最后上去的恰恰都是那些我们认为不是非常理想的选手，但这也正是大众文化的需要，为什么呢？因为大众文化需要买单。收视率是什么意思？收视率就是任何一个老百姓对我的看法所产生的作用。以前我做电视的时候，也是每期只要一做完，就和制片人找个没人的时候去看看收视率怎么样。我们做人文节目，估计比娱乐节目要差。这收视率怎么来的呢，就是你换频道产生的。而大众文化必然要打造一些平民英雄、草根英雄，可是草根英雄也会带来很多问题，待会在后面再说。

这样，我们就知道大众文化中间的这几个特点。逆淘汰制、审美观点的改变，这些都会对我们产生制约，但我并不是说这些制约都是很坏的。我现在做节目有时候也会不自觉地遵循这个东西，所以我们一定要站在能够互相理解的角度去看问题。

比如说逆淘汰制，学中文的就知道悲剧美，虽然大家喜欢看喜剧，但看完以后哈哈一乐，没了。而看完一场大悲剧，你可能一个星期都心情不好。《红楼梦》里面其实遵循的也是逆淘汰制，林黛玉肯定是《红楼梦》里最优秀的女孩，但却是那么个下场。薛宝钗按照曹雪芹的意思是“金簪雪里埋”，最后也应该是冬天死在荒野里。如果按照曹老先生的意思，《红楼梦》的前几名全部被淘汰了。现在大众文化也是逆淘汰，我有次就问湖南卫视的编导：“你们每次非得选一个，选一个次优的也好啊。”他说：“不行啊，我拿张碟给你吧，我们就是学它的。”结果我拿回去一看，是美国的《超级模特》，我突然发现了，美国就是这么做的，他们找了一个黑人女孩，她一笑起来牙缝那么宽，我当时想这个人肯定第一轮就淘汰了。

结果她上了 PK 台，一把眼泪一把鼻涕地编故事，后来观众都把同情心给了这位黑人姑娘了。一连好几期都这样，最后成了那年美国《超级模特》的第三名。为了让她做得不要太糟糕，节目组专门高价请了训练师来教她，到最后一集的时候我确实也发现这个女孩子经过包装之后，各方面都变得顺眼了。当然这也可能是重复效应造成的。所以《超级模特》的这个女孩就成了以后中国选秀的教材了。大众文化就是这样一个机制下的产物，它给我们带来了一些巨大的改变。这几个规律是非常明显的，引导着目前整个社会大众文化的发展潮流。

第二个事件就是中国式的大片电影。中国式大片形成了消费主义的浪潮。为什么这么说？中国的电影，为什么要用中国式大片？中国式大片和美国大片不一样么？仔细一看确实不一样。我们以前看电影的时候，更多关注情节、细节、人物和人物的命运。但是到了今天，我们关注的是大场面，是饱和度极高的色彩。像油画一样，张艺谋是学摄影出身的，所以无可避免地带上摄影家的眼光。每一个角度，红的、黄的色彩的高度统一和对立，视觉处在很紧张的状况。从《英雄》开始到《十面埋伏》，特别是到后来的《满城尽带黄金甲》，我们的眼睛都不够用了。电影中的宫女一排排过去，给我的感觉像是团体操，观众说是“波涛汹涌”。这样的影片只带给我们一种感官的刺激，不能带来一个故事的经验，或提供一个人物的性格塑造给我们带来对人物形象的解读。所以王朔对张艺谋的评价是张艺谋是一个非常优秀的装修工，可以把环境装修得美轮美奂，让我们忘记里面的人，每个柱子都是用金纸包装起来的。《英雄》中一个打斗的场面就买了几千公斤的黄叶子，起先是 5 块钱一袋，让农民没想到的是，这些枯枝败叶后来居然可以卖到 30 块钱一袋。最后把电影投资的 2/3 都花在布景制作和道具使用上，究竟片子给我们带来了什么样的心理震撼？无所谓。因为他也懂得大众的心理，大众现在越来越习惯于或者沉溺于一种感官的享受，首先要感官很刺激，眼睛、耳朵很享受。现在都知道了，立体声电影院，飞机在银幕上这么飞过来，就好像从耳朵边飞过来一样，但是你说对电影来说它是必须的么？当然不能排斥科技对电影的贡献，但是倘若在有一些情节和内容的情况下再有这样的东西岂不是更好？所以很多人都说我们看电影已经不是去看故事。这种大片带来的是什么，是消费主义浪潮。中国式大片带动的这种消费主义浪潮，表现的是一种集体的物质化倾向和金钱化倾向。但是最愿意购买和最能够购买的东西，人们往往并不关心。

这些电影带来的就是中国电影集体的简单化，以陈凯歌的《无极》为代表，所以胡戈用馒头狠狠地把它修理了一番，陈凯歌也是没有脾气，因为那部电影确实提供不了太多的东西，所有的情节都是在前人的故事堆里面掰一点出来，没有他自己的创造。而且我们看好的几个导演不约而同地都走这条路，陈凯歌是大片，张艺谋是大片，硕果仅存的一个草根导演冯小刚最后还是掉进了《夜宴》，也变得不会讲故事了。买了个《雷雨》，把《雷雨》的故事重新包装，然后把《哈姆雷特》的故事拿过来重新做，冯小刚又拍了《集结号》，骂的人稍微少点了，但说实话，它和《太极旗飘扬》太相似了，可是《太极旗飘扬》讲的是一个多好的故事，他还是不会讲故事。这种中国大片给我们带来这样的冲击，包括视觉化的冲击和感官上的冲击，它会让我们觉得我们不需要思考，我们只要在那个时段能够感受到我们的一些心理上的反应，有一点紧张，杀死人的时候，心跳就加快，汗也会出来，可是出完汗以后，灯光一亮，你很快就可以把这个故事遗忘。但是你再想想当年电影带给我们的是什么？经典带来的是什么？这又牵扯到另外一个问题，大众文化需不需要经典。

西方一般认为大众文化也需要经典。我们知道，美国有两大大众文化流派，电影文化就是好莱坞，好莱坞的文化是以奥斯卡为风向标。奥斯卡评奖的范围从我们过去的追求大片，逐渐向人的内心渗透，像《断背山》拿奖，《撞车》拿奖，包括这届这样的片子，都不是以大制作作为最终的一个评判标志。甚至《通天塔》也脱离了美国大片的轨迹，是重新走向经典意义的电影，这些电影被奥斯卡肯定以后，我们就觉得很有意思了。因为奥斯卡本身是要参考上座率的，不完全要看专家的评论，奥斯卡居然有这种脱离大片的趋势。这是第二个事件，中国式大片锻造了消费主义的浪潮，让我们把大量的金钱投入进去。为什么？因为它是一个产业，它考虑的就是电影票房，变成一个经济体，这是中国大片带来的。

第三个事件，我想谈的就是学者上电视的问题。刚才我也提出来，易中天、于丹上电视究竟是大众文化还是精英文化？其实我认为是这样，应该说从总体而言，学者上电视，它是大众文化的一部分。因为我们知道，这几年随着中央十套“百家讲坛”的兴起，凤凰卫视的“世纪大讲堂”，包括深圳做的“市民大讲堂”，还有读书月和读书节等的论坛，他们在做一件什么事？就是在做学术的普及化和大众化工作，过去我们认为的学问应该在哪里？应该在课堂里，在大学教室里。

尽管有些人在调侃和责难，说易中天是学术超男，于丹是学术超女，倒不是我们这些搞文化研究的人在为他辩护，我认为在学术和大众之间真的需要一个中间层，这个中间层就要有一批所谓的公众知识分子，公众性的知识分子。公众知识分子在西方一直不是贬义的概念，但在我们过去一直是一个很负面的概念，说学者就应该天天在图书馆里待着，在家里待着，就像钱钟书那样。而像刘心武上去讲《红楼梦》、易中天品《三国》、于丹说《论语》似乎就是不务正业。其实我觉得这个标准不一定准确，应该这么说，刘心武当时讲《红楼梦》确实从客观上带动了国人对《红楼梦》的关注。那个时候还没有准备拍新版《红楼梦》，甚至我认为有可能正是因为新的一波“红学热”才再次引起了影视来跟风，我们再来拍一个新版的《红楼梦》，然后又带来了“红楼梦”海选，又带来一些文化事件。那么刘心武讲《红楼梦》有什么错呢？你只能说他解读的观点我未必赞同，这在学术上可以争论，但是你不能说本身是错的，你通过电视就错了，现在有些人用这样的标尺来衡量，认为经常上电视就是做明星，就会招来一大堆的责问，包括以前对余秋雨。其实余秋雨很多人不喜欢，但是你批评他什么都可以，批评他上电视这一点本身不是很正确，上电视本身没有错。你可以批评他在电视上发表的言论有不适当的地方，但是你不能说他的某一种文化行为本身是错的。既然娱乐明星可以去占领电视，其他人都可以占领，为什么学者就不能占领呢？假如说我们的学术一直在象牙塔里面，始终和老百姓没有直接关系的话，那么这个学术还有什么价值和意义呢？我们真的不能像鲁迅当年讽刺的那样，我们的一些研究人员不能只会去做数曹雪芹有几根白头发的事情，我们还是要研究怎么把《红楼梦》的故事解读给老百姓听，这非常重要。

所以我认为现在对学者上电视的批判更多的是一种情绪，或者是大家对大众文化的游戏规则还不熟悉。大众文化在某种程度上就是一种谁来掌握话语权的文化。过去我们的传媒是被一种权力掌握，或者被主流文化掌握，那么它必然反映主流文化的声音。现在被大众和娱乐掌握了，那么它反映的是一种大众文化精神，学者可以利用这个电视，我认为这是有百利而无一害的，至于他们讲的方式当然可以讨论。有人说易中天就是说书，只是把电视变成一个说书场，我觉得这也没有什么不好。三国有很多种讲法，但是我们未必只有一种按照所谓学术研究的方法去讲三国，假如一上来就跟你考证三国魏蜀吴之间政治消长的历史原因，跟你分析一二三四，还没分析完可能你就睡着了。这种学问老百姓不乐意去接受，他可以面对他的研究生这样说，但是面对公众就不能这么说，这就是大众文化必须要做到的一点。他想贴近观众，但夸说有多高的学术含量，我觉得书斋里的老先生是不答应的。因为书斋里面的老先生研究的目的和现在的一些学者进行学术普及的目的是不同的。学术普及就是要让你知道其然，你可以不知道其所以然，知道其然就行了，知道它就是这么一件事就行了，不要知道它为什么这样，要想知道为什么这样，你就自己去看书，看原著，这就是学者走向电视给我们带来的启示。因为在西方有一批这样的人，叫学院派知识分子，一辈子就在大学里教书，一辈子做着高、精、尖的课题，甚至写出的论文没几个人能读懂。就像当年陈寅恪在清华大学当教授的时候，没有出过一本书，吴宓把他推荐给当时的校长蔡元培，校长说这个陈寅恪是谁啊？要看一下他的书。吴宓说他没有出过书，只写过三篇半的论文。蔡元培就说："那你把三篇半的论文拿来我看一看。"论文拿去以后，蔡元培看完跟吴宓说，你们所有清华教授的书加在一起没有他三篇半的分量。为什么给这么高的评价？因为他的文章我连 1/3 都没有读懂。读不懂的可能就是好的，这在学术界可能真有这样的一个悖论。就像钱锺书的《管锥编》，到今天为止中国的教授没有几个能读懂，很薄的一本书。读不懂就是好的，学院派的知识分子是这么看的。我是大学中文系毕业的，读不下去的书，我曾发誓一定要读，可每次读不了两页就扔掉了。如果都是这样的学问，你说可怕不可怕，你会把它当成洪水猛兽，这是什么怪物，看不懂。所以除了学院派的知识分子以外，还需要一批所谓公众知识分子，公众知识分子承担的使命，就是把学术通俗化、平民化，并把大众的意志带进学术研究领域。换句话说，老百姓需要了解什么东西，根据需要去研究，这是必须的，也是必然的。

这两种知识分子完全不需要去打架，可是在我们国家暂时局面是这样：在大学的对上电视的不屑一顾，那不是做学问的；上电视的又对大学里的教授心怀怜悯，天天就在那个书斋里面，你研究了一辈子的城市可能还没有去过，你研究了一辈子的现象可能还没有看过。或者相互之间陌生地对视，这种现象也是我们解读大众文化所必须透彻了解的。我们需要这些东西，需要受学术滋养的熏陶，但同时我们也需要高、精、尖的学术，但这两者之间要有个比例。从某种程度上来说，象牙塔式的学问不会占到学问的一大半，应该只是一小半，它是金字塔塔尖的东西，而大部分还是在基石上。所以我认为中国学术界在塔基那块不扎实，西方有一大批的学者经常和老百姓互动。国外最好的科学家必须要写科普作品，美国科学院的院士一定要写至少一本科普作品才能够进入科学院，但是中国科学院的院士有几个人在写科普？假如大家都不来写科普，然后我们的科普作品让一些人来写错误的东西，这个责任谁来负？这是我们需要考虑的问题。现在的一场讲座，场场只有几十个人听，好的可能就几百个人，最多一千人，非常有限。但是因为现在有传媒的介入，介入之后它才会把你的一些东西发布到报纸上去，实际上扩大了你的学术影响，这本身是我们现在学术的一件幸事。假如对这个也排斥，我们的学问永远只能在小范围里面，慢慢就会式微。像很多人担心的情况一样，某些学科招不到研究生，为什么招不到研究生？那些小孩说我都不知道还有这门学问。所以我觉得学者上电视，既是大众文化的需要，同时它又是推动大众文化向高端发展的需要，我觉得这是何乐而不为的事。

这三个事件，一下就把目前大众文化的发展态势勾勒得比较清楚了，那么我们就应该说一说大众文化还有什么问题。

有一个概念就是读图时代。大众文化有一个特点，就是读图。读图这种方式对我们的未来有着重要的影响。前几年当我们欢呼一个读图时代到来的时候，大家都很兴奋，读图时代来了就是我们社会的前进。我们的动漫、电影都是看图片，大人也在那看漫画，因为日本人也看，美国人也看，好像中国人总是要赶着这个浪潮，当时很自豪。可是我想说的是我们要对读图时代保持高度的警惕。我个人认为读图时代是人类文化的返祖现象，不认为是社会的进步。当时在参加香港的一个学术研讨会的时候，我曾经发表过这个主张，当时就说读图时代是人类的文化返祖。为什么这么说？试考察一下，我们今天看电视，会觉得很轻松，往沙发上一靠就好了，不用动脑子思考，结束时我们会带着一种满足感睡觉。但是十年看下来我们会变成什么样的人？我们会变成一群思维简单的人，思想极其简单，我们的逻辑推理能力会丧失，我们的逻辑判断能力会丧失。人类就是从读图时代过来的，两千多年前甚至更早的时候，在人类发展之初，人类就是读图，所有的文字都是从象形文字发展而来，汉字也是象形文字，例如汉字的“鱼”就是画一条鱼。

读图时代是我们最早期的时代，因为人类有了思维能力，有了抽象思维能力，就逐渐地把图抽象化成一个符号。又因为我们进一步走向抽象化，我们就有了哲学概括和推理能力，有了数学的概念，有了科学的概念，这都是人类思维复杂化的表现。但是如果我们只依赖于电视，依赖大众文化，我们的思维会逐渐变得扁平化，越来越简单，越来越缺乏判断，越来越缺乏逻辑思维能力。有个英国人七八年前做过一个实验，那个实验我认为非常有说服力，说明了读图时代的危害性。他们在饲养场的猪中间做了一个实验，有两个门，这边的门挂了一副油画，上面画着猪饲料，一大盆的猪饲料；另外一个门上画了一把闪闪发光的杀猪刀，结果发现猪全部从那个猪饲料的门走，没有一头猪傻到从画刀的地方走，它为什么会有选择性地走呢？最后研究发现，实际上猪是读图的，猪至少是一种读图的动物，它读图以后会作出正确的判断。它的经验可能来自小时候就看到大猪遇到过这种情况，刀给它带来简单的记忆，所以它们就都从画着猪饲料的这个门进出。

我们好不容易脱离了和动物的区别，形成了抽象思维，而到今天，我们反而只是去读图，这种读图会让我们的思维扁平化。就像关于娱乐至死的问题，现在人类都在娱乐，娱乐最终带来的结果就是娱乐至死。娱乐到最后实际上把一切都娱乐化了，政治娱乐，文化娱乐，所有的形式都在娱乐。有人做过这样的实验，就是在脑部插上很多元件，发现在看电视的时候人的脑部活动非常缓慢。在这个过程中，我们的脑部运动越来越慢，思维就会越来越扁平，心灵也会变得简单。所以我们对大众文化仍然要注意保持我们的文本阅读，一定要读文字的东西，一定要读文字的书。我跟我儿子说，你可以看动画片，但是你也要看小说，要养成看其他文字书的习惯。我让小孩看一部电影之后，再找一下这部电影改编之前的作品，拿来比较一下就知道优劣。读图，一味地读图，单纯地读图，会影响我们的思维判断，会退化我们的思考能力。我们要警惕科技带来的这种便利，要读文本的书、印刷的书，才能保持人类的思维，不让它退化。如果我们能做到这一点的话，可能大众文化还会有很好的发展方向。关于大众文化，我们就先和大家解读到这里，下面有什么问题，大家可以随便问。

学生提问：您刚刚提到现在的很多大众文化都是模仿西方的，主流文化受欢迎程度却很低。大学生面对这样的冲击应该保持怎样的立场？

胡野秋：只要是中国文化，百年来都有一个共同的问题，以前叫“中学为体，西学为用”，现在大有取代的趋势。我们的主流文化也是这样，马克思主义是西方的；学术方面也是这样，比如哲学方面的尼采、亚里士多德。大众文化也是这样，只不过它是在生活中慢慢地受影响。最近，有一个好现象就是我们的“国学热”慢慢兴起了。之前我们把我们的根斩断了，西方并没有把他们的根斩断。所以韩国那么小的国家能对我们进行文化辐射，从前只是中华文化的一支，现在回过头来辐射我们，为什么？就因为他们的文化中还残存着一丝中华古文明的影子。但是我相信如果我们的国学能够继续学下去的话，不出50年，中国人也会变得更加理性，更加有根基。现在的中国人是没有根基的，既没有中国的根基，也没有西方的根基。我们不知道我们是谁，这是全中国当代人的一种焦虑。那我们该怎么做，刚才我也说了，咱们大学生就是应该成为恢复我们中华文化传统的最重要的力量。我觉得还是要拜托诸位。

学生提问：有人说过整个社会就像搅拌机，我们个人就像沙石，我们也是跟着潮流走的。刚才您也说我们大学生是恢复这种精神力量的生力军，但是谁来带领我们呢？究竟是谁在主导大众文化的潮流？还有我们个人和大众文化的关系又如何？谢谢。

胡野秋：我只能说，我们每一个人都应该成为潮流的发动者。人在历史面前永远是渺小的，但当大潮走的时候一定会产生尖端的人，当然不是希望在你们中间产生孔子，但我希望在你们中间能产生影响未来中国大众文化走向的人。为什么？因为操纵大众文化的人，都是经受过高等教育的。你在你的专业上一定要做好，那你在你的平台上，你的主张就能够被人们所接受。比如我常常说的公众知识分子，将来如果你们有这样的条件，你可以用你的影响来引导这样的事情。我相信将来在你们中间一定会产生这样的人。

学生提问：刚刚您说的中国大片不会讲故事，我深有同感，可是作为一个中国人，我实在不明白为什么中国产生不了一部好的电影。为什么中国出不了《百年孤独》《挪威的森林》《悲惨世界》这样的好作品？新闻记者出身对于您后来做电视策划有什么影响？谢谢。

胡野秋：普遍不会讲故事，为什么不会讲故事？我认为不是中国人的能力，我认为是观念。中国式大片把我们引领到消费主义的浪潮中，讲故事会深入到心灵深处，这在很多地方没有问题，在我们这里可能就会有问题。还有人问中国人为什么得不了诺贝尔奖，我觉得是我们的作品常常反映的是大时代，而真正的文学作品表现的是天道人心，而不总是表现家国政治。其实我们真正应该表现的是天道人心，像《红楼梦》。我认为文学就是文学，不要承载文学以外的东西。做记者然后做电视，肯定对我会有很正面的影响，先做文字再做电视对我来说就会多点东西，多点思考的东西。因为镜头是很容易学会的，而文字训练对做电视是有决定性影响的。

（演讲时间：2008 年 11 月 13 日　视频整理：程强强）

艺术人生

汪国真

汪国真，1982年毕业于暨南大学中文系，1985年开始诗歌创作，1990年出版第一部诗集《年轻的潮》，并掀起一股“汪国真热”，此后陆续出版了《年轻的风》《年轻的思绪》《年轻的潇洒》等多部诗集。他的诗不仅乐观向上、纯真而超脱，而且充满了对人事和情感的真切感悟，更重要的是诗中表现了一种超然、豁达、平易、恬淡的人生态度。此外，汪国真先生在书法和作曲上也有很高的造诣，并取得了巨大的成就。汪国真先生儒雅的诗人气质，举手投足间不乏飘逸洒脱，话语中时时流露出一种青春的激情。

很高兴回到母校，和同学们谈谈诗、谈谈音乐。我想把我的境况先介绍一下，因为大家比较熟悉的可能是我的诗歌。刚才胡校长介绍了，20世纪90年代，在年轻朋友中，特别是在大学和中学校园中曾经掀起过一场汪国真诗歌热。当时全国的大学校园都在读我的诗，最近这些年，相对就有些沉寂。但这些诗一直还是有人读，因为从1990年出版第一本诗集到2008年，这19年来我的诗集一直在被盗版。到2008年我自己收集到的盗版诗集就有三种，2006、2007年每年都有盗版，这说明诗的生命力和传播力还是非常强的。

我从1993年就开始研究书法，当时为什么研究书法呢，是因为我的字写得很差。1990年因诗歌成名之后，经常会遇到一些让我题字的场合，我的字又写得非常烂，烂到什么程度呢，当时我的毕业论文，就是倪列怀副教授帮我抄了一遍，因为我那个时候的字都没有脸去见老师。所以成名之后，1993年开始练书法，可能我在某种程度上还是很用功的一个人，到1996年，很多名山大川就请我去题字了，比如说张家界、黄山、五台山、九华山等，都有我的书法石刻，这是我当初没有想到的。到了2005年，我拿到了一张证书，证书是中共中央对外联络部发给我的，证书是这样写的：汪国真先生，您的书法作品已作为中央领导同志出访的礼品赠送外国政党和国家领导人，特此致谢。

再后来，我就开始研究音乐，在书法逐渐被人们认可之后转为研究作曲。研究作曲是新世纪以后的事，是给历代优秀的古诗词谱曲，计划是谱400首，现在已经谱了300多首了，已经制作出来的有40多首。可能很多人都看过我的诗，但是我想在座的听过我的音乐的几乎没有，极个别的可能有，因为我最近出了一本诗集叫《汪国真经典诗文》，是今年出的，由中国画报出版社出版，里面附了一张我作曲的音乐光盘，有12首我的音乐作品。下面先向大家汇报一下我的音乐。现在给大家播放一首《曾经沧海难为水》。它是我给古诗词谱曲中的其中一首，是由中国歌剧舞剧院国家一级演员演唱的。

（音乐响起）

我想再有成绩的作家或者诗人都是从比较幼稚开始的，至少我是这样的。我发表第一篇作品是在暨南大学读书的时候，写的也是暨南大学的校园生活。1979年4月13日，我在暨南大学的饭堂吃饭。原来暨南大学有4个蒙古包饭堂，你们可能在图片或者影像资料中见过，新生们可能都没见过，在暨南大学生活比较长的老师可能都知道。我有个同班同学，叫陈建平，他现在是香港特首曾荫权的高级指挥助理。因为当时我们吃饭是相对固定在一个桌上，陈建平常常跟我们在一个桌上吃饭。那天陈建平一进饭堂就说："哎，汪国真，我在《中国青年报》上看到你的诗了。"我说："陈建平你别逗了，我根本就没给《中国青年报》投过稿，那上面怎么会有我的诗啊？"我觉得，用我们现在的话来说是被"忽悠"了，后来我问："发表的是什么诗啊？""叫《学校的一天》。"吃完饭后我就跑到宿舍去找，果然在校园生活版里有一组我的诗，共五首，名字叫《学校的一天》，上面写得很清楚：暨南大学学生汪国真。现在回过头来看我当年发表的诗就觉得不是很上路，不是很成熟，我给大家念一下第一首，第一首诗叫《晨练》，这首诗是这样写的："天将晓，同学起来早，打拳做操练长跑，锻炼身体好……"我今天念起来，一是觉得幼稚，二是觉得好笑，这是汪国真写的诗吗？但是当时我的诗就是这样的水平。后来是怎么被《中国青年报》发表了呢，《中国青年报》1979 年二三月份的时候来了个记者，到学生会采访。当时暨南大学的中文系办了两个刊物，一个叫《长歌诗刊》，还有一个叫《赤子心》。这个《赤子心》现在还在办。我的诗就发表在系里的刊物上，学校的学生会把这个刊物给了《中国青年报》的记者，《中国青年报》的记者回去一看，大概觉得我的诗跟校园生活比较贴近，就把这组诗选出来发表。这次发表提高了我创作的信心和勇气，我以前觉得发表作品是一件很难的事情，后来觉得也不是那么难，我没投稿就给发表了，世上还是有伯乐的，于是就开始大量给报刊投稿。这大概就是起点，就是这样开始走上我的创作之路的。

下面我就引入正题，谈一下我对诗歌的看法。第一，我想说诗是含蓄的。我曾经写过一首诗，叫《秋景》："枯叶旋转着，敲打着窗棂；风呜咽着，为远去的岁月送行；光仍是那么浪漫，洒了一地笑声；野地走着一个人，抬头瞧瞧落叶，低头望望天空。"当时一位负责出版我诗集的编辑就问我，最后两句是不是颠倒了，他认为应该是"低头瞧瞧落叶，抬头望望天空"。我说没有，之所以这样写，是因为抬头看落叶是突出树的高，看到的是树叶在半空中坠落的情景；如果写成低头，就是说落叶在地上静止，就不能传达出动态的画面。那么什么情况下能低头望天空呢？那只能在水中的倒影中看到天空。全诗中虽然没有写到水，但我们能感受到水的存在，至于水是河水、江水、湖水中的哪一种，就由自己去想象了。这就说明了诗歌是含蓄的，它不需要把什么都说清楚、说明白。含蓄的诗歌会给人更大的想象空间，读起来会更有味道。所以我们在读诗的时候，特别是在读名诗的时候，有时候读不懂，觉得好像不是这样吧。有时需要深入地想一下，作者为什么这样写，这样我们得到的收益就会比较大、比较多，这就是诗的含蓄。

第二点，诗是夸张的。在我们生活中很多地方都能听到夸张的语言，比如，有两个人形容他们家旁边的楼房很高。一个人这么说："我们家旁边有一座楼很高，有一个人跳楼，用了半天的时间才落在地上。"这是夸张吧。另一个人则更夸张，说："你那个楼不算高，我们家旁边那楼才算高呢。有一个人跳楼，还没落到地上就死了。你知道他是怎么死的吗？他是饿死的!"这就是生活中的夸张。还有个例子就是两个母亲形容自己的孩子画画很好。一个说，她家孩子画画很棒，一次，她的孩子画只蜻蜓，她以为是真的就去抓，结果抓不到，才知道是画的。另一位家长说，他们家孩子画得更棒，一次她回家，看到地上有条蛇，吓的夺门而逃，结果被碰得鼻青脸肿，原来那门也是画的。与生活一样，诗歌中也有夸张。我曾写过一首诗叫《雨西湖》。诗是这样写的："西湖细雨里一片苍茫/不见了草长莺飞/苏堤长长白堤长长/有多少雨滴就溅起多少幻想/西湖友人笑我/晴也寻常雨也寻常/如此，波光水色/不尽枉然/嗳，最好西湖不是故乡。"这里的"多少雨滴就溅起多少幻想"，就是一种夸张。西湖下雨时有那么多雨滴，一个人哪有那么多幻想啊。这就说明诗歌是夸张的。

第三，诗是凝练的，这大家都知道。表达一句话，一般的人说三句，小说家说两句，诗人只说一句。诗是高度凝练的，孟郊有一首诗是这样写的："慈母手中线，游子身上衣。临行密密缝，意恐迟迟归。谁言寸草心，报得三春晖。"表达母亲的深情和慈爱。如果写小说，可以写得非常长，可以是一部长篇小说，也可以是一部中篇小说、短篇小说，把这种慈爱表现出来。但是孟郊只用了30个字，就把这种慈爱非常贴切、非常准确地表现出来了。所以我们写诗的时候就要锤炼字句，把诗写得非常凝练。在座的可能很多都不是本地人，很多来自全国其他地方和海外，你们到这里来求学，你们的母亲也会非常牵挂你们。后来我就把孟郊的这首诗谱了曲，由煤炭文工团的演员胡月演唱，年龄稍大的朋友可能都非常熟悉这位歌手，她的成名作叫《黄土高坡》，下面我们就听一下她唱的《慈母手中线，游子身上衣》。

（音乐响起）

接下来要谈的就是，诗从生活中来。在座很多是中文系的学生，老师给你们讲写作课的时候，肯定会跟你们讲到，生活是创作的源泉。但具体诗是怎么从生活中来的，我也讲几段我的创作经历，就是生活是什么样的，怎样由生活变成诗。1988 年，我去参加杭州《东方青年》杂志举办的笔会，闲暇时与一位朋友游览西湖。当时是第一次游西湖，美景在眼前不禁感慨万千，朋友却笑着说也就那样，后来一问才知道，他家就在西湖畔上，天天对着西湖，没感觉了。这突然激发了我的诗兴，于是写了一首名为《熟悉的地方没有景色》的诗。原诗是这样的："凡是遥远的地方/对我们都有一种诱惑/不是诱惑于美丽/就是诱惑于传说/即便远方的风景/并不尽如人意/我们也无需在乎/因为这实在是一个/迷人的错/到远方去　到远方去/熟悉的地方没有景色。""熟悉的地方没有景色"，就是那次观景得出的感觉。同是游览西湖，对他来说没有什么，却激发了我的创作灵感，所以生活中的诗是靠我们捕捉得来的。如果我们善于捕捉、提炼和升华的话，很普通的一段生活可能是诗；如果我们不善于捕捉、提炼和升华的话，那它就是一段很普通的生活，什么都不是。我还曾经写过一首诗，叫《旅程》。《旅程》也源于一段生活经历，当时我给《中国青年》办的一个杂志《追求》写一些通讯报道之类的。有一次去采访一个心理医生，他说一个医生医术是否高明，要通过他的病人才能体现出来。我很纳闷。他接着说，去找你看病的人越多，说明你的医术就越好；反之亦然。后来我就依此写了一首诗："意志倒下的时候/生命也就不再屹立/歪歪斜斜的身影/又怎耐得/秋叶萧瑟晚来风急/垂下头颅/只是为了让思想扬起/你若有一个不屈的灵魂/脚下，就会有一片坚实的土地/无论走向何方/都会有无数双眼睛跟随着你/从别人那里/我们认识了自己。""从别人那里，我们认识了自己"就源于这次对话。又比如说一个女生有没有魅力，那就看喜欢你的男生多不多，喜欢你的男生多就说明你有魅力，反过来也一样。自我感觉良好是不行的，没有别人喜欢，你怎么知道自己有没有魅力？"从别人那里，我们认识了自己"，生活中这种事情是很多的。我的诗就是从生活中来，我的诗跟生活有关的也很多。有这么一个故事，一个男孩特别喜欢一女孩，但可惜的是女孩不喜欢他。后来女孩子被"追"急了，就抄了一首我的诗给男孩，以示拒绝之意。诗是这样的："阳光纵然慈祥/也没有力量/让每一颗果实都挂满希望/我们怎能责怪太阳/我纵有爱心/也没有可能/圆你每一个/绮丽的梦想/因此，请你原谅。"后来又有人跟我说了这么一个故事，有一个女生向一个男生表白，用的是我的诗《给我一个微笑就够了》。很早的时候，《中国青年》杂志的编辑跟我说，有封读者来信跟我有关。情形大致是这样：有两口子给《中国青年》杂志写了一封信，这男的是一个县的宣传部部长，当时很年轻，大概就是 30 岁，没结过婚，女方 30 多岁，离异，且带着一个孩子。周围的人都不看好这段恋情。然后他们在《中国青年》上看到一首诗，觉得这首诗简直是为他们写的，于是就经常朗诵这首诗激励自己，后来他们结婚了，而且生活得很幸福。为了感谢《中国青年》，特意写了这封信。这首诗是《只问一声爱吗》："你向我走来/我向你走去/终于我们并肩站在了一起/虽然我高出你许多/但你也无需把脚尖踮起/只问一声爱吗/只要爱就能缩短一切距离/世俗　是一张无形的大网/我们　可不是网里的游鱼/让别人去说三道四吧/就这样　我们肩并肩/坦然地向前走去。"《中国青年》先发表我的诗，后来他们看见了，觉得是为他们俩写的，特别切合他们的情况，就整天看这首诗，顶住了世俗的压力。我的诗有些是我自己的经历，当然也有些并不是我自己的经历，有可能是看了报纸、杂志产生的感受，虽然这些经历是别人的经历，但是是从生活中来的。这就是诗要从生活中来。

我下面谈一下艺术是相通的。很多人都知道艺术是相通的，可能大家也互相在说这句话。原来我也知道艺术是相通的，因为我最早没有跨领域创作，只是搞文学创作，主要是写诗，后来又搞了书法，又搞了绘画，又搞了音乐，这样跨领域以后，我就真切地体会到艺术是相通的。比如说，文学中有一种修辞手法叫顶真，就是一句话的结尾是下一句话的开头。这种手法常用于诗歌，但我也把它用到了作曲中。我曾经写过一首歌词，就是用顶真手法写的。"蓝天下是我们的家园，我们的家园花朵鲜艳，花朵鲜艳四季常青，四季常青仿佛是春天的笑脸，春天的笑脸是我们的心愿，我们的心愿是让友谊永远。"顶真手法在文学创作中能够使文字紧凑，还可以使作品显得很新颖。在音乐创作中，运用顶真这种手法可以使旋律流畅、稳定、连贯。我写过一首歌叫《快乐的节日》，其中有很长的一段旋律就是用顶真手法写的。上一句的结尾的最后一个音符，是下一句的开头的第一个音符。下面我们来听一下这段旋律。（音乐响起）刚才我们放了两段曲子，前一段用了顶真的手法，它能够使旋律连贯和稳定。我们刚才讲到艺术是相通的，文学上能用的顶真手法，音乐上也能用。其实书法和音乐，在很大程度上也是相通的。你们看书法展览，会发现行草或者草书，有的字写得非常大，有的字就写得非常小。在书法创作中，什么样的字要写大点，什么样的字要写小点，实际上是有规律的。一般来说，好看的字要写大点，不好写的字写得小点。比如说繁体的“仙鹤”的“鹤”字、“飞翔”的“飞”字，这种比较容易出彩的字可以放大、夸张、强调；“自己”的“自”、“田地”的“田”，这种字的笔画很简单而且被框住了，不出彩，这种字就写小一点。书法作品是通过字的放大和缩小来扬长避短的，音乐作品中是通过什么呢？不知大家注意到没有，最好听的那段旋律肯定是要被反复唱的，这就是主旋律，其他部分就是作为过渡。所以音乐作品是通过反复来强调和夸张的，实际上跟书法的道理是一样的。在生活中，这样的例子也很多，比方说穿着打扮，如果女孩子的腿长、直，穿短裙就好看，如果腿短、粗，还穿短裙那就不好看了。女孩子戴项链也好，戒指也好，一开始也是为了让人们注意，如果你的手型非常好看，你戴戒指就让人们注意你的手，这是为了突出你的这个优点。包括项链也是一样，是为了让人们注意到你的优点。生活中也有很多需要扬长避短的地方，跟艺术是一样的，道理也是相通的。

再一个问题就是诗是有意境的，又是不拘一格的。我的诗集出版以后，喜欢的人很多，当然也有一些批评意见。其中有一种批评意见说汪国真的诗不好，汪国真的诗没有意境。好的诗都应该是有意境的，是不是这样呢，我觉得不是。诗是有意境的，又是不拘一格的。“千山鸟飞绝，万径人踪灭。孤舟蓑笠翁，独钓寒江雪。”这是一首好诗，具有意境。“生命诚可贵，爱情价更高。若为自由故，两者皆可抛。”这首诗没有什么意境，但它仍是好诗。所以我们可以得出一种结论，有意境的可以是好诗，没有意境的也可以是好诗。因为写这种内容的诗，如果有意境了，反而缺少一种直达人心的力量。音乐也和诗歌一样，有的有意境，有的没有。刚才我们比较了一下有意境的诗和没有意境的诗，下面来比较一下有意境的音乐和没有意境的音乐。（音乐响起）刚才我们放了两段音乐，一段是有意境的音乐，一段是没有意境的音乐。在这两段音乐中，我们可以体会到不同的创作手法带来的不一样的音乐感受。音乐的创作手法也是多样的，创作什么样的旋律、运用什么样的修辞手法，需要根据它的内容来决定表现形式。诗是有意境的，又是不拘一格的，音乐也是这样，好的音乐即使没有好的意境，也有好的旋律。

最后一个问题就是要注意诗歌创作的规律。在我成名之后，曾经有很多评论家在研究这么一个问题，即写诗的人这么多，为什么汪国真的诗发行量这么大，能拥有这么多的读者。这样的书，我前前后后搜集到 16 本，比如华侨出版社出版的《汪国真风潮》、青海人民出版社出版的《论汪国真的诗》、国际文化出版公司出版的《与汪国真对白》，等等。评论家、社会学的研究者研究这个问题，是因为在诗人中这种现象还是很奇特的。我想要告诉大家的就是我的诗歌风格是怎样形成的。我曾研究过文学史上的诗，比如李白、杜甫、苏轼、李清照、戴望舒、徐志摩等，他们的诗歌创作风格是不一样的，与我们现在生活的年代差异很大，但他们的诗歌至今仍在传播和流传。为什么？有几点共同的规律。第一，凡是能够传播或流传的诗，一般来说都是通俗易懂的。比如李白的《静夜思》："窗前明月光，疑是地上霜。举头望明月，低头思故乡。"但仅仅通俗易懂又是不够的，所以凡是能够传播或流传的诗，都需要有第二个特征，就是能引起人们的共鸣。"欲穷千里目，更上一层楼。"当我们登临高处，目光被限制住的时候，这样的诗句一读，我们就可以感觉到站得更高看得更远了，我们就能够会心地一笑，可以找到那种感觉。还有杜甫的"朱门酒肉臭，路有冻死骨"，我们都能很快找到感觉，它能引起我们的共鸣。所以我在写诗的时候，第一点是注意写得通俗易懂，我不写深奥、晦涩、故弄玄虚的诗歌。那么怎么样才能引起人们的共鸣呢，首先诗要有真情实感，不要无病呻吟；其次就是要锤炼诗句，我有很多诗，很多人脱口而出就能背出来，比如"没有比脚更长的路，没有比人更高的山"，"既然选择了远方，便只顾风雨兼程"，"熟悉的地方没有景色"，"成功是出色的平凡"，等等，很多学生毕业的时候拿它们来做毕业赠言，就是因为它能引起人们的共鸣。这是诗歌能够广泛传播和流传的第二点，是带有规律性的东西。第三点，诗歌要经得起品味，我们十几岁的时候读一首诗歌觉得它好，二三十岁的时候仍然觉得它好，但这时候我们对它的体会就更深了一层，这就是诗歌须经得起品味。这些是我总结出来的诗歌带有规律性的东西，可以用来指导创作实践。我之所以大学毕业没几年就成名了，而且在这方面走得还比较快，是因为我注意研究了诗歌创作的规律，并用这个规律来指导我的创作实践。当时有很多诗歌的流派、风格，我都没有去跟随，是因为我觉得我有自己的想法，有自己对诗歌创作规律的总结。我觉得做任何事情都是有规律可循的，比如军事院校教的兵法等就是对以前带有规律性东西的总结。

刚才跟大家谈了谈我的诗歌创作，其中穿插了很多音乐作品，最后我想送给大家我创作的两首音乐作品，第一首是根据我自己的一首诗《让我们写下青春的名字》谱的曲子：“既然所有的节日，都可以是一次开始，既然所有的开始，都可以是一次节日，那么请跟我来，我要告诉你一个斑斑驳驳的故事。既然春天是你淡淡的忧郁，既然秋天是你绵绵的相思，那么请跟我来，让我们在狂欢里，写下青春的名字。”第二首是为白居易的名诗《忆江南》谱的曲子：“江南好，风景旧曾谙，日出江花红胜火，春来江水绿如蓝，能不忆江南。”

谢谢大家，我的讲座就到这里。

主持人：汪国真老师作为暨南大学的兼职教授，今天给我们上了一堂非常精彩、生动的课，我们在这里对汪老师的演讲表示衷心的感谢。今天坐在台上的汪老师身兼诗人、书法家、作曲家几个称号，但是他本质上还是一个诗人，他的书、他的画、他的作曲都是他诗情和诗才的一个延展。在这里，我想就汪老师的诗讲两点，是我个人的意见，有些也是当前学术界的评价。第一点，汪老师的诗是写给年轻人的，他的诗属于那个青春焕发的时代。虽然后来在汪老师的影响下，出现了很多被称为格言体的诗人，但是他们再也写不出汪老师那种明朗、清隽、积极向上的情怀了，表达的多是一些迷惘、伤感，因为时代不一样了，改革开放初期那种人们充满希望、国家充满活力的时代已经离我们而去了。不过汪国真诗里那种积极向上、昂扬而又超脱的情怀并没有过时，因为不论哪一个时代都有年轻的一代，年轻的一代总是要成长，总是要向上的，他们都会遇到成长当中的情感困惑，而汪老师的诗所传达的那种人生哲理和感受正是青年人最需要的精神营养。有人说，汪国真的诗浅，没错，但是他的诗浅而不薄，他的诗里蕴藏着一种十分深刻的人生感悟和人生思考，他的诗传达出来的那种超然、豁达、平易和浅淡的人生态度，可以说是他站在人生的更高层次上俯视现实的一种姿态，这种被称为汪国真诗的人生态度，正是他的诗备受青年读者欢迎的原因所在。而这种人生态度，实际上是对中国宋元以来传统诗歌中的那种豁达、飘逸、潇洒且超脱的人生哲学的一种创造性的转化。第二点，汪国真的诗是写给大众的。刚才汪老师也讲了，中国内地这20年来，没有哪一个诗人像汪老师这样拥有最广泛的读者，在今天的互联网上，我们在google和百度上都可以找到汪老师的诗和对他的诗的评论。我是研究古典诗词的，所以读汪老师的诗，总让我想到宋词，想到白居易的诗。汪老师的诗之所以这么受青年朋友的喜爱，我想与他诗中那种明白晓畅的表达方式是分不开的。我不知道今后的中国现代诗歌史会怎样写汪老师的诗歌，但是我知道任何忽略了汪国真现象的诗歌史都是不完整的，也是不公正的。从目前学术界的研究热点可以看到，汪老师的诗歌的价值和地位受到越来越多的学者和专家的关注，也得到了很高的学术评价。非常高兴的是，今天我们能有这样一个机会听到汪老师的演讲，对他的诗，对他的艺术人生有了更多的了解，我想大家是不会错过这个机会的，有什么想向汪老师当面请教的，就请提出来。

学生提问：汪老师您好，我是您2007级的师弟，从初中开始就喜欢您的诗了。我的网名“冬季的童话”是您的一首诗名，您的每一首诗我都很熟悉，因为我大一的晨读都是在读您的诗。您的一首诗是这样写的：“最有规律的诗不是属于我，而是属于一个翩翩少年，于是，我更不敢懈怠，更把明年看做今年。”我想问一下这个少年是指谁呢？

汪国真：“这个少年”是泛指，“总把明年看做今年”，就是只争朝夕，觉得很多比我更年少的人很有出息，这样我就特别有紧迫感，所以总把明年看做今年，用一种只争朝夕的精神来激励自己，谢谢你。

学生提问：学长您好，从站上讲堂的那一刻我就发觉您有一种异于他人的天真、淳朴。我想向您请教两个问题，第一个是您是否看外国文学作品和奥斯卡电影，有哪一些？第二个问题是您在为古诗词谱的曲中，我感觉现代意味特别浓郁，不知道您在作曲中是坚持什么原则，如何协调古代和现代以及二者之间如何转换，谢谢。

汪国真：我原来上大学的时候，包括现在，也看一些外国的小说，我比较喜欢茨威格的小说，当然其他一些名著也读过，像《复活》、《安娜卡列琳娜》等。对于诗，当时我是比较偏爱普希金、拜伦的。至于你刚才说的给古诗词作曲，给古诗词作曲有一个难度，我基本上是力求它既是古典的又是现代的，既是民族的又是通俗的，因为要考虑到现代人能不能接受这样一个问题。如果古典意味太浓，现代意味太淡的话，不易被当代人接受，所以我基本是朝着既古典又现代，既通俗又典雅的方向去做的。我已经谱了300多首曲了，制作出来的也有几十首，我的愿望是完成400首谱曲的制作。这些年我的目标是百名歌手唱百首古诗，所以现在我做的几十首曲子都是一个歌手只唱一首古诗词。其他的曲子争取在近几年推出来跟大家见面，谢谢。

学生提问：首先，我想表达对您的感激，因为您的诗改变了我的人生轨迹。我是您的师弟，是2008级中文系的研究生。今年4月份来复试的时候，当知道我是自费生这个结果之后，我对中文系一位老师说我不上了，当晚就收拾行李回家，准备在我们县城里教书，当时我的老师、同学和家人都反对我，我自己也觉得迷茫，不知道自己做的这个决定是否正确。有一天，在图书馆翻到了您的那首无题诗："过错，是短暂的遗憾，错过，是永远的遗憾。"这首诗触动了我的心，然后我就给暨南大学文学院党委书记王教授写了一封信，在信中我引用了您这首诗，然后说我不想留下永远的遗憾，请他考虑重新接收我。王书记非常热心，重新接收我来暨南大学，所以我今天才有机会站在这里和您面对面地对话。所以第一，就是想表达对您的感谢。第二，作为您的师弟，我有两个问题想请教。第一个问题是，在您的诗集中写了很多爱情诗，那么您在大学时候的爱情经历是怎样的，以及您是怎样处理恋爱和学业的关系的。第二个问题是，您是怎样看待大学期间的友情问题的，谢谢。

汪国真：他还真不客气啊，问我在大学期间的感情经历。要这样说，你说当时有没有喜欢某个女生，那肯定有，但是当时只是偷偷喜欢，叫做暗恋。刚才谈我的诗歌创作时没有谈到一首跟爱情相关的诗，好像是一个缺憾，那么我下面就弥补一下这个缺憾。我就以一首爱情诗为例讲爱情诗是怎么创作的。当然那时我已经毕业了，已经开始谈恋爱了。在我和女朋友处于一种比较了解，但还没到向父母公开的程度的时候。有一次，我跟她出去，到了离我家不远的地方，我就请她去我家聊天。估计我父母快回来了，我就把她送走了。送走之后，我还清理"现场"，把她坐的沙发抚平，把用过的水杯放回原地。母亲回来后第一句话就是"今天是不是来客人了"。我说没有啊。母亲说不对，今天肯定来客人了，并且还是个女的。我很是奇怪，但还是拒不承认。后来，我母亲从冰箱上拿了一只纸船。我才想起来，我和那女孩谈话的时候，她闲着没事就拿了张纸折船，走的时候顺手就放在了冰箱上。后来，我就根据这个故事写了一首诗歌发表在《青年文摘》上。诗的名字就是《叠纸船的女孩》，内容是这样的："他长大了/认识了一个/喜欢叠纸船的女孩/那个女孩喜欢海/喜欢海岸金黄的沙滩/喜欢在黄昏里的沙滩漫步/有一天/那个女孩漫步/迈进了他家的门口/晚上，妈妈问他/是不是有个女孩子来过了/他回答说/没有，没有啊/妈妈一笑/问那个纸船是谁叠的。"

学生提问：汪老师您好，去年我在珠海学院的一期原生态歌唱比赛上第一次近距离地接触您，首先我评价下您刚才唱的那首歌，比去年唱得好多了。（汪：与时俱进……）然后我有两个问题想问您，第一就是我们都知道您在诗歌、书法、音乐上都有比较高的造诣，但是我知道您还有一段做主持人的经历，去年在珠海学院主持也算是一次吧，您以前参加过挑战主持人大赛，那段经历您愿意和我们分享一下吗？另一个就是那么多同学来参加讲座，那么多同学来争取提问题，这个提问机会也是我抢来的，由此可以看到现在的社会是竞争非常激烈的社会。当我们步入社会的时候，竞争会更加激烈，我们要承受更大的压力，所以您能不能用您的一首诗来舒缓一下我们的这种压力。第三，再多一个问题，我们知道诗人有两种，第一种是特别深入社会的，第二种就是很理想化的，我想您肯定这两种都不属于，因为我认为您是属于那种有点中庸的诗人。您的这种对人生的态度，我希望您能再一次跟我们分享一下，最后我希望我们学校在举办这个大讲堂的时候，能够把这个互动的时间再延长一下。

汪国真：你说的对，我在20世纪90年代初的时候有一段主持人的经历，当时正好中央电视台搞了一个青年主持人大赛。实际上我不是想向主持人这个方向发展，到现在也没有这方面的志向，但是因为当时央视正在做我的节目，提到了这一点，让我去试一下，我也不想摆架子拒绝，于是就去试了一下。那次主持人大赛大概有1 000多人报名，经过初赛、复赛、面试，进入决赛的有8个人，8个人中我最后的总成绩是第6，当时还是有点紧张，当然在1 000多人里面能够进到前6名，觉得也还凑合了吧。后来也主持过一些电视节目，你上次说的珠海那次，就是又客串了一把，去主持了一个原生态歌曲晚会。

另外你说现在就业压力很大，让我选一首诗来舒解一下大家的这种情绪，有一首诗叫《热爱生命》，希望这首诗能够对大家有所帮助吧，就像刚才那个同学说的“错过，是永久的遗憾”，希望对大家有所帮助。《热爱生命》是这样写的：“我不去想，是否能够成功，既然选择了远方，便只顾风雨兼程；我不去想，能否赢得爱情，既然钟情于玫瑰，就勇敢地吐露真诚；我不去想，身后会不会携来寒风冷雨，既然目标是地平线，留给世界的只能是背影；我不去想，未来是平坦还是泥泞，只要热爱生命，一切都在意料之中。”

学生提问：汪老师您好，我是一名新生，现在喜欢上了一个女孩子。

我简单说一下她的情况吧，她刚刚结束了一段恋情，那段恋情对她的伤害蛮深的，然后因为我的身高问题，她跟以前的男朋友在一起可以穿高跟鞋，跟我在一起不能穿高跟鞋，所以现在她比较矛盾，她跟我说她现在不想谈论这样的问题。今天听到您的讲座，我想请老师用您的诗歌给我一些点拨。

主持人：以后这样的问题汪老师要收咨询费啊……

汪国真：我有一首诗不知道是不是切合你的这种情况，因为刚才你的情况还没说得很清楚，我也没听得很清楚。如果这首诗不切合你的情况，去我的诗集里翻，总有一首适合你的。这首诗是这样写的："如果不曾相逢，也许心绪永远不会沉重；如果真的失之交臂，恐怕一生也不得轻松；一个眼神，便足以在心海里掠过飓风；在贫瘠的土地上，更深的懂得风景；一次远行，便足以憔悴了一颗羸弱的心；每望一眼秋水微澜，便恨不得泪光盈盈；死，怎能不从容不迫；爱，又怎能无动于衷；只要彼此爱过一次，就是无憾的人生。"

学生提问：汪老师您好，前几位学生提的都是关于诗歌和音乐方面的问题，我想提一个书法方面的。我注意到汪老师的书法和毛主席的有一些相似，所以我想问您是不是受到毛主席的一些影响。还有能谈谈您的书法创作的过程吗?

汪国真：你显然是看过我写的字，就是说我的字在章法上和毛主席的字是有点相似的。因为我最开始写书法，临的是欧阳询的楷书，后来是王羲之的行书，后来是怀素和张旭的草书。毛主席的字很多都是学怀素的，所以他的字有怀素的风格。我学过怀素的字，另外从章法上我又借鉴了毛主席书法的章法布局，所以很多人看我的字，从气势上、从感觉上和毛主席的字有些像。但主要是在章法上受毛主席书法的影响比较大，大概是这样的一个过程。

学生提问：汪老师您好，我想问您创作诗歌是天赋的原因呢，还是后天的某一个事情促成了您创作诗歌的兴趣。第二个问题就是，您刚才举的"千山鸟飞绝，万径人踪灭，孤舟蓑笠翁，独钓寒江雪"这首诗，您说这首诗意境很丰富；然后您又引了裴多菲的"生命诚可贵，爱情价更高，若为自由故，二者皆可抛"，认为这首诗没有意境。我想说的是，诗歌的意和境是两码事，意是一种，境是一种。前者的境很丰富，后者的意很丰富。因为意可能是用语言表达不出来的，境可能是看得到，摸得到的。这是我的观点，谢谢。

汪国真：谢谢你。关于王国维提出的人生三境界，他曾经这样说过，“古今之成大事业、大学问者，须经过三层境界”，他用了三首古诗，第一首是“昨夜西风凋碧树。独上高楼，望尽天涯路”；第二首是“衣带渐宽终不悔，为伊消得人憔悴”；第三首是“众里寻他千百度，蓦然回首，那人却在，灯火阑珊处”。他用这三首古诗来形容古之成大事业、大学问者，须经过三层境界。你的这个意境问题，有意没有境，实际上我刚才谈的是意境，不是单谈一种，谢谢。

学生提问：汪老师您好，我非常荣幸能够成为最后一个向您提问的同学。首先向您表示一下我对您的敬意，我从小就知道您的名字，如果说从前我通过您的诗歌，了解的是您的才气，今天通过您的讲座，了解的就是您的个人魅力。我觉得在现在这个社会，能够以您这种诗情画意的心态来面对生活的人真的很少。社会竞争越来越大，人们越来越浮躁。我的问题是，在竞争非常激烈的社会，我们如何来平衡自己的心态，真正地掌握生活的价值和生命的真谛，来守候我们的精神家园和最后一片心灵的净土？我想知道您是怎么来平衡工具和人文之间的价值的。

汪国真：我觉得我是这样一种性格的人，包括我的创作也是这样：当你不如意的时候，你要多去跟比自己境况差的人比；当你春风得意的时候，你要超过自己，与比自己取得更大成就的人比，这样你的心态就容易平衡。在你不如意的时候，你是容易沮丧的，但是你去跟境遇比自己差的人比，心态就容易平和。我的很多诗所表现的内容跟这个东西都是很接近的。比如，有一首诗是“春天的时候，不要忘记秋天；叶子黄的时候，你应该几许绿”。包括我曾经写过一首诗，在这里也顺便送给大家：“时艰玉可作石，秋来叶能当花。”它要讲的是当时事艰难的时候，当我们遇到困难的时候，玉也可以当石。就是要有这种心态，当国家、民族遇到危难的时候，玉这种很高贵的东西，都要有一种甘当石头的精神；当秋天来的时候，要有一种乐观的心态，在我们心里，叶子也可以看成花。这就是说，哪怕是艰难的时候，也保持一种诗情，保持一种乐观向上的态度，不被艰难困苦打倒，不屈服。抱着这样的一种心态，这人怎么还会想到去自杀。

主持人：今天汪老师精彩的演讲，让我们享受到了一次艺术的大餐，在秋天给我们带来了诗的春风，给我们的生活和学习以许多宝贵的启示，我想这次演讲肯定会永远保存在我们美好的记忆里。时间短暂，汪老师这次的演讲就要结束了，我最后就代表大家朗诵一首汪老师的诗歌：“我叮咛你的，你说不会遗忘；你告诉我的，我也全都珍藏；对于我们来说，记忆是飘不落的日子，永远不会发黄；相聚的时候，总是很短；期待的时候，总是很长；岁月的溪水边，捡拾起多少闪亮的诗行；如果你要想念我，就望一望天上那闪烁的繁星；有我，寻觅你的目光。”让我们以热烈的掌声对汪国真老师的演讲表示感谢！演讲到此结束。

（演讲时间：2008 年 11 月 16 日　视频整理：熊杰）

农民理性的扩张

——破解“中国模式”与“中国经验”之谜

徐　勇

徐勇，华中师范大学政治学研究院院长、首批人文社科领域“长江学者”特聘教授、中国农村问题研究中心主任、国务院学位委员会学科评议组成员，兼任湖北省政治学会会长、教育部社会科学委员会委员、中国科学社会主义学会和中国政治学会常务理事等职务。主要从事基层政治与乡村治理研究，是国内最早将实证研究方法引入政治学研究领域的学者之一，是我国农村村民自治和城市社区自治研究领域的带头人之一。2008 年 11 月，他走进中南海，在中共中央政治局进行的第 36 次集体学习会议上，作了关于中国社会主义基层民主政治建设研究的演讲。其博士学位论文入选首届全国百篇优秀博士学位论文，其领导的团队自国家百篇优秀博士学位论文的评选以来，已有三篇荣获“百优”奖项。其承担的科研课题多次获得国家级奖项。

我国有着数千年的农业文明传统，社会主要成员是农民，这样就形成了一种“农民理性”。改革开放之前，中国85%的人口是农民，包括我们的很多国家领导人都出身农家，在座的同学们，你们的根也都在农村。这就是中国的特点，到现在也没有改变。近代以来，我们正由一个传统的农业社会向工业社会转变，并且经历了曲折的历史。正如党的“十七大”强调的，改革开放是决定中国命运的关键，我们正处于历史的转折点。面对这个转折点，农民所起的作用是巨大的。

纵观整个20世纪，谁抓住了农民，谁就抓住了中国；谁丢掉了农民，谁就丢掉了中国。20世纪前半期，国共两党竞争，最后共产党获胜。国民党败退到台湾以后百思不得其解，论两党历史，国民党的历史更长；论两党的领导，国民党的领袖都是“海归派”；论装备，国民党更先进。为什么最后政权落在了共产党的手里？归根结底是因为国民党丢掉了农民。如何对待农民，是考验中国领导人智慧的关键问题。

在传统社会向现代社会转变之时一般有两种价值取向。第一种是传统的农民理性是落后的，它与现代理性格格不入，这就是通常所说的传统与现代的二元对立思维。但这种观点无法解释我国这样一个有着数千年农业文明传统的国家其经济为何可以腾飞。由于我国经济的腾飞，接着出现了第二种观点，即中国经济的腾飞源于中国传统的儒家文化，这就是近年流行的儒家资本主义，从而导致了“传统文化热”、“国学热”等。这种取向依然是一个传统与现代的二元对立取向。但这种观点无法解释在两千多年的农业社会中我国经济的发展为何如此缓慢甚至处于停滞状态，即所谓的“东方停止论”。这需要我们跳出传统和现代对立的二元分析框架，寻找一种新的解释模式——环境与人互动的理性选择。

环境与人是互动的，环境在塑造人，人也在改变环境。人在特定环境中形成的理性是不得已的选择，而发挥的作用是有限的。一旦环境发生变化，理性的惯性就会释放出无限的能量，形成理性的扩张。改革开放以来，我国面临的矛盾是全新的工商业社会的未来取向和传统农业社会的逆行之间的矛盾，恰是在这样一个未来和传统的交汇处，农业理性释放出了传统农业社会和现代工商业社会都不具备的巨大能量。改革开放前，中国是传统的农业社会，农民理性与传统农业社会是相匹配的；改革开放后，农民理性所产生的能量也超越了一个成熟的工商业社会产生的能量。所以我的观点就是，中国的农民理性在进入工商业社会后，由于惯性的作用，造就了中国模式。

我想通过七个关键词来阐述我的观点。

一、勤劳

农民的最大特点就是勤劳。在传统农业社会中，生产要素有两种：一是土地，二是劳动。农民的收入主要靠劳动投入，多一分劳动投入就多一分收获，这是最基本的特点。中国人有两大传统至今改变不了。一是好吃，世界上找不到第二个国家像中国一样好吃、能吃、会吃。中国人好吃是因为饿得太久，因为没得吃所以对吃特别崇拜。比如广东就有很多好吃的东西，为什么广东人很爱吃呢？因为过去没有吃的。多一个人多一双手，这就说到第二大传统——好生。没有哪个民族像中华民族这样好生孩子。世界上发达国家都是为人口减少而头痛，如俄罗斯去年发表的国情咨文中第一条就是强调要增加人口，新加坡大学校园内的标语就是“尽情地恋爱吧”。而我国的“超生游击队”已经不限于吐鲁番、海南岛了，已经到了美国、加拿大。其实我们都脱离不了农民的特性。过去中国人是“越生越穷，越穷越生”，但现在富了还是想生。就像姚明，即使在美国待了很久，一结婚还是说要至少生五个孩子，组成“梦之队”。由此可见，一种理念形成以后会形成强大的惯性。勤劳是农业社会给我们中华民族留下的最宝贵的遗产。马克斯·韦伯认为，中国人的勤奋和劳动能力一直是无与伦比的。但这种“遗产”在农业社会不起作用，农民勤劳但难以致富，因为农业受季节的影响，产品的增长是有限的；土地资源也有限，产品的总量难以增长。在农业社会，想要比他人生活得更好，就要获得更多的产品；要获得更多的产品，就要占有更多的土地；要占有更多的土地，就会引起土地兼并；出现土地兼并就会引起穷人的造反，所以中国的动乱大多是由土地兼并引起的。土地兼并后，农民流离失所，成为“流民”到处流浪；没有出路，就成为“难民”；难民聚到一起，就成为“暴民”。政府现在比较担心的就是大学生和农民工，因为这两种人的流动性很强。而在农业社会，“穷不过三代，富不过三代”，是一个贫穷而平均的社会。

但在现代工商业社会中，勤劳就会产生巨大的能量。生产可以超越自然元素，财富的总量是无限的；财富的总量增长了，就可能做到利己而不损人。生产资料占有者的财富在增长，劳动者的绝对财富也在增长，所以今天一个普通劳动者的生活可能比当年的慈禧太后还要好。工商业社会不一定要用暴力战争的方式来分配财富，因而财富的积累就有了可能。在一个成熟的工商业社会，财富的积累速度是有限的。工商业社会是理性的社会，是建构起来的社会，而传统农业社会是自然社会，二者是截然不同的。人们为了建构一个理想社会，就对劳动时间、劳动条件加以限制，如八小时工作制、双休日、未成年保护制度、工作条件保护规定等，有了一系列的现代性的特征。这个现代性就是当前农民问题的根本。农民成了“问题”，是现代性造成的。由于现代化，出现了工农差别、城乡差别；同时现代性又在告诉人们，我们需要人权、自由、平等，这就出现了理念和事实的巨大差异。人们不禁产生疑问：同样是人，为什么生活状态不一样？每天都在说人生来平等，其实人生来就不平等。现在我们的“三农”问题如此严重，就是现代性焦虑造成的。

在进入现代化的时候，我们都是一些没有现代化意识的农民。我们有三大经济体：一是海外华人经济体，二是沿海外资经济体，三是民营经济体。最有活力的就是民营经济体。农民的劳动时间最长，劳动条件最低，生产出最廉价的产品，占领了世界市场，可以说我们靠农民改变了世界。中国和世界的关系，我认为可以分为四个阶段。第一个阶段是出卖苦力，即贩卖“猪仔”去国外；第二个阶段是出卖商品，改革开放以来，我们主要是出口廉价商品；第三个阶段是出口技术；第四个阶段是出口价值。我们目前正处于出口商品这个阶段。“中国危险论”并不是空穴来风。回想50年前的朝鲜战争，这是美国建立后打的第一场被迫在停战协定上签字的战争。美国人回忆这场战争，认为中国人打仗不讲“规矩”，不分昼夜，不能休息，这是因为中国军队是由农民组成的。如果不理解中国农民，就根本无法理解中国。

改革开放后，珠三角出现了很多所谓的“血汗工厂”。这是从现代性的角度去看的。这些工厂普遍采用计件工作制，符合农民的特点，就是做一份工得一份钱。计时工作制容易出懒人，混到点就下班了。我们说农民工干最脏、最累、最苦、最危险的活儿，但是农民不觉得如此，他们认为这比做农活强。现在世界上很多经济学家试图解开中国经济腾飞之谜，却不得其解，因为汉英辞典里没有“农民工”这个词，外国人理解不了这些在我国特定的文化和特定的历史背景下产生的词语。对中国农民来说，他们的最高目标就是赚钱。美国通用汽车破产是一个很有代表性的事件，破产原因很大程度上是因为美国的工人工作成本太高。我国现在用以和世界打交道的低廉的商品，都是农民工创造出来的。

二、勤俭

在传统农业社会，农民的消费理性是勤俭，农业生产收益有限，同时也需要靠积累来自我保障；农民的消费理性是节俭，追求安全，避免风险，他们没有超前消费，只有紧缩消费，省吃俭用。有句用来形容衣服的话很贴切："新三年，旧三年，缝缝补补又三年。"在座的各位可能很少听到这句话了，有些人可能衣服只穿一次，不喜欢就扔一边了。以前的人们可是心灵手巧，放下锄头就可以拿针线，这就是农民的特点。

但这种勤俭只能度日，无法致富。成熟的工商业社会是以市场为中心的，一方面生产能力无限扩大，另一方面消费能力迅速扩张，消费成为生产的动力，超前消费出现了。在工商业社会中，人们的生活水平大大提高，但工商业社会的经济也是周期性的，所以工商业社会的消费理性就是要过好日子，而不是过穷日子。

我国在改革开放之后进入现代工商业社会，生活水平大大提高，但是农民的勤俭理性仍然在发挥作用。储蓄优先依然是消费生活的重要环节，所以我国是外汇储备最多、民众储蓄率最高的国家。这种消费模式有助于人们把钱用于投资，以钱生钱；或者用于储蓄，以防风险。正是这种消费理性，救了中国的命。由于国际金融危机，整个西方世界"哀鸿遍野"，此时西方世界才意识到中国的国际地位。30 年前说的是资本主义救了中国，30 年后的今天中国救了资本主义。正是由于我国的高储蓄率，所以中国"不差钱"。我国的高储蓄率使得国家和民众有足够的能力去应对国际金融危机，而不会束手无策。西方国家如今应对金融危机只能依靠其金融地位和保障体系。就像大家熟悉的那个美国老太太和中国老太太的故事，过去我们总羡慕超前消费的美国老太太，殊不知人的欲望是无限膨胀的，虚拟经济很容易超出实体经济的容忍范围，因为人性的贪婪，造成了次贷危机引起的金融危机。而中国老太太有一份钱办一份事，将钱用于投资或是储蓄，一步步地改变生活。

三、算计

为什么农民有勤俭的习惯呢？因为他们要算钱过日子。一般我们认为商人是最精于算计的，其实农民也会算钱，也是有理性的。农民说"吃不穷，穿不穷，不会算计一辈子穷”。在农村，农民娶媳妇看的首要条件就是会不会过日子；女方看男方的条件不是看人而是看猪，猪在农家的地位是非常高的，家里如果不养猪，说明这个家不会过日子。农业社会的算计不起作用，是基于生活，安全第一的生活方式，这种方式只能平安度日，不能致富。西方国家工商业发达，商人把算计发挥到极致。在西方，人们为了赚大钱，聪明过度，出现了一个个经济泡沫。资本分为三个阶段，第一阶段是商业资本，第二阶段是产业资本，第三阶段是金融资本。金融资本是以钱生钱为融资方式的，所以聪明的人都会进银行，因为那里离钱最近。为了追逐钱，最优秀的人才都集中在金融行业。而中国出口的商品以小商品为主，薄利多销，财富效应迅速扩展开来。这就是农民的算计方式，不在乎赚大钱，只要有钱赚就行。农民的这种算计帮了中国的大忙。金融危机时，农民可以不开奔驰、不坐飞机，但是必须有吃穿，也就是满足日常用品的需要。所以虽然我国的出口也受到金融危机的一些影响，但是并没有停滞，而且还不断地扩展。

四、互惠

有一个学者叫曹锦清，他有一个著名的观点叫“善分不善合”。中国农民习惯于分，而不习惯于合。分开来是一条龙，合起来就是一条虫。其实我认为这种说法不是很准确，中国农民是当分则分、当合则合。但这种互恩互惠的理性只是为了度日，困难的时候大家相互帮助，而无法使财富得到增长，因为这是劳动和劳动的互助。工商业社会是一种竞争社会，出现了社会分化和社会重组，特别是西方早期把社会分为资产阶级和劳动阶级，劳资存在尖锐的对立冲突，这个传统一直延续下来。西方国家为了缓解阶级矛盾，就只能更多地增加劳动者的福利。当今社会我们都生活在“两票制”当中：一票是钞票，另一票是选票。19 世纪，为什么马克思要判资本主义死刑？他的《资本论》的最后一句话就是“资本主义的丧钟已经敲响”，可是敲了 100 多年了还在敲；虽然国际金融危机使资本主义岌岌可危，但离死亡还很远，这是为什么呢？因为 19 世纪只有一票当家——钞票，资本家要获得更多的利润就必然压低工人的工资和福利，这是资本的天性，与人格、人性没有关系，但他们在 19 世纪后期找到了另外一票——选票。工人没有钞票但是有选票，不论哪个政党上台都要用钞票换取工人的选票。当然这不是简单的交易，而是要给工人更多的福利。这就造就了福利国家和福利社会。福利有个特点，就是刚性，所以福利、工资，只能涨不能降，这就大大降低了竞争力。美国通用汽车破产的原因就在于此。知道美国通用汽车公司的工人年收入是多少么？10 万美金。出现了一批贵族工人，生产成本大大增加。我们汽车工厂工人的工资只有他们的 1/40，为什么我国没有形成很明显的阶级冲突和对立呢？原因就在于农民。农民来到工厂以后没有形成西方意义上的阶级，也没有阶级意识，自然没有阶级的对立和冲突。农民把互惠的理性带到工商业社会，形成了劳资合作关系。长三角为什么经济腾飞，就是因为劳资合作，光靠劳劳合作是富不起来的，劳资冲突也富不起来，唯有劳资合作才有可能促进经济的不断发展，这就是我们中国的经济奇迹之一。外国人弄不懂这些情况，不断琢磨为何中国不崩溃。有位政治学大师亨廷顿提出一个观点：一个国家人均收入超过 1 000 美元，这个国家就容易发生动荡。美国人根据这一观点预测中国什么时候会经济崩溃，崩溃后会怎么办。但是每年计算，每年都是超过 1 000 美元的，中国还是安然无恙，后来他们就放弃了。我曾经去美国，问他们你们为什么不算了。美国人告诉我说，中国人无法琢磨，你们的事总是“测不准”。为什么会“测不准”，道理很简单，因为有农民工存在。

流动是革命的替代品，这也是亨廷顿大师的观点。农民工进城以后，是向上流动的，是带着希望流动的，它的比较效应较好，所以农民工的存在大大缓解和化解了社会高速发展所带来的社会动荡，中国的农民工为中国经济的高速发展和相对稳定作出了巨大贡献。总理为农民工讨工资，说明了我们开始认识到农民工的重要性，所以我们要善待农民工。农民式的扩张理性又集中到了国家层面，就是改革开放以后，国家创造了合作体，形成国家间的合作意识。这几年中国不断在世界的舞台上大放光彩，是因为我们不是那种咄咄逼人、倚强凌弱的国家，而是靠互惠合作、和平友好交往的。中国走向世界后，必然会走和平崛起的道路。

现在我们买非洲的矿山，不被认为是新殖民主义；去非洲投资开厂，不被认为是新资本主义；去索马里维护安全，不被认为是新帝国主义，正是因为我们推行的并不是炮舰式政策，不是打压，更多的是互惠，这种效果就是农民体系发挥出来的。

五、人情

互惠社会是一个人情社会，而传统的农业社会是一个亲缘社会，一个

“温情脉脉”的社会。传统的农业社会是亲缘社会，能满足当时的社会需要，而对财富的增长和个人发展没有作用。西方社会是面对“陌生人”的社会，商人的交往更多的是依靠契约和中介完成，有了冲突会找专门的律师解决，所以中介的存在需要支付高额的成本。美国最流行的“三师”是会计师、律师和医师，这三类人负责一个人的生活质量，他们就属于社会的中介机构，是需要付出高额成本的。而农民工进入商业社会，他们没有商业理性，只有人情理性，所以他们外出打工并不是靠中介公司，更多地是靠同乡及亲友。中国的企业家也是如此，中国更多的是家族企业，他们认为只有自己人才靠得住，有了好处，共同享有；有了难处，共同渡过。这种人情理性大大降低了交往成本，扩大了社会交际。我们过去诟病的人情在商业社会也发挥正面作用。我们正处于一个急剧变迁的社会中，社会冲突很多，如果问题都要靠律师解决，社会成本会很大，正如现在各大高校法学院的学生不好找工作一样，因为我们是人情社会。

六、好学

农业社会是一个好学的社会，农业并不是先天存在的，而是需要代代相传、耳濡目染的。比如看天，根据天上云彩的变化判断天气的变化，这种能力不是与生俱来的，而需要后天的学习培养。诸葛亮之所以能打赢赤壁之战，在于他会看天，他就是一个学习的典型。但农业社会的学习只是一种打发时间的消遣，不是为了出人头地，要出人头地就必须去读书做官，所以中国农民要出人头地的唯一出路就是去读书，中国的“学而优则仕”即说明了此点。在农业社会中，农民好学却不能增加财富，做官能增加财富，却不能创造财富，所以这种好学在农业社会并不起作用。在古代，我国是知识分子最多的国家，却没有创造相应的发明，仅有的四大发明也没有应用到日常生产中去。中国的大学与过去的书院不同，现代的大学是为现代化、工业化服务的，是创造财富的，是知识生产的机器，进入工商业社会后，农民进入一个全新的社会，他们只有学习才能生产。我们的学习掺杂了很多农民的理性，包括他们的经世致用，所以我们先是模仿式学习，然后是选择式学习，最后是创造式学习。我们改革开放最大的成就就是认识到自己和世界的差距，并谦虚地学习。经过了几十年，如今世界十分害怕成为中国人学习的榜样，怕中国人把自己的长处全部拿走。这就是改革开放的结果。我们只在最近的 30 年才开始主动开放，鸦片战争以前都是被动开放，目的在于救亡。只有到了改革开放，才是全方位的开放，才是主动的学习，才造就了一个强大的有活力的中国。如今美国人口的2%是中国人，有四位华人进入美国总统府担任高官，这正是中国人好学的结果。

七、求稳

在传统农业社会，农民会遇到一些不可预知的自然事件，他们最大的幸福就是平安、不折腾。农民是最经不起折腾的群体，改革开放以前，中国富不起来，就是因为总折腾农民，违背了农民的特点。农民在不折腾的情况下只能获得一份安宁，却无法富裕起来，所以农民的生活是一种“日复一日，重复昨天”的模式，几千年的农业文明是一种为了生存的循环文明。而工商业社会是不断变革、不断追求财富的社会，在这个财富扩张的社会，人们在不断创造财富的同时，也付出了惨痛的代价。在近30年中所出现的中国模式，是经济高速发展、政治相对稳定的结果，外国人无法理解，我认为谜底就是中国农民的求稳怕变，我们总是批判农民的小富即安，难道要农民小富即“乱”吗？

成语“土崩瓦解”形象地说明了中国的政治根基在底层，“瓦解”没有关系，再补几片就行了，最怕的是“土崩”，土一崩整个建筑就会倒塌。改革开放中，农民得到了最大实惠，但是到20世纪90年代，农民的实惠慢慢减少了，所以农民工这条出路大大缓解了农民因聚集在土地上而可能爆发的矛盾。国家和农民的关系，其实就是税收的关系，对农民轻徭薄赋，农民就会拥护；对农民苛捐杂税，农民就会反对。农民放弃了种田，而去打工，实际上是缓解了社会可能产生的动荡。但是农民都去打工，没有人种田也是一个问题，生存是第一位，没人种田，谁来养活中国。所以中央政府采取了重要措施，废除农业税，建设新农村，这是科学发展观的重要体现，科学发展观是社会发展的必然要求。废除农业税这一政策使农民的对立情绪得到了缓解。农民是天生的现实主义者，有一分劳动投入就有一分收获，给了农民实惠，农民就会有积极性，农民对保持一个稳定的中国起了重要作用。

农民的生产环境极其恶劣，个体农民其实是极其弱小的，所以面对强权政府，他们的应对策略就是极度忍耐，只有到了生存难以维持时才会反抗。中国农民的忍耐力是世界上独一无二的，中国汉字“忍”的写法是

“心”字上面带把刀，是有它的道理的，东方式的隐忍是世界上无与伦比的，没有哪个民族像中华民族这样具有强大的忍耐力。在我们融入世界时，世界已经是一个强权世界，此时农民的忍耐力起到了帮助的作用。西方人崇尚个性张扬，但是面对强者，个性起不到作用，要学习毛泽东在抗日战争时推行的持久战，持久就是忍耐，不会让战争快速结束，又不会使自己灭亡。在改革开放初期，邓小平同志就提出了“韬光养晦”政策，埋头建设，积累实力，这样才不会成为别人攻击的对象。现在的年轻人在国家实力提升后，自身膨胀，过度张扬，表面上是为了国家的利益，实际上是受西方的影响，过早地暴露了自己的力量。过去毛泽东在平型关大捷、百团大战时就要求不要过度暴露实力，要埋头苦干，所以才能在最后与国民党的对决中取得胜利。现在有些中国人对于改革开放产生了负面的情绪，其实完全没有必要，好不容易改革开放了30年，好不容易有个和平建设的时期，如果能再埋头苦干30年，中国一定会有一个全新的面貌。

这就是我们所说的农民改造了中国，创造了中国理性的模式。这种模式是否能够延续，现在的心态是一片乐观，但我们在一片乐观的氛围里，千万要保持一份冷静。改革开放使农民理性得到扩张，农民理性成就了中国模式。但是为什么这种模式只在中国存在？我曾经去过俄罗斯，俄罗斯的共产党十分想学习中国模式，可是却无法实现，根本原因是俄罗斯没有农民，他们的农民都是住集体农庄，拿国家工资的。所以中国的农民是有自己的特殊性的，我们应该认识到这一点。

苏联解体很重要的原因是把农民过早地消灭掉了。1917年十月革命后，全国的农业产量经过了70年也没有达到十月革命前的水平，农民可以忍一时，不能忍一世。美国人为了制约苏联发展，发明了虚拟的“星球大战”，让苏联人拼命地制造导弹，结果导弹最多，却没有了鸡蛋。我国农民虽然进入了农民公社，但是自身的特点却没有改变——只有付出才能有回报。我认为中国的农民模式还是个体化的模式，同时由于农民的理性在变化，这种模式也在变化。比如，第一点是“勤劳”，第二代农民工基本没有经历农耕社会，他们的劳动时间和劳动条件大大高于他们的前辈，2008年的金融危机使得1 500万回乡农民工找不到工作，他们却并不急于寻找工作，而且对工作条件要求很高，这正是所谓的“农二代”，他们不会像他们的父辈那样勤劳耕作，而是开始享受生活。第二点是“勤俭”，现在的农民工消费开始市民化了，加上受我们现在刺激消费政策的影响，他们的消费欲望迅速扩张，但是满足消费的能力相对薄弱，所以出现暴富心理。中国有“富不过三代”的说法，浙江飙车案正说明了这一点。浙江的民营企业大多是第一代含辛茹苦创立的，他们不希望再辛苦自己的后代，结果导致大量的“富二代”丧失了勤俭的品质。第三点是“算计”，我们现在喜欢“算小钱”，但是“小钱”的成本往往很大。第四点是“互惠”，现在一部分暴富的人还缺乏成为富人的修养和准备，即“富而不贵”。富只能使人羡慕，贵才能使人尊重。现在富裕地区不差钱，而是差文化。一些“为富不仁”的行为造成了社会的对立，滋生了仇富心理，加上少部分人的极“左”的挑拨，容易造成社会的不稳定。第五点是“人情”，人情效应在不断淡薄，随着人情成本的逐渐增加，就产生了社会腐败。因为人是个体化的，不是智能化的，无法预测，从而导致社会成本变高。现在我们的实用性学习缺乏系统性和前瞻性，摸着石头过河，但是没有石头又怎么办？往往一件小事都会造成全国性恐慌。现在这个世界不确定因素越来越多，如果缺乏一个系统的预见未来的学习，这种学习效应会大大减小。第六点是“求稳”，由于社会暴富心理导致很多暴力行为，社会治安问题增多，不惜花钱来买稳定，这样就使社会成本增大。最后是“忍耐”，随着经济和消费的扩张，人们忍耐力减弱了，整个社会的功利性在增长，人们都希望一夜之间能富起来，一夜之间改变命运，改变命运后，长期压抑的心理迅速扭曲，变为另外一种暴富心理——泄愤，这种心理很可怕。所以中国模式有它正面的东西——经济高速增长，也有负面的因素。

理性是有过程的，从扩张、收缩、衰减直到蜕变。随着农民逐渐市民化，农民理性会逐渐被市民理性所取代。但是从历史唯物主义角度看，历史不会因为人为的建构而迅速消失，几千年的农业文明及其农民理性不会马上消失，它会以新的形式载入史册，从而创造出一个崭新的中华文明，这个崭新的中华文明正等待着在座的各位去创造。

学生提问：现在中国农村的发展是不是停滞了或者出现了负发展？

徐勇：中国农村不是停滞和负发展，改革开放30年，中国农村有“两减”和“一增”。“两减”是指农业土地的减少及农业人口的减少，“一增”是指农业产量增加了。增加的产量从哪里来？是大量的非农产业提供的，他们为农业提供各种生产资料，使农业生产迅速社会化，这就是新农村建设发展的未来。要走现代化农业的道路，更多的不是劳动投入，而是资本投入、技术投入、生产要素投入，从而逐渐缩小城乡差距。我们新农村建设的终极目标就是要做到让农村成为一个人们愿意生产、生活、居住的地方。我们目前正处于社会主义初级阶段，是因为我们仍有大量农民，是生活所迫。现在的社会是一个“科证式”社会，在哪里都需要考试，也是一个分等级的社会，人和人之间有等级的分别，唯独农民没有，所以农民仍没有进入到现代社会中来，我们要想结束社会主义初级阶段，就意味着要使农民的比例下降到只有20%，并且成为农民还需考试。现在的发达国家都有一个特点，就是“穷人进城，富人下地”。我认为20世纪的100年中产生的“三农”问题，要靠21世纪的100年才能最终解决。

学生提问：请问知识分子、工人在中国模式中扮演的是什么角色？

徐勇：我讲的农民是指突出的社会主体，而不是指社会的主要成员。改革开放是决定中国命运的重要选择，但改革开放从何而来，不是邓小平的突发奇想，而是广大农民用自己的行为不断突破这个体制的束缚，最后使领导人顺应其愿望而推行的。现在的包产到户、乡镇企业及农村民主选举制都是农民创造的。工人阶级没有担当起体制改革的创新者，是因为他们在计划经济时代享受的福利比农民多，而农民在计划经济时代受到的伤害是最多的，他们是利益的牺牲者，所以他们有变革这个体制的动力。理论上的先进阶级，在实际生活中，不一定扮演体制改革的角色。同样，现在的工人阶级大多数成员都是农民，现在工人的65%是农民工，在中国，工、农没有严格的界限，因为中国产业文明的时代太短暂，所以现在的工人很多是农民式的工人，包括现在的知识分子，有很多也带有农民色彩，他们也不一定能从农民中分割出去。我所说的农民，并不是把其他所有人都排斥出去。

学生提问：为什么农民付出很多却得不到社会尊重？那些真正想留在土地上的农民，他们的致富出路在哪里？

徐勇：在中国，农民是最可爱的人，也是最可悲的人，因为农民付出很多却得不到社会尊重，他们往往被认为是被改造者。农民一旦成为改造的对象，他们的利益就会受到很大的影响。我们现在的一些社会安排对农民是极其不利的，在计划经济体制下，户籍制度、农业税制度、民办教育公共物品的自我提供制度，这三大制度形成了“城乡二元”结构，也造成了社会的差别。现在高度重视农村问题，正是因为飞速发展的社会已经到了提高农民生活质量的时候了。但这不是否定过去，农民作出的牺牲有他们的价值，如果没有农民的牺牲，我们就无法实现工业化、城市化，没有工业化、城市化，也不可能免除农业税。现在这个时代，我们不能再让农民牺牲下去了，要更多地给予他们补偿。所以出现了保护农民利益，出现了农民的土地流转制度，这是一个大的趋势，我们除了给予农民补偿之外还要解放农民。我曾考察过全国各地的农村，发现“以农致富”无法实现，不能“以农致富”，农民就不会待在农村。20世纪中国最大的问题是“耕者有其田”，所以我们采取的三大变革——土地革命、土地改革、土地承包，都是为了“耕者有其田”。到了21世纪，我们的任务变成“耕者有其钱”，温饱社会要吃饱饭，小康社会要有钱花，农民为什么不去种田？是因为种田没收益。怎样才能有收益？就是要把土地盘活，所以农村的第二步改革就是在解放农民的时候解放生产力，把土地从僵化的家庭体制中解放出来，让土地增值，让农民致富。在这一过程中如何保护农民的利益，特别是使他们不受外来资本的侵犯，是国家最头疼也是最关心的问题。

学生提问：农民“被决定”的机制能长久保证他们的利益吗？有没有更好的机制？

徐勇：农民的利益保护需要制度的安排，很大程度上取决于民主的安排。国家的利益有时并不和农民的利益重叠，农民有时候为了国家的需要，要牺牲一部分的利益，以前国家靠政治调整解决问题，如今更多地是依靠制度，其中包括民主制度。农民被压迫了很长时间，不能一下子适应民主制度，他们需要一个过程。但是有了这个制度，农民可以利用这个平台维护自己的利益，有了这个民主平台，刚才说的知识分子的作用就是设计合理的制度，让农民有机会自主学习。现在不同于大革命时代，民主社会不能搞运动，而是要靠一个个和平的、小的行动才能真正实现使社会和谐的民主。像台湾那种大起大落的民主，带来的社会负面影响也同样严重。

（演讲时间：2009年6月3日　视频整理：程强强）

我看全球金融危机

秦　晖

秦晖，清华大学人文社会科学学院历史系教授、博士生导师，兼任中国经济史学会理事，中国农民史研究会理事，中国青少年发展基金会理事、青基会社区文化委员会委员，北京天则经济研究所特邀研究员，《方法》《开放时代》《中国学术》和《中国社会科学季刊》等学术刊物的编委。

大家好！全球金融危机是现在炒得很热的话题，又恰恰跟改革开放30周年结合在一起，所以全球金融危机也让我们探讨中国30年的变化乃至世界的变化有了新的维度。关于这个话题，我今天主要讲以下六个方面：

（1）一种危机还是两种危机？

（2）美国人的花钱恶习是怎么惯出来的？

（3）美元霸权与另一种尺蠖效应。

（4）为什么欧日恶习没有那么严重？没有借钱权？

（5）为什么借钱权能够借到钱？什么是“Chimerica”现象？

（6）美国学中国，还是中国学美国？

学过政治的人都知道资本主义经济危机，资本主义危机最典型的一次是1929年的经济危机，现在很多人拿今天的危机与当年进行比较。可是，不管是像马克思那样对资本主义持彻底批判态度的一类人，还是像凯恩斯那样对资本主义持补台态度的一类人，他们对危机的对策和根源见解不同，但是对危机现象的认识却是一致的，正如我们所认识到的，资本主义危机是资本主义的资本积累和过度投资导致消费不足导致的，反映到实体经济中就是产能严重过剩，东西卖不出去，危机一旦爆发，就出现倒牛奶、烧小麦、炸高炉等消除产能过剩的种种现象。可是这种过度投资压缩消费的危机，老实说和我们今天看到的美国出现的这种危机是南辕北辙，完全不是一回事。但是这种危机不是没有，在今天表现最突出的就是中国，在中国产生的经济现象就有投资过度、消费不足的味道。大家都清楚，拉动内需、扩大消费一直讲了几十年，但内需一直拉动不起来，造成产能严重过剩。但是这次危机没有达到1929年那种程度，它完全是互补造成的，因为我们大量过剩的产品主要是外销的，主要卖给美国，但是我们的消费不足，不买他们什么东西，于是造成我们商品源源不断地送到他们那里，换来的只是账目上的一个符号，美国现在已经欠了我们近两万亿美元。但是反过来说，如果我们过剩的产能没有这个外销渠道，也许早就出现了炸高炉、砸汽车的现象了。现在人们批评美国的最大的一个理由，就是说美国人超前消费，疯狂消费，寅吃卯粮，向全世界透支，借钱消费，借遍了全世界的钱，尤其是中国的钱。外贸顺差实际上就是借我们的钱，因为我们卖东西给他，而又不买他们的东西，所以有人戏说两万亿的出口商品换来一堆绿纸。实际上是连绿纸都不用的，只不过是账目上一个空有的“符号”罢了。因此，今天美国发生的危机与1929年其实恰恰相反，他的表现就是过度消费，积累不足，美国人的储蓄率普遍达到历史上的最低点，不仅不储蓄，而且广泛地借债消费，借了国家的，还借全世界的，以至于借了还不起，最终导致债务链条的断裂，这就是所谓的次贷危机。次贷危机以房贷表现出来，但是其根源远远不是住房这么简单，实际上是美国的借债消费发展到了不可持续的时候，最终这个链条在信任最薄弱的环节也就是次贷的环节发生断裂。老实说，就是没有次贷环节链条也会在其他环节发生断裂，一断裂就发生像“击鼓传花”式的连锁反应，这样一种现象应该说是以前的资本主义危机完全没有出现过的一种现象。当然，为了把美国的危机和马克思所讲的危机联系起来，我们有些学者说次贷危机本质上也是生产过剩、消费不足的危机，尽管美国人疯狂消费，但还是消费不足，比如有些人说美国的穷人需要借钱买房子，这就是他们消费不足的表现。所谓消费不足，无论在马克思那里还是凯恩斯那里都有明确的定义，消费不足不是说我想要什么但得不到就叫消费不足，如果这个意义也叫消费不足，那除非你有一个“宝葫芦”，想要什么就有什么，这样说的话概念就太大了，我想买一套住房买不到就叫消费不足，我想明天当百万富翁不行也叫消费不足。又有人说美国有贫富不均，穷人不能像富人一样挥霍，这个也不是经济危机意义上讲的消费不足。因为大家都知道，投资过度，消费不足是一个问题的两个方面，换句话讲，所谓消费不足不是相对于富人消费而言的穷人消费问题，因为不论在哪个时代、哪个地方，穷人从根本上不可能像富人一样消费，如果这样来定义的话，那就永远没有“足”的地方。因此，我们指的消费不足有一个很明确的定义，指的是资本有机构成的提高，是在经济总量中，消费率相比起积累率而言的不足，也就是投资比例很高而消费比例很低。如果在这个意义上讲消费不足，那么最典型的就是中国，最不符合这个定义的就是美国。在 GDP 总量中，美国和英国的消费比率都达到 80%，而中国刚刚超过 40%，也就是说，在经济生产的商品总量中，我们的居民还没有消费一半。

那么剩下的将近 60% 到哪里去了？一个是洋人消费了，一个是政府消费了，我这里讲的消费 40% 不包括政府消费。但是美国的居民要消费掉 80%，加上政府的消费就超过 100%，超过 100% 那就必须借钱生活。美国发生的恰恰是与资本主义危机的概念相反的现象，也就是说消费急剧扩张，积累严重不足。那这个问题是怎么形成的呢？有些人说这是美国人的恶习，批评美国的人说我们不能像美国人那样过美国式的生活，经常讲的一句话是，如果我们要像美国人那样消费，得有 20 个地球。实际上，我们根本没有这样消费过，曾有人说这是因为我们有独特的中国文化，强调“天人合一”，于是我们低消费。“天人合一”和低消费有什么关系，我还真是不太理解。但有人说美国人疯狂消费是他们不懂“天人合一”，而我们消费没有那么高，是因为我们懂得了“天人合一”，如果按照这个理解，那么我国三年困难时期大量饿死人大概是“天人合一”的最佳时期吧，所以这个事情很有趣。美国发生的这个事情到底怎么解释呢？说是资本主义的弊病，可是无论马克思还是凯恩斯讲的资本主义危机都和美国现在的现象恰恰相反，反倒是在中国表现得最明显。有人又说不是制度问题而是文化问题，是西方文化的问题。但是同样是西方文化，欧洲一些国家就没有像美国那样借债消费发展到如此地步。如果是资本主义也有问题，谁都知道日本、韩国是资本主义国家，但是人们都说这些国家的储蓄率很高，消费率不高。那为什么东亚的几个资本主义国家就消费率不高而储蓄率那么高呢？还有人说这是文化的差别。可是大家都看过韦伯写的那本《新教伦理与资本主义精神》，所谓新教伦理所描述的现象又恰恰和我们今天所看到的相反，书中描述了那些新教徒如何积累，如何省吃俭用，但他们是为积累而积累，积累是他们的天职，是为了荣耀等。韦伯的这种说法争论很大，这种企业家的精神和新教未见得有什么直接的关系，因为天主教也有很多人是这样。但是，不管他的原因是不是新教，至少韦伯讲的那种现象人们都认为是存在的，韦伯讲的那种现象和美国现在的举动不也是南辕北辙吗？美国人过去信新教，今天也信新教，但是当年是储蓄狂、积累狂，今天就变成了消费狂，这个现象能用文化来解释吗？好像很难说得清。那么应该怎么解释呢？我觉得学问大了容易把人弄糊涂，有时候从人之常情想想，假如一个人有印钱的权力，他可以随意印多少钱，然后买他想要的东西，就像有一个“宝葫芦”，那这样的话不论是哪个文化的人都不会有自制力，那怎么能不超前消费呢！所以第一步推理，这当然和我们说的美元霸权，以及美元在世界货币中的特殊地位有关。

可是问题还没有这么简单，美元霸权也不见得就是“宝葫芦”，可以不计后果。美元的世界货币地位最早是布雷顿森林体系奠定的，而布雷顿森林体系的美元购买力是以黄金作为保证的。美国承诺，全世界任何地方的人都可以持美元向当地银行兑换黄金，这是 1944 年美国以当时的经济实力达成的世界共识。“二战”后，美国经济实力和世界影响力达到极点。但到了 20 世纪 50 年代，美国的优势一直在相对下滑，1972 年布雷顿森林体系的崩溃其实是美国经济实力相对下降的表现，大家都觉得体系的垮台就是美国经济霸权的垮台。可是现在有人说布雷顿森林体系的解体是美国霸权进一步的扩大，以前美元可以兑黄金，是有制约的，现在成了无制约的货币，此话有一定的道理。美元的贬值至少在一定的范围内不影响美元的世界货币的地位，从这点上讲，的确就有美元绑架世界经济的现象。假如说布雷顿森林体系存在的那些年是美国的经济实力比现在大得多的时候，则他的霸权会比现在还要大，那是难以理解的，那也就不能解释美国人当年为什么要建立一个这样的体系，难道是自己给自己找制约吗？为什么体系崩溃的时候，美国人那么沮丧？原来有制约现在无制约不是应该更高兴吗？而且反美的舆论，包括中国人，当时又都那么兴高采烈。其实道理很简单，布雷顿森林体系的垮台是美国经济实力相对走低的一个体现。

因此，在体系崩溃之后的美元霸权是更虚弱的，没有黄金作为后盾，美国已经没有能力为全世界的美元提供兑换了。但是大家一直还在用着美元，那是因为没有第二个国家能够取代美国的地位，而且当时外汇资产总量的80%都是美元资产，换一分钱要付出很多成本，假如美元彻底贬值，外汇资产就要严重缩水。基于放弃美元成本的考虑，体系即便崩溃，美元仍然维持了世界硬通货的地位。但是毕竟世界各国不是美国的殖民地，美国也不可能强迫别国接受这种地位，那么美元真的大规模贬值，持有美元的成本一旦低于放弃美元的成本，美元的霸权地位就彻底地崩溃了。美元的世界货币地位曾经的确给美国带来巨大利益，从美国人的利益讲，他们是希望维护美元的霸权地位的；从理性的角度讲，就不希望看到外贸逆差无限度地扩大、货币无限度地滥用、向全世界无限度透支的现象不可控制地蔓延下去，否则最终会导致美元的崩溃。因此像美国这样的借钱消费、过度消费的恶习，在美国一直让美国经济决策者忧心忡忡，而且为此向其他国家施加压力。包括中国在内的国家对美国的贸易顺差常成为美国施压的棍子，整天埋怨中国向他们倾销，说中国的东西卖得太便宜，造成大量的顺差，要求人民币升值，等等。那么他们这么责怪有没有理由呢？当然没有。我们的血汗工厂用坑中国的代价，给他们卖便宜货，白给他们那么多商品，他们只要记一笔账就把我们的商品消费了，还来怪我们，大家都会感到愤愤不平，当然是没有理由的。有没有道理是一回事，他是不是真的觉得这个事情是一个麻烦又是另一回事。

从美国经济决策人的理性来说，这个问题肯定是要力图改变的，否则美元的地位肯定要崩溃。那么在这种情况下，所谓预算赤字、贸易逆差，经常是美国对外、对内政策讨论的一个焦点，也经常是他们想制止这个东西但又制止不了就怨天尤人的一个由头。怨天尤人是没有道理的，但是这并不等于说他们不觉得这是一个问题，那为什么又解决不了这个问题呢？不是因为它是资本主义国家，资本主义导致的恰恰会是相反的一种现象，就是使很多人消费不足，但很多其他资本主义国家包括东亚的那些资本主义国家也没有出现过这种情况；是文化的原因吗？也不能说明问题。我们可以思考，经济制度不是原因，文化也不是原因，那么可能是什么呢？在这里，我要讲的是美国的民主政治制度对这种现象起着至关重要的作用。我是非常主张宪政民主的，宪政民主仍然是中国需要争取的，但是我从来不是一个民主的“糊涂主义者”，也不是民主的“浪漫主义者”。民主的确也有它的毛病。

民主有什么毛病呢？在我以前的文章中，提到过一种“尺蠖效应”，指的是专制国家中的人们对国家的作用的两种倾向，我们姑且把这两种倾向叫做“左派”和“右派”，人们对于国家一方面总觉得权力不能太大，权力太大会侵犯我们的自由。另一方面我们又需要国家给我们提供社会保障、公共服务和社会福利，因此我们又要国家承担责任，以保证我们的就业及其他基本需求。但是国家的责任必须通过它的权力来实现，从理论上讲，国家权力也只有一个存在理由，那就是它是为老百姓提供服务的。可是假如这一点是确定的，仍然有一个问题难以解决，因为有一部分人总觉得国家权力太大不好，最好权力越小越好，这些人主张自由多一点，福利可以少一些。他们的这种观点在经济学上有个词叫做“自由放任”，有一个说法，说管得最少的政府是最好的政府，就被认为是这种观点的典型代表。中国以前的“无为而治”“官不与民争利”等大致说的也就是国家不要管得太多。而另一部分人的“大政府理论”，认为国家必须提供各种服务，我们可以授予更多的权力，最好的政府是能够提供最多服务的政府，即欧洲所谓的社会民主主义国家。简单地说，就是“左派”主张福利国家，“右派”主张自由放任。其实在任何国家都会有这两种趋向，只是在很多专制国家，那里的“左派”和“右派”都要看“皇上”的脸色，都要讨好当权者，不管政策向“左”还是向“右”，总是要符合统治者的意志。这就出现了一个有趣的现象，本来“左派”追求权大责大的国家，“右派”追求权小责小的国家，可是你要对“皇上”说我要扩大你的权力，“皇上”很喜欢听，你对“皇上”说我要追问你的责任，“皇上”的脸就拉下来；你对“皇上”说我要推卸你的责任，“皇上”很喜欢听，你对“皇上”说我要限制你的权力，“皇上”的脸就拉下来。于是造成这样一个现象，像这样的国家，往往政策一“左”，国家权力就极度膨胀，但责任仍然很难追问，自由相对少了，而福利却没有增加或者增加不多。反过来说，政策往“右”拐，当权者就推卸责任，但他们的权力却没有受限制，人民的福利降低，自由却没有扩大或者说扩大度不够。在这种情况下，政策一“左”一“右”，一些专制国家的政策性变化就都体现了这种尺蠖效应。

“尺蠖”本指一种虫，它一下子放松，一下子收缩，但是不管它收缩还是伸张都固定地朝着一个方向走，左右都是你得利。“左”起来，你的自由就没有了，福利增加得又很有限；“右”起来，你的福利就没有了，自由增加得又很有限。那么沿着这条路一伸一缩，结果自由不足，福利也不足，国家权力太大而责任太小这种状况越来越严重，这个时候的国家就既不是大政府也不是小政府。所谓的大政府指的是权和责都大的政府，小政府指的是权和责都小的政府。尺蠖效应最终让我们看到的是权力很大，但是责任很小的政府，这样的政府就不是很理想的政府。世界上有社会主义者，有自由主义者，社会主义者希望建立一个高福利的国家，自由主义者希望建立一个高自由的国家，但是这样的结果造成的是一个自由和福利都不足的国家，是自由主义和社会主义都不喜欢的国家，过去我对这种现象批评较多。那么，现在我要反过来讲，民主国家会不会也有问题呢？仔细想想，也可能有。民主国家无论是“左派”还是“右派”也要讨好一类人，不是“皇上”，而是老百姓，这样也会造成一种偏向。作为统治者总是希望权力尽可能大，责任尽可能小，可是作为老百姓最希望统治者权力尽可能小，责任尽可能大，自由我也要，福利我也要，鱼与熊掌我要兼得，也就是“既要马儿跑，又要马儿不吃草”。我嫌马吃多草了，就选出一个“右派”，让马儿吃的草最少，但是仍要马跑；如果我嫌马跑得不快了，就选出一个“左派”，使马跑得更快，但是我们仍然不愿意它吃草太多。结果就产生这样一种现象，一般来讲，自由放任主义者都是主张降低福利的，不主张多收税。而一般的福利国家支持者都主张加强管制，起码在经济自由问题上是要收缩的。但是民主国家的老百姓，老实说，是一帮大爷，很难伺候，选上一个“左派”，是想要“左派”增加福利，但是要减少自由他是不干的；选上“右派”，又会出现一种尺蠖效应，一种和专制国家的尺蠖效应相反的尺蠖效应。简单地说，就是“右派”上台，老百姓会要求给予更多的自由，而不会要求降低福利；“左派”上台，老百姓要求他提高福利，而不允许缩减其自由。于是这个政策就向“又要马儿跑，又要马儿不吃草”的方向发展，我们可以说权大责小的政府是一种最不好的政府，那么权小责大的政府是不是最好的政府呢？可能很多人说最好。在这个政府的统治下，政府管得最少，我们拥有最大的自由，而且他又具有从摇篮到坟墓等什么都有的最大福利，可是这样的政府存在吗？能实现吗？因此我们说，权大责小的政府是不可遇的，它不是个好政府；权小责大的政府，理论上讲是一个好政府，可惜在世界上没有这样的政府。

在美国有两句话，一句是“管得最少的政府是最好的政府”，一句是“提供服务最多的政府是最好的政府”。1937年美国有一个名记者，将这两句话结合起来，管得最少的政府是最好的政府，同样正确的是能够提供最多服务的政府也是最好的政府，如果这两个好处能够结合起来那就是最好最好的政府。可是最好最好的政府可能存在吗？但是由于民主制度造成的另一种尺蠖效应势必形成这样的一种取向，因此我们不要把统治者的思想和他的政策画等号。统治者中有很多人是所谓的新自由主义者，也就是我们所说的“右派”，他们的确认为，我的权力不要那么大，但是同时你也不要给我强加太大的责任。可是老百姓愿不愿意呢？肯定不愿意。实际上，我们看到的是这样的现象，“左派”上台，你提高福利可以，减少自由不行；“右派”也一样，你增加自由可以，减少福利也是不行的。在美国这个国家，从罗斯福新政开始，到肯尼迪、约翰逊时代，所谓民权运动时代、伟大社会时代、向贫困宣战的时代，是美国福利政策的高峰时期，一般来讲这个时候政策相当“左”。但是后来回归保守主义，到了里根时代特别明显，很多人都说里根时代新自由主义泛滥，包括他本人也认为，国家造成的问题远远没有他能够解决的问题大。因此也有人认为，里根时代应该是福利收缩的时代，但很多研究证明，并不是这样。欧洲其他国家也是一样，我们理解的新自由主义时代往往被认为是里根、撒切尔时代。撒切尔夫人就是以批判福利国家起家的，她认为福利国家导致国家财政不堪重负，但她执政七年，英国的社会保障开支不但一分没减，反而增加了1/3，以至于到1987年大选的时候，保守党人还在抱怨她。简单地说，选“右派”是为了增加自由，但是减少福利是不行的，选“左派”是为了增加福利，但是减少自由是不行的，这样一“左”一“右”，结果使得自由和福利都同步上升。这些带来的第一个后果就是政府的财政赤字空前巨大，此时增加税收很困难，开支又越来越大。我们国家的一些研究者也指出，实际上里根、撒切尔夫人在对付福利国家的问题上都是无所作为的，撒切尔时代试图削减福利的改革基本上是说得多做得少，没有什么进展。1989年，撒切尔夫人想动点真格进行改革，但马上遭到抗议，不得不提前下台，其继任政府宣布取消其改革才结束抗议事件。

花样翻新，可交易的对象越来越多，从有形物发展到无形物，从信任的交易发展到信任的信任的信任，也就是初级贷款可以交易，次级贷款还可以交易，信任链条可以无限地延长，越来越自由，信任的信任的信任可以无限延伸下去。这样造成一个后果，民主国家，“左派”和“右派”都要讨好老百姓，“左派”说要搞福利社会，“右派”讲要搞“业主社会”。什么是业主社会呢？是不是让一部分人先富起来呢？不是。业主社会指的是让最穷的那部分人成为业主。业主社会不赞成国家把什么都包起来，但是希望能在国家的帮助下通过自己的努力成为业主。具体地说就是在住房上提出要让最穷的人都成为有房的业主，但在此之前，美国穷人的住房问题在罗斯福新政时代已经基本解决，西方认为，美国是一个低福利国家，是一个自由放任的国家。而欧洲如瑞典是高福利国家，从摇篮到坟墓都管。所谓美国的低福利，指的是福利的覆盖面很小，只覆盖了最穷的那些人，而西欧的高福利覆盖了很多人，如英国公费医疗全面覆盖，但绝大部分美国人需要自己购买商业性医疗保险，国家只管一部分穷人和一部分老人的医疗资助，而这些覆盖都很少。因此，有很多人批评美国自由放任。

日本、英国的货币虽然也是可兑换货币，但不像美国货币那样权威。因此，美国通过巨额的贸易逆差向全世界进行透支的能力要比其他国家都强，他玩这套比其他国家玩得久，但是玩得越久，积累的危害也就越大。美国的储蓄率从20世纪60年代起越来越低，低到现在几乎等于没有，英国也是一样。消费率和一个国家的政治制度有非常密切的关系，消费率最高的国家是美国和英国，都是民主国家，消费率最低的国家是中国，而印度、俄罗斯等介乎两者之间。美国虽然有印美元的能力，但还是不能解决问题，你有借钱的权力，但还得有人愿意借给你，借钱毕竟不等于抢钱。如果没有人给美国借钱，美国的危机也许早就爆发了。话说回来，如果早爆发，后果小得多。泡沫吹得越大，泡沫破灭造成的危害就越大。持续几年发生的问题是小问题，持续几十年那就会成为大问题。为什么可以持续几十年呢？就是因为有国家大量借钱给他。这些国家不得不借钱给他，因为这些国家存在着严重的消费不足问题，这就是另一种尺蠖效应。在这种制度下，“左派”上台老百姓自由变少但福利很难增加，“右派”上台老百姓福利减少但自由很难增加，结果是自由和福利都不足。福利不足，老百姓不敢花钱；自由不足，老百姓想花钱不知道怎么花，因为所有的储蓄和保险都控制在国家手里，除了把钱存在国家那里没有别的出路。这样当然会造成储蓄率居高不下，消费率越来越低。我们国家创造了一个奇迹，世界上所有的国家经济增长率都没有我们国家高，好像我们经济增长率不高就活不下去，这个问题很严重。1997 年中央提出我们要“保七增八”，即 GDP 增长不能低于 7%，现在调子更高，要“保八争九”，好像掉到 8% 以下就受不了了，因为在中国 GDP 总量中，老百姓占有的就一点点，掉到 5% 老百姓日子就过不下去了，这个掉到 5% 的感觉就和负增长差不多，于是中国总把 GDP 强调得非常厉害。这样一来，生产的经济总量越来越大，消费的比重越来越小，自然产生严重的过剩主义，如果不大量出口，就又会出现 1929 年的销毁过剩产品现象。老实说，这两个类型的国家在正常情况下都各得其所，我们向美国出口，美国得到高消费，我们得到高增长。但是一旦出现危机，双方都有理由骂对方，一方说对方因倾销撑成这样，另一方说用不值钱的“绿纸”把我们的血汗都给卷跑了。

我们又会看到一个很有趣的现象，这种现象最近美国一位经济学家用一个名词来描述，叫“Chimerica”，有人翻译成“中美国”，指的是世界上最大的储蓄国中国和高消费国家美国形成的一种互补，这种互补是指贫穷的中国人正在补贴富裕的美国消费者。中国发生了看起来是资本主义的经济危机的危机，而发生这个危机是要靠美国发生一种相反的危机作为陪衬的，而相反的危机是什么呢？我们姑且叫做“社会主义危机”吧，那么事情就演变成在“社会主义的美国”正在剥削“资本主义的中国”，而且美国人还骂骂咧咧，责怪我们倾销。其实这两个国家只要一个有变化，另外一个就不能存在。如果中国不给美国借钱，美国的高消费早就不能持续了。尺蠖效应的确是民主制度的一种毛病，但是假如我们不考虑全球化背景，这个毛病也不会有太大的问题，老百姓也不是蠢到无以复加的地步，如果这种政策出现了明显的问题，比如说导致高通胀，老百姓实际上是可以接受对自由和福利的缩减的。问题是这种现象在美国迟迟没有出现，因为美国能不断地借钱，能把链条延伸到最长。但如果没有中国式的尺蠖效应，美国的尺蠖效应维持不了多久就会出现小的危机，也不至于像现在一样积重难返。反过来讲，如果美国改变这种状况，中国目前的这种经济发展模式能不能持续呢？恐怕也是个问题。如果美国不买中国的产品，中国会不会出现 1929 年的现象呢？如果中国不借钱给美国，美国能撑到今天吗？正由于有这种互补，中美两国成了一个利益共同体。其实，老实说，双方都认为对方害了自己，谈不上什么利益共同体。但这两种体制的互补是实际存在的，严格地说，只要有一种体制不存在，另一种就必须改变。现在有很多人说美国正在向中国学习，张五常先生早些时候就说，中国现在已经建立了人类最美妙的制度，天下大事就是欧洲学美国，美国学中国。我觉得美国要是真的学了中国，他们这个高消费问题马上就能解决了，“左派”上台马上把自由取缔，“右派”上台马上把福利取消，如何能高消费呢，肯定要穷死，也就不会有今天的危机。反过来讲，如果中国也学美国的一套，中国也不会有如此的高积累率和低消费率。前两个月，在东莞与企业家进行座谈，老板对经济学家的说法不以为然。经济学家说我们的价值链条太吃亏，老板却说我们没感觉：“你们说美国品牌商占的利润多，但是我们做来料加工的利润在10%，可是与我们合作的美国商人利润率很少很少。”这反映了美国在产业链条中虽然占了绝大部分，但这绝大部分在美国是摊得非常薄的，在美国的每个产业中都切割掉了。也就是这个利润是高度分享的，绝不是品牌商家独享的。正是这个原因，美国人才能够高消费。在中国，在产业链条上的利润比例很低，但是利润高度集中在少数人手里，老百姓拿什么去消费呢？这个仍然是体制问题，像美国的体制想不要他高消费都难，而中国的体制要拉动内需是很麻烦的事情。这个现象肯定要改变，但它是一件不太容易的事情，这有待于今后的改革。

中美两国的互补关系要改变其实也很容易，既然彼此之间有一种依赖关系，那么只要其中一方改变，另外一方就会受到很大的压力。简单地说，现在的次贷危机当然有解决办法，那就是我们进一步强化这种制度。美国现在借钱消费出现漏洞，补不起来，我们再给他们借更多的钱，让他们补起漏洞，然后我们继续出口，经济继续保持高增长，我们的产品仍然能卖出去，也不买他们什么产品，仍旧换回一堆“绿纸”，我们的高增长仍持续，美国的高消费仍持续。但这种“游戏”补不了多久，再过一段时间会继续爆发，下一次爆发将比现在更猛烈。如果我们双方都有改变那就好办，那怎么改呢？到底谁向谁学习呢？美国只要搞中国式的宏观调控，高消费就一扫而光，但这好像不可能。我们改变制度行不行呢？我们改变制度是为了什么呢？首先是为了让中国人过好日子。因此，我认为，美国和中国都应当改一改，我们民主一点，不会有那么多剩余产品，美国自然也就不能高消费，中国的改革不仅事关中国的前途，也事关人类的前途，这也是我们作为一个大国应当承担的责任。

谢谢大家！

马明达教授点评：秦晖老师讲的内容我很感兴趣，但我不太懂，因为对金融我实在是个外行，一辈子就关注那几个工资，我做学问的兴趣跟秦先生是很有距离的。我们是同门的师兄弟，同一名导师，同一个年级。那是1978年第一届恢复硕士制度的时候，我是以一名已经工作的大学体育老师的身份去读硕士的，秦先生是一名广西山区的插队知青，当时他还没有接受过完整的教育，是我们导师独具慧眼，在一大群考生中发掘了秦晖。入学不久，我们就有很多接触，关系比较密切，他的优点也很快显现出来了，他有非常好学的精神，也有过人的才智，不久他就在我们七个人当中脱颖而出，深受导师的喜爱。当时我们导师有两个研究方向，我学土地制度，他学农民战争，从20世纪50年代起，我们导师在这个方向的成就就处于国内领先地位。大学毕业后，他去了陕西师范大学历史系工作，虽然学史，但是他有着非常好的农民战争史的研究成果，特别是在晚明的农民战争研究方面。而且他很早就关注农民政权的经济制度和财产积累、分配理念问题。他把很大的精力放在"三农"中的农民问题上，非常关注我们国家的农业问题，特别是农村土地制度的权力归属问题，很快就成为我们国家农民问题研究走在前列的很有影响力的专家，成了农民研究所的领军学者。他面对一些重要的问题，都坦率地说是或不是，从不含糊其辞，坚守一个学人的良知和良心。秦晖先生作为一名学者，这些方面直接推动着我们的社会改革，在社会的发展和进步上做了很多事情，让我们师兄弟无不仰慕。就今天晚上的演讲而言，他的基本观点和基本架构很清晰，以一个非常严密的逻辑思维关系来分析当前次贷危机所带动的世界危机。他把不同政治制度国家出现的危机，以及我们国家所面临的问题，深入浅出地作了一个比证。从他的报告中我们知道，中美这两个国家实际上在改革开放以后建立了完全不同于以往历史时期的特殊关系，这两个国家在1840年以后的转型历史中关系非常特殊，恩怨很深，一言难尽，现在的金融危机更是把这两个国家紧紧地绑在一起。中国必须解决现代化问题，而没有民主就没有现代化，如果不这样的话，虽然在一段时间内，我们以传统的、强势的手段创造了经济奇迹，但同时也带来了很多问题，那么这次危机对我们的体制的推动会不会有些正面的意义呢，中央领导也正在思考这个问题。今天我们暨南大学能请到像秦晖先生这样的高端学者来作报告，是我们的荣幸，让我们报以真心的感谢！

学生提问：有人把中国和美国比喻成一对夫妇，中国是丈夫，美国是妻子，中国一直在挣钱，美国一直在花钱，中国要扩大内需，改变消费状况，就是丈夫所挣的钱不给妻子花，自己给自己花，这样会造成妻子没有钱花，从而导致两者之间关系破裂，“夫妻离婚”，而这种“离婚”会对中美两国经济甚至全球经济产生什么影响呢？

秦　晖：比如说美国和英国他们就没有这种关系，但是他们还是挺密切的。利益共同体这个说法不一定确切，双方都有不同的阶层，国内各个阶层的利害关系都是不同的，很难说这种关系是不是双方都得利。但目前的关系的确造成了中国的高增长和美国的高消费，至于中国的高增长是不是所有的人都满意，美国的高消费是不是所有的人都满意，不同的阶层会有不同的看法，而且随着时间的推移，这种关系一旦不可持续，大家就会怨天尤人。这种关系产生的问题具有积累效应，今天爆发比十年后爆发要好得多。简单地说，民主制度有另一种尺蠖效应的毛病，但正常情况下不会造成太大的问题。所以无论是从中美两国的长远利益考虑，还是从世界利益的角度考虑，这两个国家都应该有所改变。从需要改变的迫切性来讲，我觉得中国更需要改变，民主制度下的另一种尺蠖效应如果没有中国的尺蠖效应作为互补，那么它能造成的危害是有限的。中国搞民主首先是为了救自己，当然路很长，但是只有这样才能救自己。民主不单是所谓的自由竞选，其实民主可以理解为统治者的权力和责任的对应，一旦统治者不能任意滥用权力，不能任意推卸责任，也就在逐渐朝宪政民主演化。中国的民主化过程，在任何具体事情上都要朝两个方向努力，使得统治者的权力能够受到越来越多的约束，统治者的责任能越来越多地受到追问。中国的“左派”能够为人民争取福利，“右派”能为人们争取自由，我们朝着这个方向努力，中国就会越来越进步。

学生提问：能否认为全球经济危机属于经济全球化的一部分，虽然是不好的一部分，如果经济全球化产生经济危机，怎么看经济全球化的前景呢？在我们中国自由和平等、效率和公平的矛盾比较突出，有些人认为自由和平等更重要，那您是怎么看待这个问题的呢？

秦　晖：经济全球化目前的状况用“好”或“不好”来定义是没有什么意义的，它产生的问题用我们现在一句老套的话来讲，既是“危”，又是“机”，既是一种危险，也是提供改变的机遇，这就看我们怎么应对。至于你刚才讲的第二个问题，我在很多文章中提到过，完全是伪问题，我们中国自由不足难道是因为中国太平等了吗？老实说西方可以讲是自由放任和多福利的国家，我们中国是自由不足，但是福利多不多呢？反过来问，我们中国是福利不足，但自由够不够呢？在我们中国根本不存在你所说的对立问题。至于效率和公平也是一样，什么叫效率和公平的矛盾呢？指的是在公平竞争的市场经济中，对竞争结果应该有所限制。竞争是会带来效率，会带来输家和赢家，输家和赢家肯定不一样，但之间不能相差太多。所以在承认公平竞争的条件下我们不能赢家通吃，必须给输家提供一定的保障。可是在中国存在公平竞争吗？老实说，最严重的问题不是赢家通吃的问题，是权家通赢的问题，谁有权力谁就是赢家，谁有权力谁就可以通吃，这样的状况是既影响效率又影响公平的，在这样的条件下不可能形成真正意义上的良性竞争，这样形成的贫富差距是最没有公信力的，不管是自由主义者还是社会主义者都不可能对这样的不平等进行辩护。在中国追求竞争的公平性，首先就要改变权家通赢的局面。对竞争中的弱势群体要给予一定补偿，这一点是没有问题的，至少在中国的当下阶段这两者完全没有任何矛盾可言。

（演讲时间：2008 年 12 月 10 日　视频整理：侯卓均）

钱学森“世纪之问”与大学教育

熊丙奇

熊丙奇，21世纪教育研究院副院长，中国高校校报协会副会长，上海市高校校报研究会理事长，博士。出版《大学有问题》《体制迷墙》《天下无墙》《教育熊视》《步入大学》《成功宝典》《大学生创业》《高校学生工作者手册》《青春档案》《迈向成功》《网络文明》《直面就业》等20部著作。现为《新京报》《北京青年报》《东方早报》《南方都市报》《晶报》《珠江晚报》《现代教育报》等报专栏作者。

各位同学，大家晚上好！

五年前，我写过一篇《大学有问题》的文章，一发表就有许多报纸专栏约我写相关的文章。没想到文章刊出之后，很多媒体就给我扣上了各种各样的“帽子”，如“青年学者”、“青年教育家”、“著名学者”等。随着年龄的增加，“青年学者”的名号也逐渐换了名目，一跃成为“教育家”、“青年教育研究专家”，这一系列的名号让我觉得莫名其妙，不知所然。

从这么多名号的变更，我们可以看出现在这个时代非常之浮躁，大师可谓铺天盖地。似乎我们走在大街上，碰见一个人就可以称其为“大师”，随口就可以问“大师，请问去哪里怎么走”。这是一件非常奇怪的事情，因此钱学森就曾感慨中国培养不出杰出人才。我们知道在中国“大师”很多，这个问题在今天这样一个话语语境中提及，应该是很有意思的。

我想借钱老的“世纪之问”这个时髦的话题把大学为什么培养不出大师这个问题带出来，其实这个问题，早在2005年他卧病在床与温家宝总理谈话的时候就已经提出。他说：中国能够按照培养创新型人才的模式来培养学生，但现在我们的学生对知识教育不感兴趣，目前，我们的教育也无法把拔尖人才“炮制”出来。此后，温总理在多个场合提起过钱老的教育理念。如果说四年前我们没有找到答案的话，那么今天我们应该找到答案，不过这还是有一定的难度。在钱老逝世之后的一个月内，对其“世纪之问”的回答大概有三个版本，这三个版本让我感觉到中国目前的教育存在某些荒谬倾向。

第一个版本是教育部的回应。有一位教育部的司长曾经说过，在中国，教育乱收费问题早已解决。他的理由是国家已经实施了免交学费制，并对乱收费现象进行了严格查处。同时他也指出，我国的教育改革纲要即将推出，并回应义务教育普及的问题。于是我写了一篇《乱收费被解决》的文章作回应。其实大家知道，时下流行“择校热”，“择校费”、“借读费”简直是满天飞。之所以官员们会认为问题已经解决了，是因为他们的子女上学压根就无需负担这些名目繁多的费用。这个被解决的背后实际上反映出官员们有严重脱离实际的倾向，他们之所以得出这样荒谬的结论，只是因为他们确实没有被乱收费。2007年，还有一位副省长发表大论，说中国从来不存在上学难、上学贵的问题。作为一位副省长，他说此话很正常，唯一不正常的是我们的副省长，包括一些教育厅的官员们可以凭借自己的意志来制定我们的政策，这无论如何是让人难以接受的。从教育部的这个回应来看，他们根本没有了解教育的真实状况。如果我们没有对现状进行真实分析和了解，又怎么去回应钱老的“世纪之问”呢？所以这样的回答纯属叶公好龙。

第二个版本是大学的回应。许多大学提出“人格证书”一说，网络上称其为“本世纪以来最雷人的创见”，是最具反教育精神的教育创意。众所周知，法律面前人人平等。我们每个人都有自己的人格尊严，哪怕是被关押的犯人，我们也不能随意剥夺他的任何一项合法权益。同理，我们拿一个人格证书来判定一个学生人格的合格与否，在某种程度上也是对人格尊严的一种漠视。如果一个培养人格的大学以这样的证书去衡量学生合格与否的话，它其实就没有真正对学生进行人格教育。这样的大学根本不懂得如何培养学生的自由平等的精神，他们不是在回应钱老的“世纪之问”，而是在加重我们的世纪疑问，因为这是在错误的道路上进行的改革。

第三个版本是教授的回应。安徽省有 11 位教授“不甘寂寞”，写了一封公开信。一开始我想不通为什么会是 11 位教授执笔书写，后来一看日期发现那天正好是所谓的 11 月 11 号——光棍节，可见他们选择了一个非常好的时刻。但我看了公开信之后，大失所望。第一个感觉是这些教授要学习如何写公开信，第二是这些教授除了要懂得怎么样写公开信以外，还要懂得分析今天的教育。他们的公开信除了重复钱老的话和把温总理的话加进去以外，后面还加了一个悲壮的口号，即“我们相信在不久的将来，中国的教育将走得……”之类的空话。公开信丝毫没有触及教育的现状和教育改革的方向问题。真知灼见并没有从我们教授的口中喊出，相反，他们只是作出一些娱乐化的回应而已。我认为回应钱老的“世纪之问”绝不可娱乐化，当我们争相把它看做一个抢眼球的事件时，我们的教育已经走向了一个无尽的边际。这些教授没有去关注教育的实质，反而有炒作的嫌疑。从这些回应中我们不难看出，真正的答案仍旧没有被找出来。

其实，现在有些学校推出了一些回应钱老“世纪之问”的工程，如“创新人才计划”“大师计划”“中科院院士计划”等。我不知道这些人才、大师、院士会怎样被培养出来，因为在我看来人才绝对不是靠“养”出来的，也不可能是一个个地“拔”出来的，而是“冒”出来的，应该像田地里等待发芽的种子，艰难地从夹缝里冒出来，生根发芽，有规律地生长，然后接受正常的阳光雨露，成长壮大，这会让我们感到希望和生命的力量。但设想一下，如果一冒出来，我们就松土、施肥、拔苗，甚至安放一个罩子给它塑身，让它按照标准的模型生长，这样的人才还会是人才吗？它绝对不会是参天大树，而只能是“病梅”，甚至是蠢材。我们时下流行的说法是：人才是培养、创造、造就出来的，其实这是完全错误的。试想曹雪芹的《红楼梦》、鲁迅的《狂人日记》、司马迁的《史记》难道都是因为遵循政府的指示才问世的吗？显然不是。他们没有课题经费，也没有院士称号，只是有感于时世艰难，在困境中经受磨砺，呕心沥血才创造出不朽的经典。可见人才于社会不是养出来、拔出来的，而是冒出来的。

我们是不是能够让自己成才，让自己从土壤中冒出来，这首先取决于我们的教育环境，其次是学术环境。我们今天的教育在基础教育领域里存在着应试教育体系，这种应试教育体系使得我们的学生从小学三年级就开始进入了知识教育的整体环境，而且现在很多幼儿园对孩子进行的教育完全是知识教育，其中有所谓的语文（拼音）、数学、英语，实际上学习的是小学的课程，而最好的小学在上初中的课程，最好的初中在上高中的课程，最好的高中在上大学的课程，最好的大学却在开始补幼儿园的课程，如此就形成了一个恶性的循环。

学生在儿童期有自己的兴趣爱好反而是让家长比较担忧的事情，一旦孩子有了自己的个性想法就会在求学路上面临各种问题，也许一个孩子某个时期对昆虫非常感兴趣，但家长就会觉得这样的爱好根本没有实际的用途，不如去学习其他科目。许多孩子在三岁以前还可以快乐地玩积木，但到了三岁以后就要和积木等玩具告别而开始学习一些语、数、外的知识。我也经常对家长说一定要培养孩子的个性兴趣，家长虽然知道这一点的重要性，但是担心孩子未来的命运，因为孩子一旦有自己的个性爱好，很多情况下就不会被我们的小学欢迎，不会被我们的初中欢迎，更不会被我们的大学欢迎。即便是你告诉他现在可以去美国读书，到香港去学习，他也不会这样认为，因为对我们一般人而言，能上个普通大学已经很了不起了。因此，在应试教育体系下，我们的学生几乎没有了个性。

由于基础教育特别强调对知识的积累，据我观察，中国的孩子在 18 岁之前要把一辈子要学的书几乎全部学完，到高考结束就开始烧书、撕书，我曾经就经历过“焚书”的壮观场面。这其实还是大学的状态，当真正离开了学校，还有多少青年会去读书？我曾在 2004 年出版了《大学有问题》一书，一时间成了当时高校所谓的畅销书，有个朋友问我：“这本书在哪里买的？”我说：“在新华书店。”他却问我：“新华书店在哪里？”我说：“你难道没有去过吗？”他说：“真的没有去过啊！”现在很多大学的图书馆已经变成了藏书馆，很少有学生真正借阅和利用图书，书籍一旦放到书架就少有人过问，这样的知识教育体系让学生丧失了对知识的兴趣，就像钱老说的“现在我们的学生对知识不感兴趣”，没有了兴趣，就没有旺盛的好奇心与求知欲。

不仅是基础教育，我们的大学教育也存在着比较大的问题。我们发现，在整个大学教育里，由于老师对学生不关注，或者说是我们现在的很多大学所追求的价值不在于人才的培养，所以出现了一个个严重的问题。按照《中华人民共和国高等教育法》（以下简称《教育法》）规定，高等教育应该以人才培养为核心，从事科研和社会服务，也就是说，如果一所大学的任务是为教学、科研和社会服务，那么它的价值定位就有了偏差，因为所有的大学都应该围绕着人才培养工作，假设我们的科研比人才培养所占的比重还大，那么我们大学的中心定位就是错误的，由于现在许多大学以科研为中心，就使得我们教育的地位变得岌岌可危。

现在我们的教师上课投入不够，接触学生的时间不多，使得我们的学生无法获得应有的知识养料。尤其是在硕士生培养机制中，导师所带学生较多，有些教授甚至连自己的学生都不认识，导师往往形同虚设。现在围绕着学术不端问题，有许多大学引进了学术测谎仪，用技术来解决学术不端，这其实是反学术的，试想机器是由人操作的，能用肉眼看出来的东西碍于情面要借用机器来表达，这本身就说明人已经丧失了学术操守，没有一个共同的学术评价标准，在这个学术测谎仪的评价下必然会出现更加可笑的问题，真正的不抄袭的论文却被测出问题，而那么多投机取巧的文章却漏掉了。正所谓“道高一尺，魔高一丈”，在学术测谎仪面世之后，就有一些公司研发了反学术测谎仪的软件，从中做手脚。我们很希望这个软件完美，但事实上很难完美，最终我们会发现真正打击学术不端的行为还得靠我们的老师，当我们的老师对学生负责了，才能真正地让我们的教育质量有所提高。

现在我们国内实行的导师制是虚假的导师制，没有任何一个导师真正做到对学生负责，比如说我们的硕博招生考试，所有的人都要参加统考，导师从一开始就不能对自主招生负责。当学生进入学校之后，在进行公共课程教育的时候，又是一刀切地硬性要求所有学生都得上，此外还规定研究生在学习期间一定要在核心期刊发表文章，具体篇数因学校不同而不等。这就导致两种情况，要么导师给学生写，要么学生写和老师一起署名发，长此以往就出现了抄袭一事。此外还有一些学校出现了论文盲审的情况，导师硕博论文答辩回避制，这无疑是对导师学术诚信的怀疑，而这在日本和美国是不存在的。由于现在我们从招生到培养再到毕业，学生所有事情和导师无关，导师制形同虚设，无法对学生负责。

目前还有一种导师资助制，即导师帮助解决工作。清华大学软件学院等三个学院今天出台了规定，要求导师一定要解决当年毕业的硕士生的就业问题，如果解决不了，次年招生规模下降。这就使得导师在招生的时候多选择一些官员和企业家，以备自己的学生找工作之需。所以在这样一个不正常的教育环境之下，从基础教育到高等教育，如何培养学生、培养人才是一个值得反思的问题。能够让我们的学生对知识教育感兴趣，我觉得非常之难，而对我们的教育来讲，除了上面的知识教育以外，其实现在我们还面临四大问题。

第一，目前我们的教育是重知识教育，轻人的教育。我们一直不让学生懂得独立思考，懂得对自己负责。现在很多学生的家长乞求孩子读书，导致孩子认为读书是为父母，也没有被告知自己与家庭的关系如何。其实孩子和家庭的关系很简单，就是在18岁以前，孩子作为一个社会人寄养在家庭里面，父母在这期间只是起着监护人的作用。18岁之后，孩子走进社会从事工作，独立成长。而现在我们却一直认为，孩子是父母的私有财产，是父母的面子，因此所有的一切都是家长在包办。在这样的情况下，很多学生缺乏一种对自我的选择和管理。我们可以看到，每年大学新生入学的时候，都是父母大包小包送孩子到学校，孩子却在一旁显出一副若无其事的样子。某学校做过一次比较有趣的情感教育，就是在新生入学的时候，派出一支队伍专门捕捉拍摄送孩子上学的父母的鬓角，然后在新生入学大会的时候一一播放出来，当孩子们看到自己父母的鬓角时，整个会场一片哭声，大家纷纷拿出手机为自己的父母发出诸如“妈妈你是伟大的”、“爸爸我爱你”之类的信息，然而第二天上课，学生还是照样迟到早退、打瞌睡等。难道我们真是要到大学才对学生进行感恩教育吗？如果一个大学还要对学生进行感恩教育，那么就意味着我们的教育连最起码的亲情都教育没了，这无疑是教育的最大失败。我们很多时候认为，只要孩子成才就是对父母最高的回报，实际上我们根本没有注意到家庭教育、学校教育应该培养孩子如何做人，如何处理自己与社会的关系。在知识教育体系中，我们总希望孩子回报给我们一个分数，而忽略了对孩子自身的教育，这是一个很严重的问题。

第二，在我们的教育体系中，一边讲诚信教育，一边讲说谎教育，并且说谎教育贯穿我们教育的始终。有人说我们学生的说谎是从小学作文开始的。我曾经参加过一个学校的会议，会上有个老师讲了这么一个故事：在一次作文练笔中，全班48名学生中居然有10名学生写自己的妈妈得了癌症，老师感到非常震惊，当问学生妈妈是否真的得了癌症时，孩子们的回答是否定的，老师继续追问，孩子们却说写自己真实的妈妈没有什么好写的，只有写得癌症的妈妈才觉得能够感人，老师听后，不得不开始反思自己的教育方法，并且告诫学生一定要写真情实感。不久老师又布置了一次作文，其中有一个学生的作文写道："一天下课之后，我走到学校门口，忽然狂风大作，下起了倾盆大雨，当我正担心怎么回家的时候，忽然发现有个人影向我走来，越来越近，我一看原来是妈妈，妈妈的身体已经被淋湿了，手里打着一把小雨伞，然后我和妈妈撑着小雨伞回到了家。我回头一看，才发现妈妈并没有打伞，是我一个人打着伞，妈妈全身湿透了。啊！多么伟大的妈妈。"老师看后感到莫名其妙，既然妈妈给孩子送伞，怎么会只送一把，并且还是一把小雨伞。为什么非得妈妈全身湿透，才能表现出孩子内心的愧疚？这样的例子还有很多，我就不一一列举了。这就是我们孩子的作文，他们一直活在艺术创作之中，接受了一些不真实的东西，而忽略了真实的生活。

同样，我们的大学本科评估也存在这样的问题。一般大学都设有几个小组，比如说情报组，他们经常在校园里无意识地游走，甚至牵着女朋友的手看专家们怎么反应，接着向领导汇报情况。还有回答问题组，他们若无其事地坐在教室后面，当老师问到"同学们有问题吗"，他们就举手提问，而且问题小组的回答要尽量精准且有记录。此外还有现场调研组，就是当专家来视察的时候，几个同学马上走上去说"我们是这个学校的同学，我们非常愿意回答你们提出的问题"。还有作业调研组，就是把往届生的作业拿出来重新修改，修改完后放到蒸笼里蒸，使其看起来泛黄，有陈旧的感觉。在这样的教育体制下，我们发现：我们的学生已经学会了怎样说谎。学校经常对学生说，走入社会一定要堂堂正正做人，可是如果学校本身像上面所说的那样做，学生又该怎样走向社会呢？所以，很多时候我们所说的诚信已经在这些事情中被颠覆。长此以往，我们就在这样的说谎教育中迷失了自己。

第三，现在的教育普遍走向功利教育、技能教育，而忽视了通识教育、非功利教育。虽然大学生一毕业马上面临找工作的压力，但我们的大学生活应该要有所积累，更应该学习非技能、非职业、非功利的一些知识。我们今天的学校就应该倡导通识教育，但是我们国家现在所有的高校几乎都偏向技能教育，甚至在前几年，教育部曾规定每一所大学的实践课程一定要达到20%，这无疑是扼杀学校的办学自主权。我们之所以应该对学生进行通识教育，是因为通识教育是一种对学生进行自然科学诸多方面的教育，让学生知道更长远发展的教育。现在的学生只知道学习英语、计算机等实用课程，学习一些马上可以派上用场的技能。虽然这样我们可以满足眼前最基本的需求，但是慢慢地我们会发现这样的学习是无法得到长远发展的。很多企业，尤其是世界五百强企业都存在“透明天花板”，意思是说我们中国的人才，在一个企业中一旦做到某一个职位，就永远上不去了。人们都说这是种族歧视，我也觉得这是一个非常荒谬的做法。那些企业拿一样的标准来衡量所有的人才，到了这个时候我们中国的人才的自身素质就无法满足其要求。我们的知识、理解力、沟通能力、表达能力统统受限，导致不能向上发展，成为一种自己设置的发展瓶颈，而不是别人给的“天花板”。究竟我们应该培养什么样的人才？我们是不是应该用就业率来要求所有学生？是不是应该更多地关注学生的通识教育课程？这些问题，在我们目前的教育中还存在着。

第四，我们目前的教育，特别强调“教育改变命运”、“高考改变命运”，这样的主题非常沉重。如果教育肩负着改变一个人命运的责任，我们在面对教育的时候就不会很从容，就会把教育当成一种工具，而一旦教育成为一种工具之后，教育的等级也就产生了。我曾经采访过一些来自农村的学生，他们说只有考上大学，才能拥有大学生这个特殊的身份，才能有机会进入社会的特权阶层，才可能真正地让自己的家庭走向富裕。

这样的教育使得我们的学生认为自己生活在一个不公平的社会，只能通过追求特权来改变命运。我们很多学生痛恨社会、痛恨特权，但是最终还希望自己是特权中的一分子。等级教育、身份教育使得我们无法用一种平和的心态来看待整个社会，这样我们的改革就很难进行，因为改革涉及许多人的命运。如果进了一所名牌大学，花了高昂的费用，但是最终没有找到很好的工作，学生是不干的。这种知识改变命运的教育，如果没有我们周围户籍制度的改革，没有社会福利制度的完善作为后盾的话，我们教育的改革是没有希望的曙光的。中国是二元户籍制度，农村人口要成为城市人口，非得通过高考，如果你告诉他可以不选择大学，可以做农民工，那么他就只能一辈子做农民工，这将是一个非常悲惨的结局。

这就是我们的教育土壤中面临的四个非常深刻的问题，我们国家最近一直在思考中长期教育改革纲要的制定，据我所知，这个草案目前没有什么亮点，其中有些是自欺欺人的概念，比如要把某一所学校建成世界一流的大学，要培养一百位大师级的人物，要培养一千名怎样怎样的人，等等。我都不知道他们会拿什么来培养。

再来说说学术环境问题。对于学术环境，我想我们的同学应该感受颇深。我不清楚今天在座的各位有多少人还保持着纯真的学术研究精神，很多同学一进校门，就成了老师的打工者，帮老师翻译文章、编书、写论文，论文要发表就署老师的名字，可要是中途出了什么问题老师则不认账。在这样的管理之下，我们的学术还有什么神圣可言，还有什么尊严可讲？

10 月份是诺贝尔奖颁发的时候，这个时候的记者采访总会问我中国为什么得不到诺贝尔奖。2008 年我很兴奋，因为钱老的侄子钱永健获得了诺贝尔奖。但记者问他是不是中国人，他不假思索地说是美国人。难道他那么不会说话吗？他如果说“我虽然身在美国，但心在中国”那该多好，因为我们都喜欢这样的效果。但是钱永健没有，因为他是土生土长的美国人。今年国庆史无前例有 8 天长假，这让我们忘掉了往常这个时期是颁发诺贝尔奖的，直到高锟先生获得诺贝尔奖，大家才突然醒悟，才对这个事情有所关注。很多人就说中国有多位华人已经获得诺贝尔奖了，他们为祖国争了光。比如，杨振宁和与他一起获诺贝尔奖的李政道，是我们民国时期西南联大的毕业生；高锟和崔琦都是解放前在中国内地出生，但之后去香港发展；钱永健和朱棣文则是土生土长的美国人，他们都是在台湾接受教育的，我们总希望他们中的某一人能和我们有点关系。当然我也不识时务，首先在《南方都市报》写了一篇文章，我搜集了这几位获奖者的个人经历，却遗憾地发现：只有一个人与我们中国有一丁点关系，他就是崔琦。崔琦在 1949 到 1950 年期间在中国上过半年的小学，仅此而已。20 世纪 80 年代，清华大学开设了高等教育研究院，好不容易把李政道先生从美国请来，李先生就因此在国内宣传说 20 年之内，我们一定能获得诺贝尔奖；到了 2001 年的时候，他又说 20 年之内，一定有中国人获得诺贝尔奖；到了 2009 年的时候，他又说 20 年之内，我们必定能获得诺贝尔奖。要是从话语严密的角度上讲，他应该至少说 11 年才对，然而过了 9 年还说 20 年只能表示这件事的发生遥遥无期，此外，更加不严密的是 2007 年，他在美国硅谷说中国人一定会获得诺贝尔数学奖。然而我们都知道诺贝尔是没有数学奖的。诺贝尔奖对中国人的影响是如此的巨大，以至于我们要提高教育的水平以培养出符合要求的人才。他们说中国的科技实力现在已经达到世界的顶峰，只是欠一个诺贝尔奖。这就像说我们中国的足球已经走向世界，只差进入世界杯一样。

其实足球的故事和我们教育的情况有很多相似之处，我们总希望我们的教育得到改善，但是花了不少精力却还在原地徘徊。我们有很多大学在21 世纪初也列出了奔向世界一流大学的时间表，其中北京大学说我们在建校一百周年的时候将有若干学科进入世界一流行列。大家都知道北京大学的百年校庆是1998 年，他们说在这 17 年之后也就是2015 年会赶上世界一流大学，现在还有 6 年。2001 年清华大学 90 周年校庆的时候，他们更加“务实地”提出要在 10 年之后建成世界一流大学，也就是说在 2011 年清华大学会成为一流大学，最近有朋友说清华大学在进行一个世界一流大学的标准的研究，这个标准能让清华大学有望在 2011 年成为世界一流大学。几乎每个学校在宣布要成为世界一流大学之前都要派出一个队伍去研究，他们的研究就是国标。

国庆之前，我们的一位教育部部长在一次讲话中说到：“中国现在论文发表的总数是全世界第五，因此中国的科研实力全世界第五。”这是个非常“好”的逻辑，这个逻辑预示着中国现在是非常之“强大”。这是我们目前的现实的学术环境。在这样一个环境之下，我们真正要培养杰出学术人才的目标就变得遥不可及。可能我们的暨南大学还比较不错，老师们跟我说同学们都非常有个性、有思想，而在其他的学校，我们的大学生在行政化的教育模式之下已经没有了独立的思想和见解，这种情况是非常令人焦虑的。记得钱老曾经讲过，他记忆最深刻的是在加州理工大学的生活，他说那里所有的学生可以和老师谈任何话题，所有的老师也不分学派，不分观点，大家都可以平和地交流。这样的情况在今天中国的高校是完全没有的。很多时候我们不能充分、完全地表述我们自己的主张和见解，只能按照老师教我们的东西去说。而且，这样下去势必会出现严重的问题——缺乏创新的活力，这也是学术环境给我们带来的一个很大的问题。

对这样一些问题我们是不是没有解决的途径，是不是就不能回答钱老的“世纪之问”？我个人认为还是可以做得到的。

从两个方面来讲，其一，对于我们教育的关注者而言，我们今天都非常关注教育素质改革，它是我们真正建立教育素质土壤和学术土壤的根本途径。当代教育改革是非常艰难的，总觉得左也不是右也不是。例如，北京大学推出校长实名推荐制度，虽然很多人赞同这一改革，但我认为它是伪改革，因为它没有真正触及扩大学生选择权的内核。众所周知，在我们填报志愿的时候，只能填报一所大学，到最后也只能拿到一所大学的录取通知书。而且北京大学校长实名推荐制要求学生在推荐之后一定要写承诺书，一定要第一志愿报考北京大学，这也就是说，北京大学在利用这个契机进行招生竞争，这是一个完全违背教育规律的招生策略，我们为什么还要认为它是改革呢？这无疑就是反改革。改革的标准是能不能扩大受教育者的权益，如果一项改革扩大了受教育者的权益，那么它是改革，反之则是伪改革。我们知道改革是权益的重新分配，而在教育里面，权益享受者有政府、学校、教师和学生。

其二，在正确的教育环境里，政府拥有的是创办学校和投入经费的权力，并监督学校依法治校，而学校作为办理者，它可以自主办学，同时也应该对教育者和受教育者负责。而今天我们很多学校几乎没有教育的自主权，即没有学校自治、教授治校，没有真正的大学制度。如果按现代大学制度的要求来评价我们今天的大学的话，很遗憾地告诉大家，中国现在没有一所真正的大学。你们上的不是大学，上的是有“大学”名字的学校，也就是说，我们很多学校如北京大学，它是有“北京大学”之名而没有“北京大学”之核，即有名无实。有人讲我们现在的北京大学、清华大学、上海交通大学、复旦大学只能叫做“教育部北京大学分部”、“教育部清华大学分部”、“教育部上海交通大学分部”、“教育部复旦大学分部”。为什么？因为这些大学没有独立的个性。我们很多人说，在中国只有一个教育家，就是教育部部长；中国只有一所学校，就是教育部大学。所有的学校都是千篇一律、千校一面，这就导致我们很多的学生都没有个性。因此中国教育的改革必须重新面对的，就是如何建立真正的现代大学制度的问题。

现代大学制度的表述无非五个方面：第一，制度办学；第二，学术自治；第三，教授治校；第四，学生自治；第五，通识教育。用这五大特征去评价国内的学校，没有一所学校是自主办学。我们 1998 年颁布的《教育法》规定，每所学校有七项办学自主权，如招生自主权、专业和学科设置自主权、学术研究自主权等，但很遗憾地告诉大家，《教育法》颁布十年后的今天都没有一所学校拥有办学自主权，连招生自主权都没有。今天又有哪一所学校是学术自治？基本上所有老师都是申请政府的课题，然后按照政府的规定去做。现在我们很多学校都陷入“表格”之中，连“海归派”也在所难免，几乎任何一类表格都要表述自己是男是女，然后写出自己的课题规划。试想一下，课题还没有做，怎么就知道会出成果，会有预计的创新？甚至还会加上“阶段性成果”一类的术语，而什么又是阶段性成果，真的是难以表述清楚。这好比同学们谈恋爱，说自己现在取得了阶段性成果，这是什么意思？像这种预计创新点，预计阶段性成果，然后规定钱要用在什么地方，其实很多都是让专家拍脑袋的。比如出差用多少钱，会议用多少钱，当你把课题给他们之后，你还得去考虑这个钱究竟怎么用，与其这样，还不如让他自己监控，这就是我们的学术自治。再一个是教学自治，我们很多人都说：现在即便是教授治校，也已经不可能了，因为现在很多教授已经不再是教授。还有一种说法是：现在就是教授治校，因为我们所有的校领导都是教授。那么，让我们分析一下这些教授究竟是怎么产生的。同学们发现很多该是教授的不是教授。我们现在真的面临这样一个境地，即有些一流的学者被边缘化。曾经有一位海归学者告诉我，今天大学里的教授都是三流学者，我告诉他我就属于三流，然后他笑着说你估计是3.5流，因为三流以上都被淘汰掉了，三流以下还留在学校。其实很严格地说现在很多优秀的学者都已经被赶到了学术的边缘。现在我知道国内的很多优秀学者都不再申请课题，因为一旦申请了就得迎合政府官员的意思，这样他们学术的独立性就会受到影响。而在这个过程中，更严重的是行政和学术不分。我们很多学校的领导就拥有这样的学术权和行政权，可以用自己手头的资源来配置这两种权力。因此我们可以看到，今年所培养出来的100位教学名师中有90位是有各种头衔的，其中有20位是校长或是书记，我很佩服这些人，不仅可以当好校长也可以教好书。很多教授还有校长是在行政岗位上升上院士的，我们不清楚这些人为什么有如此大的本事，我们一个学者潜心研究几十年都难以做到，他们真可称得上是“超人”。这实际上是反常的。

再一个是学生自治，这是非常重要的一点。学生除了可以自主选择之外，更重要的是应该用学校这一机构来维护自己合法的权益。我希望唤起学生的权益意识，你们要知道自己受教育的权利是怎样的，不要学校说什么就听什么，要对学校里反教育的做法、破坏你们权益的做法进行抗争，这才是真正的学生。学生的权益是非常重要的，如果没有权益意识，我们就没有维护法律的意识，就不能对学生进行公民教育。我们应该知道什么是法律，什么是道德，什么是我们的责任，什么又是政府、学校或是社会应该承担的责任。当每个人的头脑非常清晰的时候，我们会发现我们可以走向一个公民社会，就会知道什么是法律的极限，什么是道德的极限。我觉得在我们今天的教育环境下，老师一定要允许学生有自己的权益，只有唤醒学生权益的老师才是一个好老师。

如果我们的大学真正按照制度办学、学术自治、教授治校、学生自治这样的模式去改革，我们的大学也不再是名不副实，钱老所说的杰出人才也会如期而至。中国现在的学生数量是 2 007 万，高等教育所占的比例是 23. 3%，这个数字远远超出我们 10 年前的规模，10 年前高等教育只有 5%，因此我相信只要我们有好的制度环境，有好的教育环境，我们的学生完全能够脱颖而出。在座的所有同学都有希望成为真正的大师级人才，而不是随处可见的“被大师级”人物，当我们拥有这样一块真正的教育土壤之后，会发现我们的生活变得更加美好，因为教育的本质就在于使生活变得更美好，而不是使生活更憋屈。今天的教育是远离我们教育本质的，而如果说我们的教育改革就是让教育回归教育的本质，那么会让我们真正感觉到在教育中获得了知识，获得了成长，获得了进步。

学生提问：熊教授，您好。每个高校要自主办学的话，您觉得在我们现阶段的政治体制下是否具有可行性？

熊丙奇：完全具有可行性，因为现在高校不具备办学的自主权，不具备的原因是教育部直接办大学。教育部为什么要办大学，那是因为教育部认为高校一旦拥有自主权，就会变得混乱不堪。其实完全不是这样的。我们在座的学生也许有来自中国香港和台湾的，知道中国香港的公立大学和美国的公立学校是什么样一个模式。简而言之，它们就是由政府机构、立法机构一起参与而形成大学的理事会。我觉得我们大学的办学自主权不是要建立制度，而是要建立一个机构，这个机构是由政府官员、人大代表、教师代表、校领导代表、学生代表以及社会贤达等共同组成一个大学的理事会，并且由这个大学理事会决定这个大学的重要战略决策，这其中应包括如何征地、如何投资、如何预算等相关问题。而在这样一个过程中政府官员代表政府的立场，立法官员代表立法的立场，这样大学的办学方向就会改变，这是其中一个方面。另一方面是要有大学章程，众所周知，每一个大学都会有大学章程，但很遗憾的是今天几乎中国所有的大学都没有大学章程。而真正的大学章程是什么？它应该由学校起草，交由同级的人民代表大会即立法机构审议通过之后，成为学校最高的法律文件，任何学校办学都要围绕这个文件进行。因此大学理事会以及大学章程正是实现大学自主权的两大基石，有了这两大基石，我们就不用担心我们的大学会以乱治乱，而是相信一定可以治理好。实现学校自主办学的关键在于教育部愿不愿意放弃直接办学的权力，也就是要教育部直接放权。因此，核心问题是要真正放权，政府要把权力放归大学，在放权的过程中只要有有效的机制就完全可以实现大学自主办学。

学生提问：熊老师，您好！首先，非常感谢您的精彩演讲。从您的演讲中我想起了古代诗人白居易以及现代的鲁迅，他们忧国忧民的意识在您身上同样有所体现。我想问您三个问题：第一，一项教育制度的实施要不要广泛征询和参考群众的意见？第二，一项教育制度的实施要有效果，应该采取渐变的方式还是突变的方式？第三，研究生公费制向奖学金制转移是推迟的应试教育还是素质教育？

熊丙奇：首先第一个问题，它肯定需要我们的广泛参与，而且现在我们也正在参与。今年6月份的时候，我代表我所在的21世纪教育研究院公布了一个民间版的高考改革方案，这个高考改革方案在《南方都市报》已经整版刊登了，此外还有新浪网和几个读书网站也在首页上进行了刊登，并且还做了问卷调查，其中有78%的网民支持我们这个高考改革方案。目前，据我所知，这个改革方案有60%以上已被政府采纳。另外，在10月份的时候，我们教育研究院也准备公布一套中国教育的全面改革方案，虽然后来因为种种原因未能如愿，但是这个文本已经交到了国务院和教育部，其中有些部分已经被采纳。虽然我们参与了这个过程，但是我想还不够。我一直在呼吁教育改革方案要有好几套，并且应该由不同的人来参与制订，所有的文本都应该提交全国人民代表大会常务委员会进行审议，最后选出一套大家都满意的改革方案，这就是真正的权力博弈、利益博弈。改革就是要平衡各方面的利益，不能仅仅由教育部来主导。我们现在让教育部放权，却变成了放权让教育部来主导改革，这不是很矛盾的问题吗？可见这样的改革是无法彻底的。

第二个问题，改革只能是渐变的而不能是突变的，我们知道突变属于休克疗法，对于中国这个13亿人口的大国以及当下这个庞大的受教育群体来说，突变改革是非常之危险的。现在我们有改革的渐进路线，由于时间有限我就不再展开。但是需要明确的是渐进的路线是可以推行的，只要我们保证在一个公平的前提下，尊重并扩大学生受教育的权利，一步一步地推行我们的改革，这是完全可以做得到的。

第三个问题是关于研究生改革，我觉得研究生改革不仅仅是一个公费改自费的问题。目前，我们很多人认为研究生的改革是针对我们研究生培养体制的改革，但是我们的考试制度没有改，我们的教育模式没有改，我们的导师制度没有真正地建立起来。这样的改革只能让我们感觉是通过研究生的改革来收钱，而不是真正为了提高研究生的质量。这样的情况现在越来越严重，因此对于研究生的收费改革问题我也写了几篇评论文章。我希望我们能真正地有系统地改革，做到注重学生的权益与利益，真正改变我们的教育模式，使我们研究生的培养模式真正地符合社会的需要。如果说背离了这一需要，仅仅是一个改革的话，那么我们的改革就注定是失败的。

学生提问：熊教授，您好。首先感谢您为我们做这个精彩的演讲。我有两个问题想请教您：第一个问题是现在大学制度的建设包括了学者治学、教授治校，但是由于受到了功利思想的影响，现在大学里存在一种官本位的思想，它侵占了高校的学术净地，您是如何看待这个问题的？应该如何建立现代的大学制度？第二个问题是，由于受到了功利思想的影响，各大高校积极合并，您是如何看待这一现象的？这个合并对学生和高校的发展有何影响？现在高校在竞争的过程中存在异化以及一系列的问题，您又是如何看待的？谢谢熊教授！

熊丙奇：谢谢你的问题。这位同学刚刚提到的大学应该怎么自主办学，就这个问题我刚才也提到了两点，一个是大学的理事会制度，一个就是大学的章程。我还要补充两点，关于大学怎么实施学术自治、教授治校。第一点，取消大学的行政级别，这也是我在多数场合中谈到的。大概在前不久，我在报纸上和我们复旦大学的葛剑雄教授来了一场笔仗，他说现在大学的行政级别不能取消，因为一旦取消，大学将没有了地位，而且大学教授的公费医疗都将得不到保证，甚至出去办事情也不被人理睬，就连出国因为其没有级别也成了问题，所以他坚决认为大学行政级别不能取消。然而，我却认为大学行政级别完全可以取消，理由很简单，我们现在说大学行政级别不能取消的理由是大学一旦没有了级别，很多时候就会看不到文件。那么大学为什么要看文件呢？我的一个朋友曾经在一所民办学校当院长，跟我说过一件非常荒谬的事情。地方政府要治理民办学校，然后发文件，居然因为民办学校没有级别，文件发不到民办学校。当政府官员问为什么没有收到文件的时候，民办学校说我们没有级别，政府部门最后慌了神，于是想办法把文件复印给了学校。所以我想，当学校没有行政级别，政府部门还会按照行政级别方式发文吗？如果取消级别，政府部门对教育的管理还按照有级别操作，这无异于刻舟求剑。另外，学校依上级部门的文件、通知办学，也是当前高校缺乏办学自主权的一种重要表现，如果大学有办学自主权，还需要看文件和通知吗？其实一旦取消级别，受影响的不是学校，不是老师，而是少数的副部级官员。所以我每年都要写十几篇文章呼吁取消行政级别。第二点是大学校长要公开遴选。大学成立了理事会之后，应该实行大学校长公开遴选制度。现在的大学校长几乎不是学校的老师选出来的，也不是教授选出来的，他们懂不懂教育我们不知道，或许他们完全不懂教育。我曾经在一个学校经历过这样一件事情，一个学校的领导跟学生讲的第一句话是："同学们，领导派我到这里来，我不懂教育。"你们听听，他不懂教育他来干啥？不懂教育的人居然会在大学当领导，你不觉得奇怪吗？我们应该如何纠正这个问题？这就是需要我们建立校长的公开遴选制度。所以说取消大学的行政级别和落实大学校长公开遴选制度是两个非常重要的措施。

第二个问题是大学的合并，这是从1990年中期开始的，当时有两个重大的工程，一是"985工程"，二是"211工程"。这都是大学行政化的产物，没有把大学当做一个独立的实体来看待。很多时候，各大学校强拉硬拽地合并会产生一系列问题，这不是办学质量的问题，也不是学校的办学定位问题，而是人事安排问题。只要人事安排搞定，谁当校长，谁当副校长，谁的级别依旧保留，合并也就搞定了。近年来随着教育的发展，合并现象已逐渐消失，因为该合并的已经合并完了。所以我们要吸取教训，希望这样的事情不要反复地上演，希望我们的大学能够独立办学、自主办学，能够做到真正的学校自治、教授治校。只有这样，我们的大学才能够真正地健康发展。

学生提问：熊教授，您好。首先感谢您给我们做的精彩讲座。我想问的是：现在的教育问题不仅仅是教育问题，而是与社会的各个方面都有所联系的问题。就拿就业来说，当我们出去找工作的时候，企业会以很严格的标准来评判我们大学生是否符合他们的要求。这样一来，为了达到他们的要求，我们就不得不学习一些我们并不感兴趣的课程或考取一些证书。那么，您觉得在不改变这些社会问题的前提下，光靠要求我们增强个性、扩大兴趣是否可行？

熊丙奇：我们有些企业非常功利地要求大学生考取一些证书，如果你在大学不考证书，似乎就没办法生存，因为现代社会有一定的技能要求。然而，我们在这其中忽视了一个问题，就是看自己有没有个性特点。虽然很多情况下也会要求兴趣广泛，但是我反对兴趣广泛，为什么这样讲呢？这是因为我是希望每个学生有兴趣、有特长，但不是兴趣广泛。兴趣广泛恰恰是没有兴趣的表现。我还要强调"爱好"，业余爱好恰恰是不对的，要把业余爱好变成正式爱好，变成与我们工作相结合的对事业的追求。因此，我觉得我们每个人都应该有特长，创造自己的生命力。现在我们学生不是没有证书，而是我们学生没有特长。就拿我自己来讲，我是一个没有特长的人，你们看到我现在每年写蛮多的文章，但是实际上我在大学毕业的时候还不会写文章，可能很多人都不会相信我高中时候语文也是不及格的，作文经常拿来当反面教材。可是大学毕业之后，我留在了学校的一个行政部门，当时我是学电力工程的，本来可以去上海的一个供电局，但是我没有去。我还是喜欢留在学校，同时我也准备考研，再加上我的家庭条件不好，我特别希望边工作边读书，但是学校的薪资很低，仅有几百块钱而已。所以当我留在这个行政机构的时候，我就在想我一定要与他们有所不同，一定要有自己的本事，于是我选择了在学校写文章。其实这是个很艰难的决定。我问同事怎么能把文章写好，他说可以尝试往外面投稿，然后我就开始不断投稿。我投稿的第一份报纸是上海的《新民晚报》，当时的发行量是183万份，但是版面非常少。我当时疯狂到每天从早到晚地写，看到什么写什么。每天我可以写三篇文章，写完之后马上装信封，贴邮票寄出去，希望可以被采用。两三天后，我就收到了来信，打开信一看，除了我的名字，其他都是铅印的，上面写着"退稿信"三个大字。当我看到最后一行"您的稿件不合我们的要求，欢迎您再次来稿"的时候，我特别开心，于是我又去写，两三个月的时间里我收到退稿信有五封之多，然后我的同事告诉我说基本上不要再投稿了，原因一是你会坏了学校的名声，原因二是你被列入黑名单了。但是我想了想，我已经把写文章作为我的兴趣了，一定要坚持下去。之后，我就发表了我的第一篇文章，紧接着我写的文章就能发95%以上。到1995年，我已在《新民晚报》上发了100篇文章，1996年我被该报社评为优秀作者，同时我在《文汇报》开了两个专栏。其实，一直到现在，我还保持着每天写文章的习惯。此外，我听说新华社也有个记者，他37岁就被评为高级记者，非常厉害。下午五点钟，给他一摞厚厚的文件，他能在下午6点到晚上12点这几个小时内阅读完这些文件，并且消化吸收，最后写成一篇3 000字的通讯，发到全国各地而被媒体采用。我是无法完成这样的任务的，但我还是相信有这样厉害的人，我也在向他学习。现在我每天也会写一万字训练自己。所以说当你有这样的能力的时候，谁会苛责你呢？一定要看自己有没有特长，有没有核心竞争力，当你告诉所有应聘者你有什么样的本事的时候，你就会非常自如。我知道很多用人单位看到某一个学生有所特长的时候，根本不需要再经过数次的面试，一次就被录用。所以特长是自己的核心，只要保证我们的核心竞争力，你就会在众多面试者中出类拔萃。

（演讲时间：2009年12月7日　视频整理：侯卓均）

国际金融危机与中国经济问题

贺　铿

贺铿，著名经济学家、统计学家，我国数量经济学的主要开拓者之一。1992 年起享受国务院政府特殊津贴。现任九三学社中央副主席、全国人大常委会委员兼财经委员会副主任委员，历任中南财经大学教授、西安统计学院院长、国家统计局副局长等职。主要社会兼职有中国统计教育学会理事长，中国统计学会副理事长，中国数量经济学会、中国信息经济学会、中国城市经济学会常务理事，全国统计教材编审委员会主任，全国统计科学学术委员会副主任，全国哲学社会科学规划领导小组统计学科组组长，国家信息化办公室专家委员会成员，《统计研究》编委会主任，国际统计干部培训学院院长，西安统计研究院名誉院长等。贺铿教授在长期的教学和研究生涯中为我国当代经济学的学科建设和发展作出了开创性的贡献，很多重要的研究成果和政策建议被党中央、国务院采纳，推动了我国新时期经济改革的科学化进程。

各位老师、各位同学，晚上好！今天演讲的题目很多人都感兴趣，但是凭我个人的知识能力，讲解可能达不到各位的期望，我是教师出身，讲东西时喜欢自己怎么想就怎么讲，仅供参考。你们科学馆门口有一尊爱因斯坦的雕像，爱因斯坦是美国著名的科学家，他在美国一所大学讲课时说过一句话：如果今天我所讲的内容有40%是对的，那我就放心了。自然科学尚且如此，那我今天所讲的经济问题恐怕是40%还达不到，请大家指点。

关于这个题目我讲两个问题：第一个是世界金融危机的成因及其对我们的影响；第二个是中国的经济问题以及我们的对策。

对于这场世界金融危机，政治家、经济学家们都非常关注，那么这场危机究竟是怎么引起的，对其认识也有很大差异。归纳起来大体有以下三种：

第一种认为美国的消费方式是引起危机的主要原因，因为美国人寅吃卯粮，过度消费，储蓄率很低。对这种看法我个人认为值得研究，如果说是消费过度引起的危机，那么发生的危机情况应该是供不应求，可是本次危机发生的情况恰恰相反，是需求不足，既然是这样，消费方式导致金融危机的说法有些令人费解。

第二种看法是包括很多美国人都认为金融危机的爆发是格林斯潘的宏观政策出现了问题。美国政府和格林斯潘的宏观政策到底有没有问题，问题在哪里，我们暂且不说。大家知道格林斯潘在美联储主政18年，他当初去美联储时，美国经济是相当糟糕的。1929年出现世界大金融危机后，美国罗斯福总统把英国经济学家凯恩斯的理论搬过来，实行积极扩张的财政政策，确实使得美国经济出现一段繁荣期。但是经济理论界对此的认识还不一致，究竟是凯恩斯的功劳，还是“二战”的功劳？我倾向于第二种。因为“二战”发生在欧洲和亚洲，美国成为最大的战略物资供应地，从而把自己国家的经济拉上来了，但1945年“二战”之后，美国的经济逐渐走下坡路，六七十年代一直处于滞胀状态，格林斯潘恰是在美国经济处于不好的状况下上台的，那么格林斯潘的经济思想属于哪一种思想，大家分析一下，我不好将其归类，但可以肯定，不是百分之百的凯恩斯主义，而且货币思想在他的思想中占了一定分量，可他又不完全相信弗里德曼货币主义。他上台时正是里根主政时期，里根主政时期是美国经济从不繁荣到比较繁荣的重要阶段，因为里根基本上摒弃了凯恩斯主义，比较多地吸收了一些经济学家的货币主义的构成部分，这个时候美国的宏观政策逐渐发生了一些变化。在格林斯潘主政美联储的 18 年当中，在财政政策和货币政策的选取上，他是理出了头绪的，他采取的是比较谨慎、平衡的财政政策和比较灵活的货币政策。在宏观调控当中，他将几个基本的宏观数字抓得很好：第一个是经济增长率一般为 4%，不超过 5%，这是格林斯潘采取宏观调控的重要数据；第二个是 CPI、消费价格指数、通货膨胀率也属于格林斯潘的思想体系，他始终将通货膨胀率控制在 2% 左右，因为要有一定的通货膨胀率，经济才有活力，否则物价很低，经济不可能有所发展；第三个是失业率不超过 5%。克林顿当政期间是美国经济最繁荣的时期，失业率基本上在 5% 以下，国民收入年增长 4%。也就是说，美国国民收入增长率 4%，通货膨胀率 3%，那么，实际收入增长 1% 左右，这是格林斯潘宏观政策中的几个基本点，我认为这几个基本点是值得我国宏观调控部门和经济学家们去研究的，我们的经济增长率应该是多少，通货膨胀率是多少，就业率是多少，收入增长应该怎么样，这些我们多年来没有理清的头绪应该好好研究研究。所以我认为格林斯潘的宏观政策对于美国国内来讲没有大的问题，而对于国外来说毫无疑问是有问题的。比如说中国，人民币升值是个大问题，进出口贸易也是个大问题。

我认为格林斯潘的宏观政策对美国的金融危机没有直接的影响。当然有一点可以肯定，格林斯潘也承认，对华尔街的金融大鳄的监管问题，他说他不知道这是他的责任，作为美联储在对美国金融机构进行监管方面，他确实是做得不够。这个问题我后面还要再讲。

第三种看法认为这场金融危机引起的原因是新自由主义，主张完全市场、完全竞争，将这次金融危机归因于市场失灵，缺乏政府干预。我们不能一概而论地认为这个是对的，我们国家对这种思想应该从理论上理清，否则就会变成“我们 30 年的改革对不对，我们的社会主义体制要不要进一步改革、进一步完善”的问题，经济理论上的事就演变成了政治上的讨论，这将变得更糟糕。中国如果不进一步改革，不进一步完善社会主义体制，就是没有任何出路的。不要以为政府管得多经济就好，实际上政府是管不好的，如果管得好，我们的计划经济体制就不需要改。

对这三种意见我都不很赞成。那我是怎么理解的呢？要弄清楚这场金融危机的根本问题，首先我们要弄清楚金融是用来干什么的。回到马克思的观点上来讲，金融是为实体经济服务的，本身不可能创造任何物质财富。美国的金融大鳄们恰恰在金融全球化、贸易国际化、金融产品创新等一系列令人眼花缭乱的名目下，把金融变成了可以直接创造财富的手段。在这样一种思想下，各种金融衍生工具在缺乏有效的监管和信息不对称的情况下任意发展，使得金融资产泡沫化，泡沫破裂就成了金融危机。在金融危机爆发的前期，世界货币基金组织和世界银行有一个统计数字，美国的金融资产账面上已经达到了530万亿美元，是当时全世界200多个国家经济总量的10倍，这个数字相当巨大，是泡沫化的表现。资本市场出现大的泡沫，财富效应已经失真，美国政府为了获得表面经济的繁荣，任凭金融机构通过大量负债去融资，放纵金融衍生工具发展，不惜损害他国和投资者的利益，构成了华尔街的虚假财富、虚假繁荣。所以我们说金融危机的本质是投机，投机的结果是让资产泡沫化。而这一场泡沫的破裂又是由房地产引发的，所以跟美国2007年爆发的次贷危机又直接相关。次贷危机和金融危机不能一概而论，美国的次贷是指美国用按揭贷款的形式解决老百姓的住房问题。这也有很长的历史，因为低收入者住房相当困难，在1993年之前，美国住房的自有率比我国还低，只有64%，当时政府一些人提出用次等级贷款的方式来解决问题，次等级贷款表现为首付款低，甚至是零首付。在这样一种贷款方式之下，美国从1994年到2006年的13年当中解决了将近900万一般收入者的住房问题，使美国的住房自有率提高5个百分点。单纯从次贷来讲，次贷初衷没有错，但金融危机的隐患又是次贷。那次贷危机是怎么出现的呢？在前13年当中没有问题，到2007年就出现问题，这就与美国经济发展中的宏观调控有关。

在前十几年中，美国的房地产一直是比较好的，价格不断上升，虽然美国也有很多人因为各种原因负担不起月供，于是把自己的房子出售掉，但因为卖出价比当初的买进价高，在还完银行贷款后还可以利用差额去租房，所以没有引发社会问题。到了2006年，美国房地产急转直下，房子的价格在一年半时间内下降了21%，这时美国人卖房子也还不起银行的贷款，次贷就成了社会问题，经济学上的羊群效应问题就出现。这个问题恰恰是与这次金融危机相关的，破产的美国金融机构基本上是与房地产相关的投资银行，本来我贷款是买房子，价钱10万，利息5%，就按此计价，可是次等级贷款银行把贷款进行包装，然后成为各种票据，由一个银行转到另一个银行，票据的价格由市场决定，像股票那样波动，这一决定就出现泡沫，现在这个链条一断，银行就出问题。这是这次金融危机的实际情况。

这次金融危机给我们的教训挺多的，我认为最主要的有三个方面：第一个启示是，金融是为实体经济服务的，金融创新只能为发展实体经济提供更方便、更有效的融资方法，金融和金融创新不可能创造真正的物质财富。所谓“钱生钱”的一个前提条件是钱必须变成资本才能生产，所谓变成资本就是变成实体经济生产过程当中的一个要素，必须跟劳动、工具、材料结合起来进行直接生产才能创造财富。金融是指钱从一个银行账户转到另一个银行账户，这是没有任何意义的。通过这次危机，美国、欧洲许多有识之士提出要重视实体经济，如果一味地强调金融创新，必然导致金融资产泡沫化，这就回到马克思关于这个问题的认识上来。2009年初，中共中央对外联络部跟德国的自由党举行金融危机论坛，请我作了一个发言，当时他们来了一个副议长，他说：“贺先生你讲的我很赞成，但我们德国现在有一个情况，马克思的书买不着了。我不是一个完全的马克思主义者，但认为对马克思的很多理论要发展地来看，在这个问题上马克思是很有道理的。”

第二个启示是，要实现世界经济的有序发展，有必要重新建立世界货币制度。“二战”后，布雷顿森林会议确定了美元的地位，这对世界经济的发展所起的进步作用是很大的，因为美国的实力很强大。布雷顿森林会议后，美国经济开始走下坡路，经济实力越来越差，美元不再拥有以前的实力。因此，1976年的牙买加会议，干脆使美元脱离黄金，不再与黄金挂钩，但同时美元也没有了国际规则的制约，这就出现了问题。一旦美国跟别国的贸易出现赤字，他就逼人家货币升值。20世纪70年代，日本的对外贸易有很大的盈余，他就逼日元升值；21世纪初，中美贸易中我们是盈余国，他就逼人民币升值。升值的本质问题，就是在贸易不平等的情况下通过使别国货币升值来使之平等，也就是让盈余国把一部分利益给他们，所以我更不赞成人民币升值。因此，要建立新的货币制度，必须确定储备货币按什么规则运行。目前国际上主要有四种储备货币，美元占63.9%，欧元占26.5%，英镑占4.7%，日元占2.0%。美元的主要储备货币地位目前可能要被替代，所以我们对美元国际储备货币要有规则的管理，贸易国之间的汇率应该是稳定的，不能因为贸易不平衡就要改变汇率来达到平衡。美国的贸易赤字是自己带来的，我们想买美国的东西，可是美国什么都不卖。只有两样东西非得要卖给我们，一是转基因大豆，究竟吃了好不好他们自己也不知道，要我们来试；一是有疯牛病的牛肉，非得说我们的门槛设高了，要我们多买。其他稍微带点科技含量的东西都不卖给我们，所以不出现赤字才怪。如果那些议员们把中国的消费品给美国人民带来的好处如实告诉大家，并宣布要对中国商品进行抵制的话，我估计美国民众也不会再投那些议员的票。据哈佛大学的教授统计，因为使用了中国的消费品，平均每个美国家庭一年少支出600美元。所以在贸易中我们的产品质量好，成本低；美国产品质量好的却不卖，只一味地要人民币升值，这种做法当然行不通。为了维护世界经济的有序发展，货币制度一定要重新建立，贸易要按照WTO进行，不能动辄干涉他国管理市场的手段。

第三点启示是，投机是引起金融危机的祸首，而且投机造成泡沫破裂的引线无一例外都是房地产泡沫，巴西的金融危机，亚洲由泰国引起的金融危机，日本、中国香港等地区的危机都是由房地产泡沫破裂引起的，因此，我们在宏观管理当中就应当高度重视对资产价格的管理，特别是对房地产价格的管理，房地产绝对不能成为一个投机的场所。我们有一部分理论家一直鼓吹房地产是投资的场所，但我们要明白投资一旦掌握不好就变成了投机。我们这些理论家在房地产本质的认识上还不如一千多年前的诗人杜甫，杜甫在成都盖了一间茅草屋，屋破了，写了一首《茅屋为秋风所破歌》，点出了房地产的本质是“安得广厦千万间，大庇天下寒士俱欢颜”，盖房子是为解决寒士的遮风挡雨，何来投机呢？所以应该对房地产进行严格管理。证券市场同样要严格管理，股市是为实体经济融资的一种方式，你买了股票是投资，投资的报酬由你所选定的上市公司的业绩来决定，应该以分红为主，问题是现在分红几乎没有，全靠炒来炒去投机，所以股票市场风险大，市场不规范。因此，我认为资产市场的管理应该和政府的宏观调控相结合。金融危机对我们的启示还有很多，我认为这三点是比较重要的。

第二个问题我要讲的是中国的经济问题以及我们的对策。我国的经济在2008年11月份出现了问题，理论界叫做“失速”，直接原因与我们的宏观政策尤其是货币政策有关，我国的货币政策一直是从紧，把遏制通货膨胀作为主要任务，对外鼓吹人民币升值。人民币在近两年升值了21.5%，许多经济学家计算得出这个结论：人民币升值1个百分点，我们的外贸企业利润空间平均缩小2个百分点。而近两年升值21.5%，外贸企业的利润空间减少了43%，外贸企业无法生存。而且这个理论建立在所谓“流动性泛滥”的基础上，当时的所谓“流动性泛滥”到底是什么，没有研究清楚。央行认为“流动性泛滥”是外汇储备太快，于是千方百计打压外贸。

看看世界近一两百年的历史，每个发达国家都是通过外贸发展起来的，老牌的欧洲资本主义国家为了占领外贸市场，不惜用坚船利炮。为了占领外贸市场，美国跟欧洲一些国家特别是跟英国发生过很多次摩擦，如果没有巨大的外贸盈余，美国能成为一流的国家吗？再说战后的日本，引用朱镕基总理的话：“‘浪人’到世界各地去，了解人家需要什么东西，要做成什么样子，从而获得世界先进的科学技术，占领世界外贸市场。”日本一度成为世界上外汇储备最多的国家，实际上现在也是最多的国家。我们说我们最多的是官方储备，日本除了官方储备还有民间储备，甚至民间储备比官方储备还要多，我们没有民间储备，一分钱的外汇都要通过外汇管理局，所以现在日本可能还是外汇储备最多的国家。我们有这么一点点财富就急得不行，非得要整下去，这是让人非常不理解的，我们2008年的经济“失速”直接原因就在于此。本质原因是我们的经济结构失衡已经到了不可持续的地步，2009年初政府采取各种措施进行调控，5个多月来，经济状况已经见底，但底部的震荡已经稳定了，只要我们宏观政策不出问题，那么震荡几个月后就会慢慢恢复，想立即恢复是不可能的。中国的经济复苏可能在美国之后，因为结构调整需要时间，外贸占我们经济增长率的3个点，如果我们的出口经济增长不起来，3个点就跑不上去，跑不上去经济就不能健康发展。

接下来我从以下七个方面简要介绍一下我国当前经济的运行情况：

一是工业生产总数现在很不稳定。以2009年为例，4月还在回落。4月工业增加值同比增长7.3%，比3月回落了1个百分点，比一季度加快了2.2个百分点。1~4月工业增加值同比增加5.5%，比一季度加快了0.4个百分点。从经济类型看，4月国有企业增加2.3%，比上个月回落了

0.4 个百分点。集体企业增长 7.1%，增加了 2 个百分点；股份制企业增长 9.4%，回落了 1.3 个百分点；外商、港台投资企业增长 1.7 个百分点，回落 1.3 个百分点；重工业回落了 1.4 个百分点；轻工业回落了 0.3 个百分点。从整个 1 ~4 月的数据来看，我国工业整体处于波动状态。国外对于我们的经济增长也有质疑，认为我们的增长没有那么高，电力下降了 3%，能源也在下降，工业应该跟能源同步才对。我不那么认为。我们 2008 年的经济主要是房地产变动很大，有色金属特别是电解铝下降很多，钢铁、水泥、玻璃、陶瓷、有色冶料缩减比较多，这些变少，其他的有所增长，这是正常合理的。

二是固定资产投资保持加快增长的态势，商品房的销售面积也有明显的增加，1 ~4 月份固定资产投资总体增长 30.5%，比去年同期加快了 4.8 个百分点，比一季度加快了 1.9 个百分点；房地产的销售也有明显的变化，房地产开发投资同比增长 4.9%，增速比一季度加快了 0.8 个百分点，商品住房开发投资增长 3.4%，加快了 0.2 个百分点，4 月份购置的土地面积是 2 524 万平方米，增长 12%，房地产有升温现象，全国房屋销售面积是 1.76 亿平方米，同比增长 17.5%，比一季度加快了 9.3 个百分点。

三是市场销售额保持平稳较快增长。社会商品零售总额同比增长 14.8%，比 2008 年加快了 0.1 个百分点，扣除价格因素，增长了 17%，提高了 0.6 个百分点，这个指标从 2008 年 11 月份以来一直保持较好的状况。

四是出口降幅有所扩大，进口降幅有所缩小，进口同比下降 22.8%，降幅比 5 月扩大 1.9 个百分点，出口下降 22.6%，降幅比 5 月扩大 5.5 个百分点，从这些数字来看，进出口当前略有改变。

五是居民消费品价格和工业品出厂价格同比降幅较大，消费品价格同比下降 1.5%，降幅比 5 月扩大了 0.3 个百分点，工业品出厂价格同比下降 6.6%，比 5 月扩大了 0.6 个百分点，原料、燃料、动力购进价格下降 9.6%，扩大了 0.7 个百分点，这三个方面一直是观察经济的重要指标，三个指标一直是负数，因此有人担心会不会出现减速，或者货币量异常增加，导致通货膨胀。是通货膨胀，还是通货紧缩，我个人不好作出判断，但我更担心通货膨胀。我们对格林斯潘几个基本数据研究得比较少，我曾经根据我国历史资料和近代情况研究得出，我们现在的经济增长 9% 到 11%，我们的收入增长应该是 15% 左右，物价指数是 3% 到 5%，也就是说，我们的一些主要指标在上述数据左右浮动时，经济才比较活跃，增长才比较快。问题是现在不仅没有达到，反而是负数，而且有些数据负得还很厉害，所以当前通货紧缩的压力是个主要矛盾。从货币主义理论来讲，当前新增这么多贷款应该是要出现通货膨胀，但是货币的供应量增加，怎么会引起物价上涨，这是个基本问题，所以在中国通货膨胀已经不是一个货币现象而是一个收入现象，收入异常地超过经济增长率，无疑会导致膨胀。

六是当前中国财政收入降幅扩大比较多，支出增加比较多。以 2009 年为例，4 月全国财政收入是 5 897 亿元，同比下降 3.6%，降幅比 3 月扩大了 13.3 个百分点。财政主要税种下降，国内增值税下降 7.8%，进口货物增值税、消费税下降 17.7%，关税下降 41.4%，企业所得税下降 27%，也就是说，今年财政预算计划难以完成。

七是货币供应量在 2009 年头三个月每个月增加 1 万亿，4 月各种金融机构贷款是 5 918 亿，比前几个月都少。

从这七个方面来看当前四个月的经济运行情况，只要中国的宏观政策不出大问题，还是很有信心的。我之所以对中国的经济有把握，主要有两个基本的条件，一个是我们的外汇储备比较充足，二是财政赤字总体不大，我们经过 30 年的改革开放，GDP 数值相比 1978 年增加了 22 倍，人均国民收入 30 年内增加了 12 倍，外汇储备增加了 1 187 亿元，中国吸引着世界的眼球，说明我们的经济地位在不断提高。但是在这种情况下我们千万要冷静，要记住邓小平说的"韬光养晦"，我们仍然是发展中国家。我国的 GDP 虽然 30 年间增加了 22 倍，可是 GDP 总量才占世界 GDP 总量的 5%，美国占 26%，欧元区占 23%，日本占 14%。按人均来计算，美国 GDP 人均是 4.4 万美元，欧元区是 3.2 万美元，日本是 3.9 万美元，中国只有 2 000 多美元，美国大约是中国的 25 倍，日本大约是中国的 20 倍，欧元区大约是中国的 16 倍，我们还不能跟发达国家相提并论。在救市方面，各国拿出的救市方案数字加总起来不过 10 万亿美元，大多数国家用于救市的财政支出占本国 GDP 的比例没有超过 2%，中国的 4 万亿当中，财政是18 200亿，分两年支出，占我们 GDP 的 8.5%，力度够大的，美国只占 5.1%，日本占 2%，欧盟占 1.5%，所以在这个情况下我们不能太高兴。

经济结构到了不调整不能可持续发展的地步，经济结构失衡可能没有人反对，但表现出来的现象能够引起我们的重视。经济失衡主要是因为四个方面不足：

一是国民收入的初次分配严重失衡。到2007年最终消费率已经下降到48.8%，1998年到2007年的10年中降了11个百分点，改革开放之前我们的最终消费率跟世界平均率基本接近，世界平均65%，美国大约70%，而我们现在降到只有48.8%，这个比率是与生产目的相违背的，生产的目的是为了满足人们不断增长的物质文化需要，比例越小，离目的越远。

二是城乡二元经济结构加剧，城市的进步大大快过乡村的进步，城乡比较差异很大，严重影响人们的小康和现代化进程。

三是居民之间再分配差异扩大。1978年城镇居民平均纯收入是农村居民纯收入的1.7倍，现在是3.4倍。统计局粗略地统计了不同部门工资收入的差别，最高部门和最低部门相差悬殊，也就是说低收入部门拿1 000元一个月，高收入部门可以拿1万元一个月。美国经济学家有一句话：收入分配越公平，增加的收入用于消费的比例就越大；收入分配差距越大，增加的收入用于消费的比例就越小。这很容易理解，这些差距自然难以拉动内需，因此保持合理的积累机制和合理的收入分配差距，决策者要作出明智的选择。如果这样任其发展，我们的社会主义也会丢掉，因为社会主义的本质是解放生产力，发展生产力，消灭剥削，消除两极分化，最终实现共同富裕。

四是由于前几年过分强调住房消费和汽车消费，引起部分产业畸形发展，钢铁行业年生产能力到了7亿吨，汽车年生产能力到了1 300万辆，也就是说我们每100个人拥有1辆汽车，这跟我们的经济水平不相吻合。当年朱镕基总理在上海开会时就意识到了这个问题，他说我们汽车行业原本是三条老狗、三条小狗，现在是一群野狗，发展的结果肯定是狗咬狗。这些行业不按市场规律，畸形发展，肯定不可收拾。因此，国民收入分配最终消费越来越小，城乡差别越来越大，个人收入差别越来越大，片面强调一两种消费造成产业畸形发展，如果这些结构不调整，经济就不可能健康发展，调整这个结构需要较长的时间，也不是一两年的时间就可以完成的。

当前的政策一是要保民生、保就业。2009年城乡需要找工作的大约是4 900万人，城镇需要就业的有610万大学生，310万中专生，还有几十万专业军人，几十万高中、初中生，还有1 300万在城里转悠没有找到工作的，这些都不是小问题，政府已经意识到。发改委公布4万亿救市方案后，受到媒体、经济学家们的批评，因为在这份方案里，铁路、公路、机场占37.5%，汶川地震建设占25%，民生教育各方面加起来只占3.4%。从长远来讲铁路、公路、机场是需要的，但是不能超前发展，超前的基础设施不宜过多，要把民生问题、教育问题、农村问题摆在首位。在保就业方面，要多增加就业岗位，我们要搞现代化，但不能什么都摁电钮，要把解决劳动力摆在一个重要地位。二是要加强农村的改革发展，要发展县域经济，要加快推进省直管县的财政体制改革。过去一个地级市带五六个县，以为可以把县带动起来，现在发现不仅不能带动，而且很不利于发展县域经济。在发展县域经济问题上，浙江做了一个好榜样，浙江放手发展民营经济，但省直管县的财政体制始终没有变，所以他们的县域经济发展比较好。因此，2009年的政府工作报告要加快省直管县的财政体制改革。三是要实行财税体制和工资体制改革。改革的目标是要把人才资金引向需要人才资金的地方去，比如我们有的地方工资极不平衡，省、市、县差别很大，在社会主义经济体制下，要注意收入差距的扩大。美国的阿拉斯加，条件不好，但是资源丰富，发展也很好，大学生到那里待遇好，税收也体现差别，工作几年后还可以回到自己想去的地方，有人才也有钱财才使得阿拉斯加发展起来。中国需要人才的地方人才不去，需要钱的地方钱不去，那么那个地方永远发展不起来。所以必须迫切实行财政体制改革。

谢谢大家！

（演讲时间：2009年6月5日　视频整理：侯卓均）

平民时代的贵族精神

许纪霖

许纪霖，华东师范大学紫江学者，教育部人文社会科学重点研究基地华东师范大学中国现代思想文化研究所常务副所长，华东师范大学中国现代思想文化研究所研究员、历史系教授、历史系中国近现代思想史专业博士生导师。主要从事20世纪中国思想史和知识分子研究。出版有《无穷的困惑》《智者的尊严》《中国现代化史》（主编）《寻求意义》《许纪霖自选集》《另一种启蒙》《二十世纪中国思想史论》《中国知识分子十论》等著作，并在《开放时代》《读书》《中国青年报》《历史研究》《学术月刊》《天涯》等刊物发表上百篇论文。他在知识分子研究方面贡献突出，关于傅斯年等知识分子个案的系列文章，兼具论文的严谨和散文的灵动，颇受学院内外读者的青睐。20世纪80年代以来，许纪霖先生持续关注学界前沿和文化热点，撰写大量观点独特又富有争议的文章，在历次重要的思想论争中均发出了不容忽视的声音。

今天我想讲的题目是“平民时代的贵族精神”。今年中国成功举办了2008年北京奥运会，差不多60年前，毛主席说“中国人民从此站起来了”，到了今天，中国终于在经济上站起来，成为目前世界上最发达的发展中国家。站起来的标志之一，是一部分人先富起来，所以如今神州大地上富人遍地。

富人多了是不是意味着就有了贵族呢？今天的中国不仅有富人，而且有富人文化，我们称之为暴发户文化。在当今中国，一个人是否有社会尊严、社会地位，不是看你的内在品质，而是由消费定性，看你穿什么名牌、开什么名车、住什么等级的房子，以及住在哪儿。这些都是身份的炫耀。这样一种奢侈之风如今到处弥漫。这是不是就意味着有了贵族呢？

同时，我们也可以看到很多城市兴起了一种白领文化，特别是我居住的城市——上海，小资情调特别浓，这些小资不一定钱很多，但他们讲情调、讲品位，要泡吧、看话剧、读村上春树的小说，他们觉得自己是精神贵族。那么，有了情调和品位，是否就是有了贵族精神呢？

这几年，有好几所大学都提出要开设贵族课程，什么叫贵族课程？就是打高尔夫球。在中国，高尔夫球被认为是贵族运动，学校要从娃娃抓起，开设高尔夫球课程，大学一毕业就可以一脚跨进上流社会。校友中富人一多，学校的声誉也可以水涨船高。“满城尽带贵族甲”，人人都想做贵族，但是很少有人真正去想一下，究竟什么是贵族，贵族精神是什么？

今天我想和大家一起讨论这个问题，不妨先把答案告诉大家：所谓的贵族精神，我认为是三个精神支柱：第一个是教养，第二个是责任，第三个是自由。

一、教养

首先说教养。欧洲贵族是全世界最有名的，如今在欧洲大陆和英伦三岛上还保留着许多古堡，这些古堡都是欧洲中世纪贵族权力的象征，一个古堡就意味着一个主人，这个主人是当地的贵族，统治一方，这是他权力的象征。欧洲中世纪的早年贵族实际上都是一些乡绅，住在古堡里面，统治着乡村。早年的欧洲贵族用现在的眼光来看比较土，没有太多的文化，说话比较粗鲁，喜欢养马、打猎，养了很多猎犬。最初的贵族是世袭的，主要看血统，有一些甚至是从古罗马时期传承过来的。十六、十七世纪以后，受到文艺复兴的影响，这些贵族慢慢有了变化，除了血统之外，开始讲究是否有教养，于是教养替代血统，成为贵族最重要的标志之一。

当贵族开始讲究教养的时候，资产阶级也开始出现，这些资产阶级的暴发户，一开始搞商业，后来搞工业。这个时候，贵族阶级在经济上开始没落，他们不是最有钱的，甚至袍子都是破的。但是在封建等级制之下，贵族的地位还是比资产阶级高，衣着体面的资产阶级碰到袍子破烂的贵族还得鞠躬行礼。在贵族面前，暴发户们有自卑感。荷包再鼓、金钱再多，但缺少一个最珍贵的社会象征资本，这就是教养。

教养这个东西，听上去很虚，但表现是实实在在的，体现为高贵的气质、优雅的谈吐和文明的举止。中国的孔夫子很讲礼，也是一种教养。“礼”在中国现在的社会已经很少了，这个东西已经被破坏得差不多了。韩国还保存着不少古礼，中国台湾也有一部分，倒是礼的母体中国大陆被破坏得差不多了，所以现在我们成了野蛮人。

欧洲的中世纪是封建等级制，等级森严，贵族就是贵族，平民就是平民，贵族和平民之间虽然身份不平等，但有一个是平等的，都是上帝的子民，在上帝面前人人平等。封建等级制虽然有很多不好的地方，但是有一点，每一个阶层的人都有每一个阶层的尊严，贵族有贵族的尊严，平民有平民的尊严。朋友们可能看过英国的电影，比如说《理智与情感》，可以发现帮助贵族管理庄园的管家不是贵族，但他们照样受到尊重，最重要的是有自尊。举一个例子，张爱玲有一篇文章讲到，解放之前她住在南京西路旁边的常德公寓，公寓里面有电梯，开电梯的是一个中年的服务生，工作时，他一定会把领带打好、西服穿好，他有他的职业自尊。

在中国，端盘子的人可能被人看不起，甚至自己也看不起自己。但是在巴黎或伦敦，在一些餐厅，特别是比较好的餐厅，那些服务生在我看来个个都是明星，气质非凡，你没有办法看不起他，他收入可能也不会比你低，他有他的尊严。每一个阶层都有自己的尊严，相互之间形成了一套礼节。法国大革命高峰的时候，路易十六和王后都被送上了断头台，王后上断头台的那一刻，不小心踩到了刽子手的脚，她脱口而出："对不起，先生。"这是平时自然形成的礼貌习惯。不像中国的宝马车撞到人，不仅没有对不起，还要打被撞人。

中国西周时期还有类似欧洲的封建制，但东周已经没有了，孔夫子哀叹说礼崩乐坏，这就是封建礼制的崩溃。以后是两千年的士农工商社会，这个四民社会有一个好，各个阶级之间上下流动，通过科举，平民可以一夜之间鲤鱼跳龙门，像范进中举一样成为上流。但是也带来了问题，有尊严的都是上层，越是上层越有尊严，而越是低层越没有尊严，被人瞧不起，所以人人都挤破头往上走。中国的穷人最要命的不是穷，而是活得没有尊严。

欧洲的贵族有教养，这个教养是从哪儿来的呢？主要通过三个途径来培养：家庭、学校和社交。教养这个东西首先来自家教，中国人也很讲究家教，但是现代人把家教理解得很狭窄，认为家教就是周末送孩子去弹钢琴，或者让孩子背《论语》，把家教理解为知识，好像知识越多家教越好。实际上这只对了一半。家教不一定是知识，它是一个自然形成的东西，是在日常生活当中，无形中形成的亲切与自然、举手投足间的优雅与高尚，这是一个氛围，是被熏陶出来的，不是教出来的。小孩子受到父母的影响，慢慢熏陶出家教门风。如今有些家庭拼命送小孩子周末去学各种贵族知识，但在家里父母说话谈吐粗鲁，缺乏基本的教养，就会使孩子虽然有知识，却不一定有素质。家教非常重要，贵族精神首先从家庭开始，从如何说话开始，父母如何文明地对待孩子、对待邻居、对待保姆，孩子都会模仿，这些都是熏陶的结果。

到了该上学的时候，就要去学校了。在欧洲，贵族有贵族的学校。英国贵族的孩子最希望进入的是伊顿公学，到现在它还是最著名的贵族学校，贵族家庭生了一个男孩，要做的第一件事就是赶快到伊顿公学报名，否则到六七岁读书时再去报名就晚了。伊顿公学教什么呢？不要认为是打高尔夫球，那里没有高尔夫球场，也没有今天热门的工商管理、金融等这些实用知识。到贵族学校，不是去学有用的知识，而是学在今天看来完全没有用的知识，比如说拉丁文，熟读从古希腊、中世纪到近代的各种宗教、人文经典，一本一本细读，到今天还是这样。陪我去伊顿公学的一位英国朋友，住在附近的温莎镇上，她读中学的时候，有一个同学会拉丁文，被伊顿公学选上，到那里读书，同学们都很羡慕。贵族学校学的不是有用的知识，而是博雅之学。中国古代的儒家，孔夫子办私学，朱熹、王阳明办书院，教的也是类似的博雅知识，所谓的士大夫之学。博雅之学平时没有用，一旦有用就是大用，人生的大道理、政权的合法性，都要靠博雅之学来证明。这是再好的数学公式和物理学原理都无法证明的。

这几年各地的大学，特别是理工科大学比较重视人文教养，开设了许多博雅之学的课程，有些大学还把“四书”作为公共必修课，以为人文教养就是通识课教养，上几门人文知识的课程，大学生便有了人文精神。这是大错特错，人文教育不是通识教育，它像家教一样，不是灌输一些知识，而是要通过熏陶，通过各种道德和社会的实践让学生成为博雅之士，确切地说，人文教育的核心不是通识教育，而是人格教育。关于这个问题，我待会儿会详细展开。

第三步就是社交了。男孩、女孩到了16岁就要有一个成人礼，不是到国旗下宣誓我要成为好公民，好公民固然重要，但更重要的是首先成为一个好人，一个正人君子，学会与各种不同的人文明相处，这就需要社交。我们在电影里面看到，贵族的社交活动，举行party，经常会跳宫廷舞，不是一对一的交谊舞，而是转来转去的集体舞。一场宫廷舞下来，要与好几位对舞，有着非常严格的规则，这就是让你学会与社交圈中各种不同的人交往，了解如何与不同的人寒暄相处。这些社交活动，如舞会、沙龙、晚宴、打猎等都产生了交往的公共空间，哈贝马斯讲的近代公共领域，其前身是贵族的公共领域，贵族的公共领域就是在这样的社交圈里产生的。

贵族精神的养成差不多需要三代人，第一代是暴发户，虽然腰缠万贯，但是从小形成的粗鄙习性很难改变，通过模仿要成为体面人，但有些东西是改不过来的。改不过来怎么办，赶快把第二代送到贵族学校培养。第二代从小接受贵族教育，但是还不行，家庭还缺乏贵族所需要的那一套礼仪，他们理性上是贵族，但本身的气质和血脉还不行，平时彬彬有礼，但是一到吵架的时候，原来的家乡话、土话就脱口而出，本能地反映出来，第二代是后天教育出来的，不是自然熏陶的。一定要到三代之后，贵族的教养真的渗透到血脉里，习惯成自然。上个月我看凤凰卫视的《鲁豫有约》节目，采访蒋介石的曾孙蒋友柏，现在他在上海开了一家创意公司，举手投足间就有那么一点贵族的风采。

中国历史上也是有贵族的，特别是魏晋南北朝隋唐时期，那时皇权比较弱，世家大族比较强大。但是中国历史上农民起义很多，农民起义第一件事就是杀贵族。贵族要三代养成，但一场大乱，每次像割韭菜一样，贵族传统没有办法作为一个历史传统传承下来。日本、英国的贵族都传承下来了，但是中国历史上不断的朝代更替、农民起义，使贵族传统难以传承。欧洲和日本都是长子继承制，家产可以完整保存下去，但中国是儿子均产制，老子的遗产有几个儿子，就在中间均分，均分以后，财产就分散，形成不了大势力，这最让皇权开心，专制权力就是建立在贵族权力有限的基础之上的。

在欧洲，真正的贵族还是少数，但他们是全社会的楷模。储安平先生留学英国的时候，写过一本书——《英国采风录》，他说英国的贵族制度之所以保存到今天，不是靠武力。英国人虽然大部分是平民，但是他们都以为贵族代表了一种尊严，代表了一种高超的品性，人人都希望以贵族为榜样做君子，这就形成了风范。一个人是否是贵族，不是看你有多少钱、是什么血统，而是看是否有贵族精神，以贵族精神为人生楷模，君子固穷，但表现出来的还是贵族风范，他就自认为有贵族精神。泰坦尼克号沉船的瞬间，船上的乘客们，从贵族到平民，大家排着队，依序上救生艇，妇女和小孩优先，这样一种秩序，是平时熏陶出来的，不需要警察用暴力维持，是哈耶克所说的自发的、扩展的秩序，不是靠强制力维持的。英国社会有贵族精神的风范，形成了一个良好的秩序。

二、责任

贵族精神的第二个支柱便是责任。中国现在很多富人自认为是贵族，他们认为贵族就是有权力、有特权，这就是身份的象征，我高人一等。不仅是富人，还有官员，深圳海事局党委书记猥亵小女孩，他竟然还大放厥词："你们算个屁啊，看我怎么收拾你们。"我前面说过，中国这个社会越往上层，越有尊严，这个尊严从哪里来呢？就是所谓的特权。中国现在弱势群体也在维权，但是这两个权差别很大，一个是权利（right），一个是权力（power），两个"权"的概念是不一样的，权利是上帝和法律赋予每个人的人之所以为人的最基本的自由，而权力是指能够控制和主宰别人的一种权势。中国的一般人包括媒体、官员经常用错这两个词。在中国人的观念里没有权利，只有权力，我的权力越大，意味着我的权利也就越多。越是底层的越没有权利，维护不了基本的人权。表面是人人争权利，实际上都在争权力，争的是能够控制别人、为所欲为的权力。哪怕是一个管厕所的，有时候也会有权力。现在中国的问题不是官员腐败的问题，而是演变成了全民腐败、全民都要特权的问题。

真正的贵族当然是有权力的，但权力之外，还有责任。与权利相联系的是义务，而与权力相联系的就是责任，你越是有权力，就意味着你的责任越重大。所谓责任，也意味着担当，有多种层面可以理解。首先是对自己的责任，严于律己。虽然伊顿公学至今为止是英国最好的贵族学校，但如果中国的小孩子去，我相信不到一个星期都想逃出来，它就是一个吃苦夏令营。每天早晨五点半起床，晚上九点半熄灯，每天的作息时间是很严格的，实行军事化管理。伊顿公学的学生，平时不能出校门，只有周末才能出来，说好晚上几点回去就一定要按时回去，有着非常严格的管理制度。越是贵族的学校，越要培养出有超常责任感和自律心的贵族。

欧洲的分封制度之下实行的是长子继承制，长子以下就去打仗，当骑士。贵族的学校大部分都是这些非长子的贵族孩子，他们要被培养成为年轻的军官，首先就要接受严格的军事化管理。储安平先生比较了中国和英国的教育，他讲到英国的学校重视人格的教育，对学生的态度是思想容许自由，性格倾向管制。思想上可以开放，你胡思乱想、讨论什么都可以，但性格上是管制的。但中国的教育是倒过来的，思想管制，性格放纵，思想管得很严，不能胡思乱想，但是人格教育很弱，性格上一片自由散漫。中国人有没有自由，要看怎么看。中国人的自由是一种老庄式的，天高皇帝远、性格放纵，想干什么就干什么，自由自在，为所欲为。这就被认为是自由，自由等同于散漫。孙中山先生当年搞革命，哀叹中国人一盘散沙，过于自由，缺乏合作和团队精神。不要看奥运会上中国拿了金牌总数第一，细看，这些金牌绝大多数都是个人项目，而且都是应试的结果，为金牌而训练出来的，与全民体育相关的都不行——田径不行，游泳不行。特别是需要合作的集体项目，大部分都不行。足球，这项 11 人的集体项目，简直一塌糊涂。有一句谚语：一个和尚挑水吃，两个和尚抬水吃，三个和尚没水吃。英国也有一个类似的谚语，意思相反："一个英国人，一个呆子；两个英国人，一场足球；三个英国人，一个不列颠帝国。"贵族学校所训练的，除了自律之外，就是团队合作精神。

责任的第二个意思是对家族负责。欧洲的贵族非常重视名誉，名誉高于一切。欧洲贵族过去有一个习俗，贵族之间发生了纠纷，要为名誉而决斗。普希金就是因决斗而死的，这在今天看来简直匪夷所思，比起生命，名誉算什么？但是在中世纪，名誉高于一切。是谁的名誉呢？不是个人的名誉，而是家族的名誉。一个贵族的家族为什么辉煌，受人尊敬？乃是每一个贵族成员都珍惜家族的荣誉。每一个家族都有族徽，就像如今大学都有校徽一样。族徽带有神圣性，代表着家族的荣誉，个人所有的光荣与耻辱都与这个家族有关。贵族的权力太大了，个人要抵御各种各样的诱惑，靠个人道德很难抵御，法律也没有那么细微，这时最大的制约便来自家族。出了一个败家子，整个家族的荣誉都毁于一旦。

当代社会不讲门第出身，代替家族的，是一个新的门第——毕业学校。清华、北大是天之骄子。中国的名校学生，炫耀自己的出身，更多地是指一种高人一等的身份，很少有为母校争光的荣誉感和责任感。但是在国外不一样，如果是哈佛、牛津出身，校友之间有非常强的荣誉感，一旦某一个校友发生丑闻，整个学校都觉得这是一个奇耻大辱，首先要跟他划清界限。不像中国，论文抄袭被揭露了首先就护短。有一年我到美国洛杉矶访问，参观一位朋友任教的一所小学院，这所学院名不见经传，但校友中间，却出了美国总统尼克松。当初学院考虑要为尼克松立一块纪念碑，但校友们一致反对：他是因为水门事件的丑闻下台的，这是我们国家的耻辱。虽然我们学校没有什么名气，也要与尼克松划清界限！中国现在有很多腐败事件，当然可以通过自律如“八荣八耻”教育，或可以通过党纪国法来制裁，但手握如此大的权力，又有那么多的诱惑，仅仅靠个人的自律，靠外在的法律不可能管这么多，除此之外，还缺了个人与国家之间的中间一环，那就是从家族到学校再到单位的社群性制约。

责任的第三个意义是为臣民负责。贵族的权力很大，统治一方，但贵族与臣民的关系，不仅是统治者与被统治者的关系，而且是保护者与被保护者的关系。如果贵族不好好保护臣民，这些臣民就会跑到自治的城市里面，当一个自由人。臣民跑光了，有大块的土地无人耕种，贵族的权力自然下降。所以，贵族的责任意味着对臣民负责，有非常重大的保护臣民的责任。这与中国过去的绅士是一样的，天高皇帝远，皇帝的权力只到县一级，乡村主要是靠乡绅来管理，乡绅是地方的精英，权力很大，但比权力更大的是社会责任。乡绅们要组织各种公共事务，修水利、搞宗教祭祀。一旦发生天灾人祸，就要组织慈善赈灾。

这种为臣民负责的精神到现代发生了转变，转变成为公众服务的精神。我在国外对这一点感受颇深。2001 年，我在哈佛大学做访问学者，一到周末，哈佛的学生都不见了，都去做社会服务了。或者在华人社区给刚来的移民教英语，或者是到医院做护工，或者是到养老院为老人读书。为公众服务，这是一个好学生的重要指标，你要进哈佛、耶鲁这些名校，EST考满分没有用，还要看你参加了多少社会服务活动，有没有做过校报的主编，这些强调的都是为公众服务的精神。新上任的美国总统奥巴马，原来在芝加哥就是从社区服务开始做起，他的政治魅力、政治经验不是读书读出来的，不是高尔夫球打出来的，而是从底层的服务开始，形成了他的领袖气质，形成了一个政治家的非凡魅力。

如今中国的某些大学一讲到贵族，就是要尽量与众不同，玩一些老百姓不玩的游戏。其实，贵族最重要的不是与平民区隔，而是如何身为贵族，与平民打成一片，为公众服务。这才是真正的贵族。这几年上海每年都举行“顶尖奢侈品博览会”，今年开始不搞了，为什么？主办者到国外转了一圈发现，人家真正有钱的人，比的不是奢侈，奢侈并不光彩。真正的贵族比的是慈善，是对社会的责任感。于是主办者改办富豪的慈善晚会。这是一个很大的变化。

再说英国的贵族。英国社会虽然等级森严，但具有一定的开放性。每年英国国王或女王都要册封贵族，到今天还是如此。每年都会有各种社会精英，如商业巨子、科学家、大学者经册封成为贵族。这个传统使得英国的贵族不断有新鲜血液加入，贵族阶层可以保持某种活力。英国在历史上并没有发生过真正的革命，这与贵族一直承担着社会责任、长期保持着精英性有关。而法国不一样，法国之所以发生大革命，乃是与贵族的腐败有关。法国的贵族相比英国的贵族比较封闭，到了路易十四之后便只有特权，而不再尽社会责任。路易十四这位太阳王非常厉害，到了他统治的时代，王权专制达到了顶峰。专制权力最可怕的对手不是老百姓，而是贵族，贵族是国王权力最大的威胁者。路易十四想了一个花招，修建了一个庞大的凡尔赛宫，凡尔赛宫之大，没有去过的人真是难以想象，我那年去凡尔赛宫参观，一天走了九个小时，还有许多地方没有光顾。皇族成员当然用不着住这么大的地方，他让各地的贵族统统住到周围来，整天歌舞升平。那些乡绅们觉得在这里比过去住在城堡开心多了，生活豪华奢侈。贵族们一旦离开了自己的封地，便无法再为臣民们尽责任，但各种政治经济的特权还是照样享受。整个法国贵族阶级成为社会的寄生虫。这就引起了平民阶层的仇恨，欲除之而后快。一个精英阶级，不在于他们有没有特权，而在于他们是否尽到了责任，如果你有特权，但同时你又尽职尽责，老百姓还能接受；一旦只有特权没有责任，那才是真正的腐败，那就离革命不远了。

社会总是要有精英阶级。当贵族阶级开始腐败，社会就需要新的精英代替他们。于是知识分子就产生了。法国大革命的观念引导者是伏尔泰、卢梭、孟德斯鸠这些启蒙思想家，他们都是新型的知识分子。知识分子与贵族不一样，贵族是旧制度的一部分，但知识分子游离于旧制度之外，是精神上的波希米亚人。他们是社会的反叛者，是精神的反抗者，也是新的社会革命的动员者。

历史上，只有三个国家有知识分子，第一个是俄国，第二个是法国，第三个是中国。知识分子（intellectual）这个词源自法国，更早一点则来自俄国，俄文叫 интеллигенция。很有趣的是，只有这三个国家发生过大革命，所谓的大革命，不是一般意义上的改朝换代，而是改天换地的革命，叫社会大革命，一夜之间，不仅政权更替了，连社会结构也发生了突变，贵族阶级被消灭，新的阶级产生。大革命的出现，与传统的精英阶级贵族的腐败有关，于是便有新的精英阶级知识分子崛起。

三、自由

法国贵族为什么会灭亡？从某种意义来说这是一种自杀，自我谋杀。贵族失去了贵族精神的根本，即自由。而英国贵族不一样。20 世纪 90 年代中期有一部获得奥斯卡奖的最佳影片《勇敢的心》，讲的就是苏格兰贵族反抗英国国王的自由传统，“不自由，毋宁死”，这种自由精神就是贵族精神的核心。

什么是自由呢？现代的自由有两个渊源，第一个渊源来自基督教，马丁·路德的新教改革开创了信仰自由。上帝面前人人平等，人们可以不通过教会的中介，阅读圣经获得启示，直接跟上帝沟通，这就是信仰的自由。第二个渊源来自贵族的传统。贵族最大的敌人不是平民，而是国王，国王代表了专制。于是英国贵族要与英国国王签订《权利法案》，划清楚贵族有什么权利和义务，贵族的义务是向国王纳税，但是贵族有自己的权利，在法律上保障自由。所谓自由，一是人身自由，不受强制，不随便被逮捕。二是财产的自由，国王不能随便剥夺贵族的财产，不能像古代中国的皇帝那样，一道圣旨便满门抄斩，再厉害的贵族也完了。不要说没收财产，连私人领地国王也不能随便闯入。“二战”的时候有一张流传甚广的照片，爱德华国王到伦敦贫民窟视察，国王站在门口，问屋里的一个一贫如洗的老太太：“我能够进来吗?”这一传统也是中世纪贵族奠定的，不经贵族的同意，国王和他的军队不能随意进入贵族的领地和古堡。

贵族的自由还体现为政治自由，即对公共事务参与的权利，通过国会参与国家的管理，特别是纳税。国家打仗要加税，要取得贵族们的同意，不能随便加收。最后更重要的乃是内心的自由，具有道德和理性的自主性，具有独立的判断能力。

人身自由、财产自由、政治自由和内心自由，这些贵族精神的传统，在英国贵族那里通过与国王的抗争，保存了下来。但在法国贵族那里，自由精神却死了。路易十四之后，贵族们在凡尔赛宫里整天围绕着国王、王后翩翩起舞，差不多就和软禁了一样。他们虽然身为贵族，但是只剩下贵族的躯壳，魂没有了，贵族最重要的灵魂——自由的精神死亡了。“有些人活着，却已经死了”，实际上，法国贵族阶级在大革命被推翻之前，已经在精神上自杀了。

法国大革命后，经过拿破仑的军人专制，在19世纪上半叶产生了两次王朝复辟。第一次是波旁王朝，第二次是奥尔良王朝的复辟。王朝复辟之后的法国，贵族阶级被铲除了，在法律上人人身份平等，一个平等的社会出现了，一个平民时代到来。

平民时代的到来，是否就意味着一个理想的社会呢?平等，既可以与自由相结合，也可以与专制相结合。平等与自由的结合发生在美国，而平等与专制的结合发生在大革命后的法国。在一个平等的平民社会里，专制制度竟然又复辟了。为什么平等的社会之上能够建立政治威权?政治威权的社会基础又是什么?王朝复辟之后，法国的大思想家托克维尔出版了两本书——《美国的民主》和《旧制度与大革命》，系统地讨论了这个问题。

托克维尔发现，新的专制制度的社会基础，是平等社会之中原子化的个人。过去贵族时代讲荣誉，到了平民时代，人人追求的不再是荣誉，而是自利，每一个人都是利己主义者，追求自己的利益。如何将自己的利益最大化?19世纪上半叶，法国工业高速发展，大量的资产阶级产生，人人都在做发财梦，拼命地追求金钱。奥尔良王朝很聪明，他们积极扶持资产阶级，让大家可以自由地发财，但是在政治上实行控制，政治权力高度集中。在私人领域，国民有充分的发财自由，爱干什么就干什么，王朝鼓励大家追求幸福和享受。但是在公共领域，对不起，你们就把权力交给我吧，我保证给大家稳定的秩序，保证民生和安全。原子化的个人加上政治上的威权时代，这就是大革命之后王朝复辟的法国。

那时大革命刚过去不久，大家都对革命时期的“参与爆炸”有恐惧，人们一下子回到私人生活，不再对政治感兴趣，拼命追逐自己的利益，享乐主义、物质主义甚嚣尘上。社会上不是杨朱，就是犬儒。杨朱者，拔一毛利天下而不为也，要紧的是自己的私利，拼命赚钱，醉生梦死。另外一些人，不愿同流合污，不满社会却又无可奈何，于是奉行犬儒哲学，洁身自好，独善其身，但放弃了公共责任和公民行动。社会普遍弥漫的这种氛围，成为威权主义的社会基础。

在贵族社会之中，社会是一个自在的有机体，贵族是这个有机体社会的枢纽和重心。一个以贵族为枢纽的社会，即使没有国家和政府，照样可以形成秩序，即以贵族为中心整合起来的社会自发性秩序。等到贵族阶级崩溃之后，新的精英阶级又尚未产生，于是从一个有机体的社会变成一个机械社会，每一个人都是原子化的个人，相互之间没有联系，也没有社会的枢纽，于是只能依赖政府的行政资源强力整合。社会没有精英、没有组织，不得不需要一个高高在上的威权来统治，政府是无所不在、不可或缺的。政府虽然不好，是恶政府，但没有政府情况更糟，无政府是最可怕的，整个社会会陷于恶性生存竞争的丛林法则。于是，威权政府便建立在只有个人，没有组织，也没有精英的机械社会之上，这个社会不讲宗教、不讲道德，只讲利益，只讲生存法则。托克维尔分析说，旧的专制制度就是这样在大革命以后复辟的。

大革命之后的威权与大革命时期的雅各宾专政是有区别的，雅各宾专政的社会基础是集体主义，人人献身于法兰西共和国的理想，群众运动一波接着一波。而大革命之后建立起来的王朝威权与红色专政不一样，它不是建立在集体主义的社会基础上，而是建立在个人主义社会的基础上，这些个人都是利己主义者，是经济学所说的合理地追求个人利益最大化的理性的经济人。

如何克服威权主义呢？托克维尔认为可以吸取美国革命的经验。美国是先有社会才有国家，国家是在社会的基础上产生的。先是五月花号船到美国，建立了宗教的共同体，然后是 13 个殖民地，13 个地方自治共同体，然后在 13 个殖民地的基础上建立了美利坚合众国。美国有充分的地方自治组织，有宗教传统，美国人虽然也是个人主义者，但与法国王朝复辟时期的自利性个人不同，美国人也追求个人利益，但追求的是“正确理解的个人利益”，也就是说，不仅懂得享受权利，而且知道对他人、对公共事务承认责任，积极参与地方的事务；不仅有市民，而且有市民社会；不仅有公民，而且有公民结社，于是，美国有着非常发达的社会组织和地方自治组织，在国家与社会之间有明确的界限，国家的权力受到了限制，自由与民主也是在自治的基础上得以落实的。

在一个平等的平民社会之中，威胁人们自由的，不仅来自政治的威权，也来自多数人的暴政。托克维尔说，古代民众是追随贵族的，以贵族的标准为标准，贵族是公共社会的表率，但是到了平民社会之后，社会没有精英了，于是就由多数人的意见说了算，以大多数人的是非为是非，少数人的意见被压抑。社会被一种匿名的权威所摆布，所谓民意不可违也，那是平民时代出现的另一种暴政，这种暴政甚至更可怕，因为它是匿名的，不是有形的。不要以为多数人的意见真的是代表了多数，要操控一个人很难，但操控多数人就容易多了，只要操控了主流媒体，主导了主流舆论，便能操控多数人。所以，所谓多数人的意见实际上也是被操控的。这是平等社会出现的另外一个对自由的威胁。

最后，文化品质上，平等社会所出现的是一个平庸化的趋势。托克维尔讲，在平等社会之中，优秀的品质和可怕的灾难同时都会减少。贵族时代掌舵的是少数精英，精英如果开明睿智的话，会作出正确的决策，其优秀品质也会教化百姓。一旦他刚愎自用，指错了方向，就有可能发生灾难。在贵族社会里，精英人物既有可能大善，也有可能大恶，但是在由公众投票、由公众舆论所决定的平等社会里，情况就不一样。民主这个东西，说起来是所有制度里最不坏的一种制度，民主投票的结果，未必会选出一个最优的方案，或者是最优秀的人，却可以保证最坏的人、最坏的方案通不过，通常会拿出一个协调了各种不同利益的、可以被普遍接受的妥协方案。在社会由多数人的意见决定的环境下，社会逐渐变得平庸、浮浅，既无大善也无大恶。平民社会的文化是不走极端的文化，是中庸的文化，它排除偏激，也泯灭卓越，只有浮浅的快乐、世俗的幸福。

那么如何克服这种建立在个人主义基础上的威权主义呢？当时在法国的知识分子当中，产生了一个方案，即认为应该回到贵族时代，重新产生一批精英，这就是现代的中产阶级，由代表着先进生产力的资产阶级带领社会前进。托克维尔虽然是贵族的后代，但是他知道人性是趋向平等的，贵族一旦消灭，平等出现之后，历史潮流不再可逆。所以托克维尔思考的重心，乃是在一个没有贵族的平民时代，如何重建贵族精神，其所谓的贵族精神，就是我今天讲的教养、责任和自由。教养意味着每一个人不仅要关注自己的物质利益，而且要有精神的追求和品质的追求。责任不仅要对自己负责，追求自己的私利，而且要有担当，承担起公共责任。而自由，不仅要追求不受强制的权利，而且要有政治参与的自由和内心的自由。

在平民时代之中，这一贵族传统不再是对少数精英的要求，而是对所有公民的要求。我们也可以说，在一个没有贵族的时代的贵族精神，就是现代的公民精神。

要建立现代的自由和民主，不仅需要制度，而且需要一种精神，仅仅有制度，没有公民精神，这个制度是徒有虚名。中国历史上不是没有民主制度，民国初年有议会民主制、多党制，也有过宪法，但是缺乏民主制度所需要的公民文化，于是民主制度最后蜕变，精英腐败，国民麻木，从国会议员到一般选民都可以被金钱收买，被权力操控。制度不是无本之源，它要有自身的文化传统，有自己的精神所在。民主制度的历史传统之一便是贵族精神，在现代社会之中，这一本来是少数精英的文化传统，可以转换为普遍的公民精神。这样的公民精神，我相信也是我们公众论坛所推崇的精神。

（演讲时间：2009 年 11 月 7 日　视频整理：程强强）

“马团队”与两岸关系展望

邵宗海

邵宗海，台湾中国文化大学大陆研究所教授，美国圣路易大学历史学博士，北京大学国际关系学院客座教授，富布赖特美国访问学者。主要研究方向是两岸关系、当代政治，经常做客凤凰卫视点评两岸关系，其观点受国内外媒体的关注。出版《中国和平崛起与现代民族主义的互动》《具有中国特色的中共决策机制：中共中央工作领导小组》《两岸关系》《两岸政治谈判的可能性》等专著20余部，发表《两岸关系回顾与展望》《两岸的国际空间：从对立到理解》《从两会看大陆对台政策新趋向》《第三次“江陈会谈”分析》等文章100多篇。

来到暨南大学，和我2000年到北京大学的感觉是一样的，因为都是百年老校。一进校门，这个学校就让我有一种特别的感受。学校的领导告诉我，你们中除了70%来自广东，还有大概3%的人来自其他国家。我们知道，一个学校除了它自身的特点外，它和其他国家、其他文化的融合也能产生自己独特的风格。

我本来准备了PPT，共34张，但现在我觉得我要改变我的初衷，我不愿意跟着PPT，限制我在其他方面的发挥。PPT毕竟是主办方希望我做的，所以我也会做到，但是请允许我待会儿不拘形式，在讲台上走来走去，我会用肢体语言来对自己的内容进行补充，让大家知道，我在开心的时候的那种狂放，我在痛恨的时候的那种咬牙切齿，让你感觉到我的痛恶之深。我觉得只有这样才是一个真诚的演讲，它没有经过修饰，没有经过美丽的辞藻装饰，而是发自内心的。我来自台湾，特别想利用这个机会和大家共处两个小时，希望能就演讲的主题向大家表达我最真诚的看法。无论我讲的对还是不对，你同意还是不同意，只希望你会觉得我不是那么矫情、那么虚伪，讲那些和心里不一样的话。

我今天给大家讲的主题是马英九，“马团队”是主办单位给我的名称，而这就是两岸最大的一个问题。你怎么来称呼马英九？“老马”？呵呵，他喜欢人们叫他“小马”。因为对他来讲，“老马”是一个何其残忍的称呼，他在台湾历届领导人中是穿得最少、露出最多的一位，叫“老马”就没有露出的本钱了。

你说我对马英九有没有了解？我们说，对一个人的了解除了书面的方式，还有直接的接触，下面我会讲我和他直接的接触，但是不希望大家误会我和他很好。其实如果我和他很好的话，今天就来不了，因为那样就不太方便了。正是因为不是太好，所以我才有机会来大陆大放厥词。

我和马英九是1979年在美国认识的，那时他刚拿到哈佛的博士学位，按大陆的说法，那时的他正在待业，所以他比较清闲，他的第一个孩子也刚好出生。那时我在美国念书，我们几个好朋友就经常见面。这是第一个回合，不是太熟，但是我认识他的太太和孩子，应该算还不错的接触。第二个回合就是1991年，我在台湾担任类似大陆全国人大代表的职务，台湾叫“国民大会代表”。当时我大概有27 000多张票。大家可能看到电视上对台湾“国会”的介绍，里面有打群架的场面。我可以向大家保证，我绝对没有上台打过。因为我当时在想一个严肃的问题：如果电视给我一个特写，我怎么回学校讲课呢？而当时我给的理由就是：你们一定不会让马英九上去打，所以我要留在下面看着他，不要让他觉得很寂寞。因此在1991年的国民大会，当天大概开会有八个小时，打架就几十秒，但就是这几十秒让大家觉得台湾的“国会议员”只会打群架。我当时就陪马英九和“行政院”副院长坐在后面，看两党对峙到什么时候结束，没有结束的时候，我们就在下面思考国家大事。但是一天八九个小时谈国家大事还是很难，所以我们就听马英九谈他在“法务部”部长任内到监狱去看望那些受刑人员的事情。他给我们讲了很多故事，直到今天还记忆犹新。我就讲几个小例子，告诉大家“小马哥”可爱到什么程度。

他告诉我，如果一个监狱里面有人去送蹄膀，当蹄膀送到犯人手中的时候就变成肉酱了。因为第一个人要检查有没有刀子，第二个人要检查里面有没有钥匙，第三个人还要检查。对我们这些没有去过监狱的人来说，就很崇拜他，戏说你怎么能讲出这么精彩的故事啊。当他第一次给我讲的时候，我就觉得他对法务真的了解很深。另外一个故事是，他说台湾有种监狱是没有围墙的，叫做外接，就是在外面服刑。还说一个人如果服刑5年，通常会在刑满前一个礼拜逃狱。我们就听不懂，这是什么道理啊。他说，如果这是一个男人，他会觉得他太太在他快出来的时候是最可能出轨的。因为太太会觉得，先生快出来了，快乐的日子要结束了，要加紧约会。这个时候去抓奸最容易。

马英九是一个很天真的人，如果他今天说，我们要清高，我告诉你，他就是清高。虽然他没有任命我为政府的高官，但是我必须肯定他，他真的很清高。他是用自己的赤子之情去看台湾的一切。但是我们知道，在政治中，你不能太清高，你不能太有赤子之情。你会发现，在他讲清高的时候，国民党发生了很多丢脸的事情。

我举个例子，在“八八风灾”中，马英九是民调最低的时候，因为他在灾害中的行政措施有失误。有人认为他在风灾中处理得不是很好。有人说：“我爸爸在风灾中去世了。”一般我们会说：“我很同情，很遗憾，也很难过。”马英九不是这样讲，他说：“我爸也死掉了。”人家就说：“你没有同情心”。其实我能体会，他是说，你父亲死了我很难过，但是我的父亲也死去了。我们知道，每个人在短短的时间内思考的方式不一样，有人反驳他：你爸又不是在风灾中死的，你爸是在水灾中死的。从这件事可以看出马英九的同情心。

另外，有一个长期支持他的人，看到他时说："我终于看到你来了!"意思是，我们一直盼望你来，过去你都没有来。马英九就说："你现在不是看到我了吗?"

我要说，马英九除了天真清高，还有发自内心的真诚，他是一个不应该进入政治圈的知识分子，是误闯政治丛林的"小白兔"。

我希望各位在听我讲马英九和两岸关系的时候能把我对马英九真诚的描述记在心里。因为，在我40岁出头的时候，我认为，我将扮演一个重要的角色，我将对两岸关系起到重大的推动作用。但是一晃，我已经62岁了，其实今天大家可能才20岁，但是一眨眼你可能就40岁了。我今天在这里讲，就是希望可以感动大家，可以给台湾多一点理解。以后，当两岸牵手，可以走向红地毯的时候，你们将会起到重要的作用。那个时候，或许我还看得到，但是已经力不从心了。我希望，当你们可以在两岸关系中起到重要作用的时候，能体现今天演讲的意义。

马英九在当选之前有几个看法，第一个叫"活动外交"。我告诉各位，"外交"这个词在大陆是不被接受的。因为两岸现在是地区和地区的关系，而外交是国家和国家的关系。马英九用得更好，他希望在国际社会中两岸关系能和谐互惠。

第二个就是两岸的直航。经贸的政治松绑，开放台商给大陆，每天3 000人……我这里特别讲观光客的事情。从5月到11月底的记录来看，观光游客已经突破了50万人次。有人说，50万算什么，澳门那么小的地方，一年有2 000多万人到那里，并且其中70%来自内地。但是你要知道，从1987年两岸正式开放，一直到2008年，总共才150人次。从1987年到2008年，从台湾到大陆又有多少人呢？已经超过5 400万人次。胡总书记说过，虽然两岸尚未统一，但这不是国家和主权的分裂，而是20世纪40年代中后期，因为内战引起、遗留并将延续的政治对立。

那我们再看朝鲜问题。朝鲜的宪法说一定要将社会主义推行到朝鲜半岛和周围的岛屿。而韩国的宪法认为，韩国今天所统辖的土地，包括朝鲜半岛和周边的岛屿。这和我们国家很像，台湾的"中华民国宪法"中没有中华人民共和国，《中华人民共和国宪法》中也没有"中华民国"。1982年的《中华人民共和国宪法》说，台湾是中国领土，是神圣不可侵犯的一部分。但是两岸的热烈程度已经到了何种地步？拿朝鲜和韩国来说，直到今天，朝鲜的人只有一条路到韩国，而韩国的人不可以到朝鲜。有一年，一个梨花大学的女大学生，在板门店参加大学生聚会后到韩国，没有回来。结果当她从韩国回来的时候，朝鲜判她死刑。朝鲜和韩国的情形与我国相似，但是到今天，从韩国到朝鲜的人数还是 0，而朝鲜到韩国的人不到 20 万。在板门店有个信箱，虽然大家都知道投进去的信不会送到韩国，但朝鲜人民还是往里面投，因为这可以给自己一点安慰，就像我们给祖先烧纸一样，虽然知道他们收不到，但是投进去还是能安慰自己。我们与朝鲜和韩国比较一下，就会知道我们今天是何其幸福。

当然我们可以用很多理论来解释，包括整合理论、新功能主义，人民的密切往来必然造成两岸高层的往来，当经济发展到一定程度的时候，必然促进政治的统一。

今天，两岸民间的交往已经很多，但是高层交往依然很少。而经济方面，我告诉各位，台湾和大陆做生意，并且大陆是台湾进出口最大的市场，而台湾虽然小，却也是大陆第五大贸易伙伴；台湾今天有 60% 的对外投资是放在中国大陆的；过去，人民币在台湾只能偷偷地换，而今后可以正大光明地换。可是，虽然有这样大的贸易交流，但是我们的经济整合比欧盟还要慢，而且也看不出经济能把政治推动得怎么样。我今天把数据告诉各位，是要告诉各位对两岸的事情不能太乐观。但同时，两岸发展的环境各位也不要太悲观。我们有比东、西德更好的环境——就是两岸的人民已经不能区分，两岸的经贸已经不能区分。今天，大陆少了台湾，他会受到一定影响；而台湾少了大陆，今天所谓的小康社会将受到极大的触动。可以设想一下，2012 年，如果马英九还在领导人的位置上，那么我们会期待他做些什么。而如果他继续当选，就我看机会蛮大——不是因为他太杰出，而是因为对手太不争气。他的成功是建立在对方的失败上的。今天在民进党内部，苏贞昌最有可能，但即使是他，在内部民调上，也输马英九 95 个百分点。但是如果他能后来者居上的话，那就是马英九表现得太差了。

我在台湾讲两岸关系的时候，最大的困惑是，我没有办法解释在陈水扁当政的八年，两岸曾有两次以上爆发军事冲突的危险，当《人民日报》评论员指明陈水扁是“台独分子”的时候，两岸关系应该说是不太好的。但是那段时间，两岸经济关系不仅比李登辉时期要好，而且台湾到大陆的投资也越来越多，这是一个很奇怪的现象，哪有高层不好，民间的往来还是这样的。所以我在台湾提出不要用西方的理论来解释东方的问题，因为它一定会遭遇到挫折和失败。在西方，我们很难理解当双方已经剑拔弩张的时候，民间的贸易额还一直上升。所以我们有一个非常了不起的背景，那就是不管双方当局的关系如何，两岸的人民、经贸、文化都已经密不可分了。

1991 年，我们公布了“国共纲领”，当时北京有很多学者反对。可是到了中共“十六大”，江泽民提出有三个可以和台湾探讨的议题：①两岸的敌对状态可以终止；②台湾可以加入和它身份文化相符的国际空间；③台湾政治地位的问题。回忆 1991 年的“纲领”，我们发现“纲领”中所提议的正与这三项议题相符。

马英九当选后说，大陆和台湾是一个国家两个地区。这正是他和李登辉、陈水扁的不同之处，因为至少他说，两岸同属一个中国。马英九还说“九二共识”很重要。而这也正是胡总书记在 2008 年和美国总统布什通电话时提出的“两岸的复谈必须以‘九二共识’为基础”。再有就是“小马哥”说，“不独、不统、不武”。你会发现，这是一个比较奇怪的提法，就像你问一个长相标致的女孩子：“现在有没有男朋友?”“有啊。”“你会不会和他结婚?”“不结。”“你会不会保持单身?”“我不保持单身。”即我们台湾作出了一个选择，你问他，要不要统？不要。要不要独？不要，我要维持现状。不可能永远维持现状嘛，你要有一个目标我们大家才有一个努力的方向啊。但是我要讲，马英九这么讲还是有值得肯定的地方的，就是他把“不独”确定了。他和陈水扁不一样。陈水扁 2000 年说，我任期内绝对不会宣布台湾“独立”，我绝对不会更改“国号”，我绝不推动“两国论”路线，我绝对不推动关于统独的路线。2004 年，他再度当选。他说，我曾经在 2000 年作出的承诺在过去四年没有改变，在未来四年也不会改变。但是两年后他就改变了。2006 年，他公投制宪，2007 年，他提议以台湾的名义加入联合国，这就是更改“国号”啊，推动公投就是“两国论”的路线啊。虽然我们不知道马英九未来会不会改变，但是我希望大家还是注意这个“不独”，虽然总体看来有些不太正常。

还有，我们注意到陈水扁从来不讲“九二共识”，他只讲“九二精神”。我们知道陈水扁是律师，他真的很能掰。他讲“九二精神”，但是精神中没有“一个中国”在里面。马英九是承认“共识”的。而李登辉一直在否定 1992 年达成了“共识”。这就是三个人不同的地方。

马英九问：“台湾是不是由 2 300 万人民决定啊?”“是。”所以他认为，现在不需要谈统一的问题，统一只是选项，并且国民党是不以台湾独立为选项的。大家不要相信这句话，“台湾由 2 300 万人民所决定”，这实际上是一个保险。例如，当我说我主张台湾统一的时候，大家可能会觉得我很高尚，但是我会在后面加一句：“如果台湾 2 300 万人民同意的话。”如果我讲我主张台湾独立，也会在后面加一句“如果台湾 2 300 万人民同意的话”。我曾经帮一个“总统”候选人写稿，随便我前面怎么写，一定要在最后加上“我所有的主张一定要得到台湾人民的同意”这一句。

另外，虽然李登辉和陈水扁都讲“两国论”，但是二者还是有所不同的。李登辉有些冲动，他讲的时候如同站在悬崖边，稍微一退就掉下去了。而陈水扁是站在离悬崖还有好几尺的地方，稍微退一下也没有太大的关系。陈水扁是一个很会保护自己的人。我举几个例子。他说，根据“中华民国宪法”，“一个中国”不是问题。本来按照汉语语法后面还有话的，但是他就不讲，给你留下想象空间，如果讲了就暴露了他的本质。他也说，邦联、联邦我都同意，大家都可以讨论，但是最后还要看 2 300 万台湾人民同不同意。但陈水扁毕竟没有否定过“一个中国”的原则。他说，“我反对以‘一个中国’原则为前提。”因为按他 2000 年接受《洛杉矶时报》采访时的说法，接受“一个中国”原则为前提，台湾地位将会降低，所以他反对以“一个中国”为前提。那你说他到底反不反对“一个中国”？他百分之百反对，但是他讲话就是让你不能知道他内心的想法。比如他也说，我们愿意和中国大陆讨论未来的“一个中国”的现实情况。你很感动，可是问题来了，未来一个中国，那现在双方的关系是什么？所以你不仔细琢磨，很容易被他骗。其实我有点同情陈水扁先生，你想一个曾经的最高领导人，现在成为监狱中一平方米的主人，你可以想象他是多么落寞。但是我们说，你要找他过去的语言毛病是很难的。而李登辉则不同，他讲用三民主义“统一中国”这些虚无缥缈的话，那你说他有没有讲台湾“独立”？这很难讲。他反而是在退休以后才写书说明他很追求独立。

1996 年，李登辉当选台湾领导人的时候讲，如果人民同意，社会允许，他将带着诚意到大陆做和平之旅。如果没有发生那个意外的话，这段话很可能让我们有所期待。但是就在李先生准备发表演说的头一天，一个日本财经记者冒充日本官员拿到李先生的日文演讲稿，并发表在报纸上，台湾报纸也马上转载。结果，第二天正当李先生准备提出和平之旅的时候，整个社会讨论的是那个记者如何神通广大，怎么能将演讲稿骗出去，提议反而没有得到讨论。北京也没有反应，注意力放在讲稿是如何被偷上了。所以，1996 年对李登辉来说是一个挫折。那李先生是不是真的像他所说的一直想“台独”呢？我认为这会成为历史上的一个争论。

接下来，我用数字来向大家说明。1991 年两岸两会开始谈判，其实，海基会很多代表是台湾“陆委会”的官员，海协会是大陆国台办的一班人马，所以两会谈判基本上就是没有挂名的官方谈判。但是他们都讲，我们是民间的。其实也没有什么，由官方的人谈民间的事也蛮好的。

台湾官员 1989 年到大陆，结果在江泽民书记出来的时候起立致敬，回来后记者就问：“为什么违反三不原则（不接触、不谈判、不妥协），你怎么可以和他接触?”“没有!”“我明明看到你和人民银行行长握手。”但是他还是不承认，他说：“我带了手套的。”

1991 年两岸两会开始谈判，但是 1993 年，台湾海基会的辜先生到大陆看汪先生，在上海和平会晤。2000 年，汪先生、辜先生先后去世，“辜汪会谈”成为绝响。1993 年的“辜汪会谈”达成四项协议，1991 年到 2000 年，十年的时间就达成四项协议。而且四项协议都不很重要，比如挂号信遗失了怎么查找。但这是李登辉时期的一次会谈，达成了四项协议。而陈水扁时期没有会谈，没有协议，不过他开通了澳门的包机直航。大家看，一个八年没有一点成就，一个十年有一次会谈、四项协议，而马英九从 2008 年 6 月开始到 2009 年底的一年半之内，举行了两岸两会的四次高层会谈，李登辉十年一次，而马英九一年半四次，并且前面的三次已经达成九项协议，一项共识声明。12 月下旬，在台中还将再签署四项协议。这样，我们将有十三项协议，一项共识声明。

直航是 1979 年由全国人大发出的《告台湾同胞书》提出的，说我们希望和台湾当局谈判，达成“三通四流”。“三通”就是通航、通邮和通商。2008 年 12 月 31 日，胡总书记特别纪念这 30 周年。2009 年的 8 月 31 号，期待已久的两岸通航实现，已不再是包机通航，而是班机通航。马英九在“陆委会”当副主委的时候讲：“我们绝对赞成两岸直接通航，但是我们必须消除政治上的障碍、法律上的障碍、安全上的障碍。我告诉你们，他 1991 年讲的这些障碍在今天还存在。”这就说明，讲有困难是为自己设下障碍。马英九以前是“陆委会”副主委，现在是台湾地区领导人，以前的各种困难都还存在啊，为什么通航就可以了呢？有些事情，我们固然觉得还是有些困难，但是不要完全绝望。

台湾的选举是不能用常理来推断的，我告诉各位，假如说今天新竹县是张培庆赢，我能猜中这也不过是因为他有 30% 的赢率，因为只有三个人竞选。2000 年台湾大选，在开票的前两个礼拜，宋楚瑜先生内部的民调是领先陈水扁 7 个百分点，它是什么时候开始改变的呢？就是那个李远哲出来了，马上民调就开始转弯。所以你可以想象得到，在宋先生几乎开始准备组织政府的时候，选举结果出来，傻了。我当时在台湾一个著名电台里讲评这个选举，讲到最后，我也傻了，出来的数字怎么和我期待的不一样，输掉了 30 万票，而开始的时候，我预估是会赢 40 万票的。到了 2004 年，我觉得我不能再参与这个，因为会精神分裂，就在 2004 年投票的前夜，有两颗子弹出来，虽然现在我们很怀疑这两颗子弹，但是当时我们有五个小时的时间不知道子弹到底穿透到什么地方去了。当时，连战和宋楚瑜先生宣布停止选举，因为觉得这个时候还选举不人道。当时他们内部的评估是连先生至少可以赢 40 万票，就算停止选举，就算有 10 万票流过去，宋楚瑜也会输给连先生。但是台湾的电视太厉害，六家新闻电视台一直报道还不知道陈水扁先生的伤势如何。没有想到新闻的力量这么大，一开票，几乎已经准备当选的连先生落选了。2004 年，所有的观察家都说，连宋组合是百分之百赢的，但偏偏输了。所以，台湾的选举是不能用西方的方式来预测的。

经过观察，我们发现世界领导人因为减弱了压力，在第二任时会敢比较放手去做。比如克林顿，第一任的时候对中国很不友好，但是到第二任的时候对中国比谁都好。小布什也一样，第一任的时候骂克林顿没有原则迁就中国，到第二任的时候比克林顿还要迁就。对马英九来说，2012 年是关键年，因为 2011 年是中共的“十八大”，如果马英九能连任，如果胡锦涛 2011 年在两岸的问题上做出比过去几年更突飞猛进的成果——我希望胡书记不要因年龄问题而退，如果国家需要他，两岸需要他，他是不是可以再延续一下——两岸的关系将会更加紧密。就像我开始给各位讲的，当两岸对立的时候，人民的交流还是很密切的，当两岸濒临战争的时候，两岸的贸易还是照样往来。

20 年前，我遇到张老师的时候，我们差点打架，因为双方的政治观点很不一样，20 年后，我见到张老师很开心，因为争执已经成为过去，现在需要交流和磋商去解决两岸还没有解决的问题。不止张老师，我到北京和涉台学者见面，这么多年下来，大家已经关系密切。我记得有一年在丽江开会，下面坐着国台办的副主任，我跟他讲，今天两岸一片祥和，已经没有什么问题不能谈了。以后是不是可以不谈争议的问题而是谈解决的办法，让大家多提意见，怎么把前面的路铺平。我自己更有一个想法，希望今天在座的各位能为两岸统一多多努力，当然我不会服老，可我将来付出的力量是有限的，但是我很乐观，我觉得当我眼睛还睁开的那一刻，我还是能够看到中国最后整合的结果。然后我要讲，你们将来会起更重要的作用，我们常提愚公移山的故事，说那是不可能的事，但是我要告诉大家，没有什么不可能的事，只有你不愿意做的事才永远不可能成功。当你迈出脚步愿意贡献的时候，就会有好的结果。我们说，假如今天的台湾海峡是两岸的一个自然障碍，大家不能统一就是因为这个自然障碍，我们13亿人加2 300万人每人一把泥土，扔到台湾海峡，一次不能填满我们再扔第二次，我借用马丁·路德·金的话，“I have a dream”，也许我一个人梦想的力量太小，但是我把它赋予你们这些对祖国未来有所期待的年轻人，大家共同拿一把土，终有一天会把这个自然障碍填平。那时，我来大陆不需要飞机，你们去台湾也不需要船，两岸有一片宽广的大陆，大家就不会听到一个老头在台上说：“我觉得两岸还有些困难。”你们听到的可能是：“我们可以携手合作，可以为中国创造更多的远景。”这是我今天在这里演讲想告诉大家的最重要的心声。谢谢大家！

学生提问：1949 年国民党刚到台湾，和今天的大陆一样，一党专政，我想知道是什么因素，尤其是国民党内部的什么因素导致它愿意将自己的权力放开，军队的权力又是怎样平稳地过渡到新的政府手上的。

邵宗海：一个社会由过去的形态到新的形态，首先依靠心理的转变、经济的发展、社会的贫富差距缩小、中产阶级崛起。另外一个就是政治文化，看我有没有一颗包容心，同意你说我所不同意的话。还有就是看领导者怎么在前面带领后面的人民。1986 年，我从美国回台湾的时候，台湾的党禁、报禁都没有开放，还有戒严。很多人说对我们的生活没有什么影响，所以戒严也无所谓。我以海归学者身份回到台湾的时候，电视台就问我赞不赞成台湾开放政党，其实当时我蛮怕的，所以我说任何一个社会发展都需要循序渐进，我认为台湾还不能承受开放政党。

但 1987 年底，蒋经国先生突然宣布政党可以开放，没过多久，报禁也可以开放了，戒严也取消了。1988 年，很多和我一样过去不赞成开党禁的人都开始侃侃而谈。在去年12月31日胡总书记讲那段话之前，没有人谈两岸统一，也没有人谈“十七大”讲的和平协定。可是现在，两岸的言论蓬勃到极点，今年台湾就有“两岸一甲子”的会谈，所以我说，领导人走在前面。而且，两年前没有多少大陆学者会谈的议题现在都谈了。我曾说，我总有一天会失业，因为两岸统一了，两岸关系就变成历史课而不是政治课了。我就没有东西教了。去年6月，胡书记和小布什通电话，认为要以“九二共识”作为两岸复谈的基础。原本大家反对的用词现在都在采用了。其实两岸关系就是两性关系。男女朋友爱得要死当然很好，恨得要死就恨不能把对方杀死，但是在下手之前发现女朋友不在，自己想想又觉得不好，就回去了。这时女朋友打电话过来问吃饭没有，刚刚的恨就完全没有了。两岸关系也是这样，不能用西方国家冲突的理论来解释。它是一种微妙的、在一个国家的框架下相互冲突的关系。在大陆，领导人的观念和一句话肯定会给大陆带来改变，而在台湾，如果没有蒋经国在1988年的做法，台湾的进步不会有这么快。

西方的民主，菲律宾、韩国走在前面，但我们看得出来，它们有成功的地方，也有失败的地方。我同意中国要走出适合自己的有中国特色的政治制度，但是选举是不是为了民主呢？我觉得可能不是，社会责任感也是民主的一部分。现在，陈水扁下狱，我们说，犯罪了“总统”也要下狱，陈希同呢？他一直高高在上也得接受法律制裁。法律正义我觉得很重要。很多人忽略了这一点，以为选举才是民主。可是，1960年美国爆发最大的示威运动的时候，包括女权运动、反战、嬉皮士，它要的不仅是选举，还有社会正义。今天，我们看到的西方选举是代表整个民主，在中国大陆使用的话可能会是另外一个面貌。其实大陆有很多让我感动的地方，当面对社会不公、面对官僚体制的时候，群众会站出来。即使开始有人认为你是制造动乱，但是最后，当人们知道你是为了社会正义的时候，就会得到多数人的支持。所以，社会正义也是民主的一块。我认为不要局限于选举这一块，我比较赞成言论自由，诸位请看，我的话也许有些反动，但是张老师并没有叫我闭嘴。他是北京大学历史系的高材生，北京大学有言论自由的传统，但是我说，它不再是北大的专有，今天我在暨南大学也看到了。1988年，要说取消禁严、开放党禁，我们都不敢谈，但是一旦开放后，进步有多快？所以，多给一点耐心。我的答案或许不令你们满意，但是我从台湾的过程中看到，很多事是急不来的，需要一点时间。

学生提问：未来大陆政治的变化会给两岸关系带来怎样的变化呢？台湾的民调和选票哪个更能反映民意？

邵宗海：首先，请希望台湾晚一点统一的同学举一下手，不管中国共产党1982年的宪法修改没有，中国大陆政局是否改变都不会影响到大陆对台湾的看法。但是，台湾就比较难讲，对台湾的青年一代来说，你告诉他这是你的祖国，他听不懂。但是如果你告诉他，你的将来在中国，他就会有意识。2002年，我在杭州接受CCTV-10的采访，记者问我怎样让两岸的青年有更多的机会在一起。我说，你一定要给他们一点诱因，你不要只是告诉他们中国很伟大。你要告诉他，他将来的一举一动都离不开中国，并且要让他自己去发现。大陆要让台湾青年意识到，我不仅仅是今天张开双臂拥抱你，而且你的前途就在中国。

我觉得，我们可以更加包容，不要在乎马英九讲的是什么，不要他讲错什么就加以指责，因为太激进容易伤感情。今天，他讲不独，那么我们就不要在乎他还说了什么。就像一个女孩子，今天我娶不到她，但是她说她不会结婚，那我就还有机会嘛。

学生提问：台湾著名作家龙应台出版了一本新书叫《大江大河一九四九》，您能就这本书的出版和内容谈一下吗？

邵宗海：龙应台的书在台湾很受比我年轻的人喜欢，他们看了以后很有共鸣。我觉得她讲的“1949”是一部分事实，因为她不是用历史的角度去判断那个时间的事情，她是先有自己的观点，再去写那段历史。我建议大家看这本书的时候不要在意当时国民党是对还是错，而要去看看大时代所造成的悲剧。现在重要的是抚平1949年造成的伤疤，而不是揭开它，揭开它只会让你的仇恨更深，而这对我们现在是不会有什么弥补的。我认为任何一个人都应该向前看，而不是向后看。文学家和历史学家最大的不同就是历史学家用学理的眼光去看过去，而文学家是用感情去看。我想说，如果大家知道怎么样避免1949年的悲剧再发生，就可以看看这本书，而如果你想着怎么样去骂国民党，这本书就不要看。

学生提问：就我自己的感觉，台湾有部分人对大陆是很敌视的，我们应该做什么才好呢？

邵宗海：各位不要相信台湾人民对中国大陆很有敌意的说法，当你不谈统一的时候，你和他的距离几乎可以用毫米来计算。今天很多台湾人其实不知道中国有多大，但是这里不仅仅是13亿人的故乡，也是2 300万台湾人民的故乡。可是今天很多人是从政治层面上去看待这个问题的。你知道吗，当中国举办奥运的时候，除了大陆的人，加油最厉害的就是台湾人。在姚明之前，台湾人看篮球都是看乔丹，看公牛，而现在他们打开电视都是看姚明、火箭。对他们来说，姚明不仅仅属于大陆，而是我们公共拥有的。所以台湾对大陆不会有敌意。但是在台湾很多人不相信大陆和台湾是会和平的，他们总是担心大陆会武力统一，这一点民调上面非常清楚。虽然大陆一直说，我们不会对台湾人民动武，我们是对“台独”动武。但是台湾很多人心里说，我知道不会对台湾人民动武，但是我是支持现状。现状就是你走你的，我走我的，我们不要统一。这和独立不同，但只差一步，其实也是差不多。有些人说，我希望永远维持现状，这部分人占70%。但这些人心里有一点点害怕，因为他知道他心里想的很可能违反《国家反分裂法》第八条，从而导致动武。

有些人说要大陆撤除飞弹，但是我认为，这是很不实际的。今天对向台湾的飞弹可以在20分钟内转成对向印度，但是20分钟之内又可以转回来。所以，重要的不是飞弹，而是让台湾人民相信中国共产党绝对不会对台湾动武。当台湾人民相信中共的承诺不只是说说而是实实在在的时候，更多中间的人会转向大陆的。

我相信，当日后我们再相见的时候，你们问的问题将会是：“我们能做什么更具体的事来增进两岸的友谊?”就像澳门修建的大桥一样，大陆和台湾之间也可以修起一座直通的大桥，我相信这是可能的。

（演讲时间：2009年12月3日　视频整理：白洋）

天涯何处觅知音

——当代青年男女的恋爱与择偶

陈一筠

陈一筠，中国社会文化交流协会理事、中国婚姻家庭建设协会理事、中国都市人类学会理事、中国社会协会理事、北京婚姻研究会副会长。主要学术专长是家庭社会学与婚姻咨询，现从事婚姻家庭社会学与妇女问题研究。1980 年 10 月至 1981 年 7 月赴苏联阿尔伯达大学进修，1978 年 1 月至 1988 年 1 月为美国洛杉矶加州大学社会学系访问学者，专门研究婚姻家庭与社会工作。回国后在费孝通教授领导的社会学研究所担任《国外社会学》主编，翻译、主编了《发展社会学》《苏联社会学》《城市化与城市社会学》《婚姻家庭的科学咨询》《婚姻家庭与现代社会》《婚姻旅程探幽》《走向婚姻》《天涯何处觅佳偶》《夫妇冲突》《解读性的奥秘》《两性世界何处去》《心理治疗入门》等多部作品。

20 世纪 90 年代，再次到美国哈佛大学、罗杰斯大学和欧洲的哥本哈根大学、圣加伦大学等校访问和讲学，与国际学术界建立了广泛的联系。

1993 年创办了“京伦家庭科学中心”，承担了一系列国际合作项目。

2000 年组织了一批学者，在美国福特基金会资助下，创办了“青少年性健康教育信息中心”，出版了“青苹果丛书”，并开设了“青苹果”网站、“青苹果健康咨询热线”以及“青苹果”家长学校。

非常高兴能够到暨南大学跟同学们分享我在自己的研究工作与咨询实践中获得的一些经验体会。

先作个自我介绍。我在中国社会科学院从事婚姻家庭研究已有 20 来年，曾经在 1988 年至 1998 年的十年间，为搜集研究个案做了十年的咨询工作，有上千名已婚和未婚的男女来向我求助，倾诉他们的烦恼与痛苦，有的遭遇婚姻失败，有的经历恋爱挫折或伤害。

在十年的咨询实践中，我总有一个感觉，好像每天都在“抗洪救灾”，也就是说，人们都是出了问题才来寻求救助，而且有的不幸事件已难以挽回了，比如夫妻已对簿公堂，有的在家庭暴力中受了重伤，有的因失恋而自杀，或者婚外情已闹得沸沸扬扬，等等。面对这类求助者，我实在觉得很无奈。在一种“抗洪救灾”的焦虑与疲惫中，我不得不追问：谁在上游保持水土、预防洪灾？也就是说，夫妻在结婚之前受过什么训练，获得过什么知识与技能以维护婚姻？情侣们是如何踏上爱情之舟的？我分明看到，求助者们的痛苦和不幸相当一部分是可以预防的，或者是某些隐患早就潜伏下来，未能及时排除，就在日后的关系中爆发出来。如果我们不去“上游”解决源头上的问题，只去对付“后患”，那么受害者将越来越多，永远救助不过来。

于是，我与一批志同道合的专业人员合议去做“上游”的预防工作，从对少男少女的教育开始。因为，做夫妻、做父母的准备训练早在儿童期就应当涉及，至少不能晚于青春期，因为青春期是少男少女性成熟、男女之间产生性吸引进而走向友情、爱情及至选择婚姻配偶的准备阶段。于是，我们十几年前就在北京开设了少男少女课堂、青春期家长学校，后来发展为系列的“青苹果”教育项目，包括“青苹果”网站、《青苹果》刊物、“青苹果”热线、“青苹果”咨询中心等。在这里，我只能简单谈几个与同学们今天和未来人生健康幸福有关的问题，供大家思考和讨论。

一、现代的婚姻是需要学习和准备的

直到今天，我们的中学和大学的正规教育几乎没有关于两性交往、恋爱择偶之类的课程。同学们回顾一下，学校有哪门功课是在教你们关于这方面的知识？在座的同学们大概都在 18 岁以上，都已成年，很快就要进入法定的结婚年龄。教育部的政策放宽了对大学生的结婚限制，但问题是大学生们在结婚之前学习了什么知识，取得了什么资格呢？

同学们来到大学，当然是为了学习专业知识，为职业生涯打基础，准备将来做专家、学者、工程师、公务员等。大学四年要为职业做积极强化的准备和训练，但是每个人都将要走向另一个要求更高、更困难的职业岗位，那就是做夫妻、做父母。大学四年里怎样准备去承担做夫妻、做父母的责任？这是被家长、学校和社会大大忽视了的一项教育任务。作为家长和老师，不仅期待同学们学有所长，将来有一份好的职业，过上富裕的物质生活，一定还期待同学们有一个幸福的家庭和美好的人生吧。然而，当家庭和学校为实现对你们的前一种期待而不遗余力地投入时，又为实现后一种期待投入了什么？正是由于这两种投入完全不成比例，才会出现许多人在事业上踌躇满志、卓有成就，而在恋爱择偶、婚姻家庭或子女教育方面背负着沉重的包袱，从而付出了巨大的代价。还有一些人在婚恋家庭中的曲折与坎坷，又反过来殃及事业，甚至毁及健康与生命。

作为一名知识分子，一名社会学者，我感到自己有一种责任，要尽可能把上百年来世界各国的学者们研究婚姻家庭的成果用来指导我们今天的实际生活，让更多的人在追求事业成功的同时能够获得满意的婚姻家庭生活。在这里，我首先想送给同学们两句话，大家要以此共勉：一个人的一生中，没有任何成功能够弥补婚姻家庭的失败，也没有任何成功能够替代婚姻家庭的成功。因为，事业的辉煌不过是一阵子，而婚姻家庭的幸福却是一辈子。我希望同学们在今后的奋斗历程中，要不断地用这两句话来提醒自己，争取做一个双向成功的人。

二、今天的婚姻关系与过去有何不同

同学们将要建立的婚姻与祖辈、父辈的婚姻大不相同了。也就是说，祖辈们的经验不能用来指导孙辈的婚姻实践。婚姻作为家庭的基础，家庭作为社会的细胞，一定是随着社会的变迁而改变的。传统时期的婚姻基本上是作为“经济合作社”、“生育共同体”而存续的，过日子、养孩子成为夫妻和父母生活的主要内容，人们靠本能与习俗行事，无须学习，绝大多数夫妻都能从一而终，白头偕老。然而，同学们将要去建立和经营的现代婚姻绝不是过日子、养孩子那种简单模式。现代婚姻不再是“经济合作社”、“生育共同体”，它是什么呢？它是“心理、文化、性生活共同体”，即夫妻要通过婚姻来满足心理和情感的需求，夫妻生活讲求心理沟通、情感亲密、文化般配，有共同语言、共同志向以及性生活的满足。当然，大多数夫妻还得生养子女，但那已不是结婚的主要目的。

现代的“心理、文化、性生活共同体”无疑要比“经济合作社”、“生育共同体”高级得多，复杂得多，也脆弱得多，因此对夫妻双方的经营水平要求相对也高得多。经营现代婚姻不再是无师自通，它需要知识、能力和技巧。恰恰是在这方面现代教育并没有向青年男女提供什么有用的知识。我在咨询实践中接待的那些遭遇婚姻失败的男女，当初都是怀着美好的希望并决心白头偕老而去结婚的，但后来事与愿违。究其原因，大多数都不是道德良心的问题，而是在经营现代婚姻方面知识欠缺、能力低下或理念偏差，他们真的不知道如何去维护爱情、巩固夫妻关系以及培养下一代。他们面临的任务是建立一个“心理、文化、性生活共同体”，但其素质仍然停留在“经济合作社”社员的水平，他们的高期待与低能力、理想与现实之间存在着太大的距离。一个人不是要等到考试了再读书，而是先读书再考试，而恋爱、择偶、结婚、养育子女，是人生路上最艰难的考试，为什么不需要认真准备呢？最近我从互联网及其他渠道获知，在美国这个最“前卫”的西方社会，由于半个多世纪以来的婚姻家庭变故，殃及大批男女的命运，于是今天，美国从政府到民间都在倡导婚姻家庭的教育培训。从恋人学校到夫妻课堂，从中学生的恋爱教育到大学生的婚姻训练，一场声势浩大的“健康婚姻”运动方兴未艾，这是很值得我们关注与思考的。

三、解析异性之间的交往

从中学生到大学生，男女交往、建立异性友情是校园里一道亮丽的风景。大学里的同学们已经成年，两性交往带有寻找未来终身伴侣的潜在动机不足为奇。现在校方对同学们谈恋爱也持完全宽容的态度，达到法定婚龄的大学生要结婚，学校一般也不阻止了。

然而，是不是大学生异性交往的唯一目的就是谈婚论嫁呢？否。其实，男孩女孩进入青春期之后，异性交往成为必需，但并非都具有恋爱性质。如果有人到了大学阶段还不愿、不敢、不能与异性交往，那反而值得怀疑其是否有心理问题，应当请心理辅导老师帮助。那么，始于青春期的异性交往有着怎样的功能呢？为什么说是必需？

第一，愉悦身心，增进健康。同学们有没有体会到跟异性同学在一起谈天说地、遛马路、逛公园，或参加各种文体活动、出席生日 party 都是十分令人愉悦、兴奋的事？为什么？因为“男人来自火星，女人来自金星”，两个星球的族群相遇自然富有新鲜感和神秘性；男女两性又是两种不同的性磁场，同性相斥，异性相吸，阴阳互补，滋养心性。同学们的学习压力很大，通过男女同学交往的新鲜神秘体验和磁场的滋补，能够放松神经、缓解压力、消除紧张与疲劳感。一个善于与异性交往并争取更多交往机会的人，总是更阳光、更健康、更少压力和郁闷的人；一个能够在大庭广众之中、光天化日之下勇敢而坦然地与异性同学交往的人就没那么迫切地需要找一个特定异性去秘密释放压力，也不那么沉溺于网络那种虚拟世界去“画饼充饥”。同学们看到那些高雅的文体活动都是为男女共同参与而设计的，如交谊舞、花样滑冰、男女声二重唱等多么令人赏心悦目，多么艺术，多么美妙。

第二，恋爱择偶的练习与准备不是“早恋”，而是“早练”。我们很难想象如今的青年男女未曾有过充分的异性交往，对异性世界茫然无知，到了二十五六岁才急于去找个异性回家过日子。那样的婚姻不危险吗？前面已经谈过，一个人不是等到考试再读书，而是先读书再考试。同学们最终要去与一个异性建立天长地久的伴侣关系，去迎接一场人生考试。那么，建立和维护伴侣关系的能力和技巧是什么时候获得的？校园里的异性交往自然、轻松、丰富多彩，正是培养与获得建设幸福婚姻能力的最佳机会。

第三，呵护心理，排解郁闷。青春成长期、事业准备期的男孩女孩内心都难免烦恼和压抑，有时比成熟的家长和老师的心理困扰还多。烦恼中的男女好像掉入一个陷阱，在挣扎与痛苦中盼望得到一根救命绳将自己拉出陷阱。这根救命绳可以来自父母，但你们已不在父母身边；可以来自老师，但老师却有太多学生需要关心，哪里能顾得上个别人。其实，最好的救命绳往往来自异性同学，因为他（她）带着磁场的滋养走进你的心扉，理解你、接纳你、呵护你，使你快速脱离陷阱，告别烦恼，不再郁闷。此时此刻此地，你可能牢牢地抓住那根救命绳，两人的关系是那样不可分离。但是你千万别以为这种救助关系就是爱情。当你恢复到正常的状态，你会发现你不再需要紧紧抓住那根救命绳了，于是两人的关系便渐趋疏远。曾经的救助关系虽不能发展到“终身相伴”，却值得珍惜。正是因为有这样的救助，被救者才不会长期陷入心理困境而导致意外或疾病，才免去了心理医生的操劳。而未成年人寻求心理医生的救助往往又是一件十分困难和奢侈的事情，我们看到，不断见诸报端的自毁、自残悲剧正是在心理陷阱中挣扎而得不到及时救助的情况下发生的。所以希望同学们在经历心理危机时，要勇于寻求周围人特别是异性同学的救助，而不必奢望这种救助关系成为天长地久的爱情。

第四，男女优势互补，促进学习。科学研究表明，男女智商总体平衡，但智力结构却显示出细微的性别差异，例如男性长于逻辑推理、抽象思维，女性长于形象思维、机械记忆；男性的地理方位感强，女性的语言能力较强和直觉敏锐，等等。优势背后是劣势。男女在一起学习，切磋学业，取长补短，相互提携，有助于克服自己的性别局限，并减少未来求职中的性别障碍。现代社会都取消了男女分校制度，可能就有这层意义。

四、关于自由择偶的风险

不可否认，从中学到大学，男女交往中都存在着为寻求终身伴侣而尝试的“恋爱型交往”。其实，大学生谈恋爱、选择配偶，候选人群大，成功率本应较高，选择范围宽，便于“差额选择”，然而，由于缺少指导，所以盲目性较大，挫折、失败较多。

对大学生择偶的指导首先应让大学生明白自由择偶的风险何在。如果去问那些婚姻失败的夫妻：你们当初的配偶是自由选择的吗？90% 以上都会回答“是”。但为什么自由择偶不能保证他们把婚姻进行到底呢？这里就有必要认识自由择偶的风险了。

第一，机遇的风险。一个人在 20 多岁到 30 岁择定配偶结婚。但是他（她）只能在结婚前看到的异性中选择，不能在结婚后看到的异性中选择，当其决定与谁结婚时，还有大批“候选人”未出现在眼前。海尔空调有句广告词——“没有最好，只有更好”，无论你多么认真地选择，多么耐心地等待，你都只能选择较好的那位结婚，而不能选择一生中所遇到的“最佳”异性。这使每一桩婚姻都留下了“相见恨晚”的遗憾。有的人就是在“相见恨晚”的心态下去淘汰那位“相见恨早”的配偶，发生婚变；还有人又在“相见更晚”的那位异性面前否定了前一位“相见恨晚”的伴侣，有人离过两三次婚，还是没有穷尽婚姻的候选人。你总不能等到“相见最晚”的那位出现再去结婚吧，因为择偶、结婚、生儿育女都是在人生早期要完成的“事业”。可是当你结婚后又见识了更多优秀异性，你也有了更高的眼光，在比较中发现你当初选择的那位“相形见绌”，你该怎么办？

第二，变化的风险。一个人要在青年时代完成恋爱、择偶、结婚的“终身大事”，但是你选定的配偶会随着岁月的变化而变化，你自己也会变化，外表会变，学识、气质、风格、能力、修养等都会改变。双方是同步改变，还是不同步改变？甚至是背道而驰地变？这是结婚前不可完全预测的。你是否做好了接纳对方一切变化的准备？

其实，每桩婚姻都必须有力量去抵御上述两种风险，这种力量不是来源于自由，而是来自责任。现代婚姻是“自由 + 责任”的关系。择定配偶时一般都会有个“确定”（订婚）的表示，最普遍的表示就是向未婚夫或未婚妻赠送“定情物”，如一枚戒指，或耳环、项链、手链之类。那是什么？那是在自由后面画上一个小小的句号，到此为止，不再自由选择了。可惜现代男女对这一句号画得太早、太随意，因而不管用。结婚，领一张结婚证书，那就意味着在法律上承诺了一份责任，好像承包了一份“责任田”。然而，今天有些夫妻并不认真对待这份责任，有的竟“种了别家的田，荒了自家的地”，使那张结婚的责任书变得毫无意义。大家大概都看过外国电影中基督教婚礼的场面吧，在牧师的主持下，在父母的带领下，在亲朋好友的见证下，一对新人对上帝庄严发誓说：“我们自愿选择对方结为夫妻。从现在到永远，无论是贫穷或富有，无论是健康或疾病，我们都要永远在一起，直到死神把我们分开。”如果婚姻不具有这样神圣的责任承诺并付诸实施，单凭“自由择偶”，怎能天长地久呢？婚姻其实就是以自由去交换责任。所以，如果你并未准备好去承担责任，或者不愿意以自由去交换责任，那么你就不要承诺婚姻。《婚姻法》并未规定每个人必须结婚，但每个结了婚的人都必须承担其对配偶、对孩子、对家庭乃至对社会的那份厚重而长久的责任。

五、浪漫爱情的挑战

如果你去问那些婚姻的失败者："你们当初是经由浪漫爱情而结婚的吗？"八九成会回答"是的"。浪漫爱情为何不是婚姻成功的保证呢？这里就有必要解读浪漫爱情的挑战性了。

第一，本能性。现代男女对爱情的一个最大误解就是以为堕入情网就是爱情。殊不知堕入情网主要是性动机的驱使，与爱情相去甚远。浪漫爱情发端于性的欲求，这是本能，是浪漫爱情的原始动力。没有它，浪漫爱情不可能发生。但性本能的一个最大特点就是具有选择性，因而也不会专一和长久，它招之即来，挥之即去，一旦满足，即告消失。而婚姻却需要天长地久，专一排他。婚姻不是性的天堂。漫长的婚姻关系中有太多的内容，丰富于性，长久于性，超越于性。夫妻同甘共苦、同舟共济、养儿育女、风烛残年、一生相伴、临终相守，岂是一个"性"可以包含的？夫妻从相识相知到相伴相守，从友情到爱情、亲情、恩情，要经历五六十年的风雨路程，那种出自本能的性激情怎能承载婚姻之重？因此，我们必须事先知道，99%的夫妻，在其结婚后一个不长的时间，性生活就无法完全保持新婚蜜月的那种激情。随着婚姻岁月的延伸，夫妻的性激情会部分地升华为相濡以沫的夫妻之情，它深沉凝练、朴实无华，不像在浪漫爱情中那样如火如荼。如今，许多夫妻正因为不明白这一点，试图通过婚外恋去追寻当初的性激情，从而毁坏了婚姻。这也是那些当初原本不过是"性伙伴"的男女去结婚最终陷入了败局的原因。我希望那些热恋中的同学，特别是那些同居中的男女，认真思考：性伙伴与婚姻伴侣究竟有什么区别？

第二，主观性。初始的浪漫激情是一种主观感觉。别人看那两个人根本不是一回事，但他们却爱得死去活来，觉得与恋人在一起天空特别蔚蓝，阳光特别灿烂，一切鸟语花香都因为他们在一起而增添了魅力。心理学家发现，恋人的花前月下、拥抱接吻、肌肤刺激会促使大脑分泌一种化学物质，叫做"内啡汰"，俗称"爱情吗啡"。这种化学物质会极大地调动恋人双方的心理能量，使其不知饥饿，不知疲劳，不知寒冷。同学们可以看到，寒冷的三九天，对对情侣在公园的长椅上从早到晚拥抱在一起不觉得冷，反觉得热；他们可以数小时地散步不觉得累；他们饿上两顿饭也没有问题，爱情能充饥。这种感觉的主观性具有极大的魔力，它常常使一对本不般配的男女结为夫妻。可是在婚姻的客观现实面前主观性往往荡然无存。所以，那首歌《跟着感觉走》，同学们千万别当真。

第三，虚幻性。“情人眼里出西施”，古人已有提示。谈恋爱的双方总会竭力向对方展示光明面，掩饰或克制阴暗面，可是每个人都是“双面人”，那不太光明的一面总会在婚后夫妻朝夕相处中暴露出来。于是有些人就会失望、后悔。记得在我的咨询中曾经接待过一位结婚不久的妻子，她怀孕不久就想去做流产，声称与丈夫过不下去。她这样说：“怪我当初瞎了眼，没看清他是怎么个东西！”其实，一个人是个什么“东西”在其二十几岁结婚时就基本确定了，不会因为婚姻而把一个“东西”变成另一个“东西”。可是为什么你结婚前看见的那个“东西”与结婚后面对的那个“东西”会不一样呢？那就是浪漫爱情的虚幻性作祟。所以，我要奉劝在座的同学们：结婚之前睁大两只眼，结婚后要睁一只眼闭一只眼。就是说，结婚前要把对方是个什么“东西”翻过来覆过去地看清楚，结婚以后则要容忍对方的阴暗面，不可太挑剔。要做到这一点需要智慧、时间、修养和耐心。现在有些男女匆匆忙忙决定结婚，把感情建立在假象上，怎么会不出危险呢？

台湾作家罗兰女士曾经这样解释浪漫爱情与夫妻之情：“浪漫爱情就像电光火石一般，一闪而过，你捕捉到过，就算拥有了。如果你期待经由浪漫爱情结合的婚姻天长地久，那就需要加入许多强固剂：道义、良知、忍辱负重、奉献牺牲。”她还说：“如果浪漫爱情不过是短暂激情的话，那么夫妻之情必是另外一种：夫妻之情是相信两人同船共渡便是缘分的信念，是双方相互拯救去度过一生一世的决心。”同学们，当你们将要说出“我们结婚吧”这句话时千万要想好你们是否已经有了缘分的信念和拯救的决心。须知非此便没有天长地久、白头偕老这回事。那些相伴相守到白头的金婚、钻石婚夫妻，他们矢志不渝地将夫妻之情进行到底，奥秘何在？他们与那些半途而废的夫妻究竟有多大的不同？我想，最大的不同就是信念与决心，就是由此而产生的责任与行动。

六、择偶要考虑什么条件

前面讲到自由择偶的风险和浪漫爱情的挑战，并非让现代男女放弃自由和拒绝浪漫。自由和浪漫是现代男女的权利与享受，不是坏事。那么，怎样使我们既享受到自由和浪漫，又能获得地久天长的幸福婚姻呢？那就需要以婚前理性择偶和婚后经营维护爱情的不断努力去抵消自由和浪漫的风险。在这里先讲婚前择偶的条件。

如前所言，自由择偶和浪漫爱情的风险多半来自它们的非理性因素，如本能性、主观性、虚幻性，那么择偶过程中就应当有更多理性因素来抵消非理性的风险，这些理性因素并非某个哲人的创造发明，也不是政府的法律规章，而是从古今中外成功婚姻的经验和失败婚姻的教训中总结出来的理性规律。当然，科学讲一般规律，不讲例外，不合规律的例外永远都会存在。所以我介绍的以下规律仅供大多数愿意遵循规律的同学们参考。

第一，文化同源，也就是文化上的“门当户对”。前面我讲到现代婚姻作为“心理文化共同体”，其最重要的基础之一是两个人拥有相似的文化层次和文化圈。决定一个人的文化层次和文化圈的因素有两个方面，一方面是自幼成长的家庭背景和文化环境，另一方面是其后来的受教育状况。一个人在其家庭和社区环境中成长十几年甚至二十年，家庭与社区文化，包括习俗、观念、宗教信仰等，深刻而长远地影响着其行为方式、生活习惯、待人接物和人生志向等，这些都在其成年时定型下来，很难通过结婚而彻底改变。而受教育状况是指后来在学校与社会经历中得到的教化，不单指读书考试得来的文凭，文凭不代表文化，如今有文凭无文化者并不罕见。受教育状况在一定程度上丰富和滋养了一个人的文化潜质，优化其教养、修养、涵养。因此，两个出身背景相似、成长环境差不多、受教育状况也相当的人结婚较少有深层次“文化冲突”带来的危机，即使夫妻有分歧和矛盾也比较容易协调。有人认为，两人来自不同的文化圈，但结婚之后可以彻底改造对方，这多半是不切实际的幻想。

我在咨询工作中曾有男士来向我诉说自己的苦恼。他说，几年前娶了老婆，只注意到她年轻貌美，结婚后很快发现两人之间横着一道“文化深渊”，太难跨越了，他甚至用“版本不够，内存太低”来形容妻子。这种情况颇值得深思。

如今，有些男女热衷于娶嫁外国人。其实，统计数据已经告诉我们，跨国婚姻的离婚率大大高于本土婚姻，其中的原因恐怕就是文化差异。演艺界的跨国婚姻多归失败，也能说明问题。韦唯嫁给一个瑞典男士，开始说怎样和谐美满，最后仍是痛苦离异。韦唯在媒体上大诉委屈，声称那个男人如何不是东西，但在我看来文化冲突才是他们的根本问题，实在难断谁是谁非。

当然，已经确定恋爱关系甚至已经结婚的男女，若发现彼此的文化差异，那就只能接受现实，多作妥协和容忍，而不能强求对方进行“文化革命”，不可要求对方改变其无法改变的“文化基因”。的确，选择“异源文化”的配偶就要多一些克服困难的心理准备。最不可取的是婚前不考虑双方的文化资质，婚后又拒绝妥协容忍，那就难逃不幸的结局。

第二，价值观认同。价值观是一个人世界观、人生观、婚恋观的基础，是对好坏、善恶、是非对错的评判标准。做同事、邻居、朋友，不同的价值观可以相安无事，但做夫妻、做父母，价值观不一致就大有问题。夫妻365天朝夕相处，对人对事总会看法不同，行动各异，那怎样共同生活下去呢？双方又用什么样的观念和言行去教育孩子？如今，由于价值观冲突而导致恋人分手和夫妻反目的事情并不少见。如果在恋爱择偶初始就注意价值观的交流，就可避免“把生米做成了熟饭”才发现问题。与价值观相关的还有角色观念，比如妻子是一个男女平等主义者，认为丈夫婚后应当与妻子一样扮演好家庭和事业的双重角色，而丈夫却坚持“男主外，女主内”的角色观念，不愿承担操持家务和照顾孩子的角色，那么，这对夫妻就肯定难以建立和谐的婚姻关系。当然，价值观会在夫妻的交流沟通甚至矛盾斗争中得到一定程度的协调，但要通过婚姻而彻底改变一个人的价值观也是极其困难的，因为价值观的背后仍隐含着文化的深层影响。

第三，性格的选择。一个人的性格有两方面，一是基本的性格类型，它受遗传基因影响很难改变，如内向型、外向型、直觉型、判断型等；二是性格的某些外在表露特征可能受环境和经历的影响，从而有一定程度的可塑性。心理学告诉我们，一个人在选择配偶时，潜意识里不知不觉地会选择与自己不同的“异类性格”。因此我们看到两个不同性格类型或性格表征的人容易达成婚姻关系的默契。如男方粗犷热情，女方细腻冷静，容易做到“夫唱妇随”的和谐一致。当然，性格的选择不是绝对的，毕竟还有可改变的成分。

然而有一点我必须提醒同学们，那就是注意“人格缺陷”。“人格缺陷”是精神病学的术语，是指心理疾病或精神疾病，不属于性格中的一般缺点。我个人认为，有人格缺陷或患有心理疾病的男女在其未得到矫治的情况下是不适合做夫妻或做父母的。大家看过《不要和陌生人说话》这部电视剧吧，剧中的男主角对妻子进行暴力摧残，几乎伤害至死，最终妻子不得不选择离婚以逃避灾难。那个男人就是典型的“人格缺陷”，他是虐待狂，反社会性人格。人格缺陷还有偏执型、怀疑型、妄想型等。在恋爱过程中，如果发现对方心理和行为总是异常，无法通过劝告或爱抚去改变，那就必须请教心理医生，因为恋人和配偶一般承担不起“心理治疗”的专业职责。也希望学校的心理辅导老师能多给同学们传授一些心理卫生方面的知识，以便鉴别人格缺陷，及时求治，预防把人格缺陷带到恋爱关系和婚姻生活中去，埋下隐患。

第四，关于年龄的考虑。一个人有三种年龄，一是生理年龄，由出生年月决定；二是心理年龄，从心智活动、反应力、生命活力、朝气、对生活的情趣、志向与追求等方面识别出来；三是社会年龄，以人生经历、人际关系、成熟性等为标志。一个人选择终身伴侣其实是在选择心理年龄相似和社会年龄相当的异性，而生理年龄是不值得挑剔的。我们的婚姻法规定最低的法定婚龄为男 22 岁，女 20 岁，这给人们造成了某种误解，以为男女相差两岁是“最佳搭配”，其实并非如此。在生理年龄上男的大几岁还是女的大几岁都没有关系，只要心理年龄和社会年龄匹配就够了。在年龄上过分计较可能错失合乎条件的候选人，甚至遗憾终生。

近些年来，又有一种倾向值得注意，那就是少数人刻意追求“老夫少妻”或“小男大女”的婚姻搭配，其中的因素错综复杂。我在这里提出两点个人的看法。

一是功利型婚姻多半是老夫少妻的。一个年轻女性与比自己大一辈甚至两辈的男人结婚，很难说是爱情使然，她找的多半是物质条件、经济保证或生活享受。以青春交换金钱，在市场经济环境中不足为奇。这样的选择法律并不禁止，但当事者需要明白功利的交易不会使人获得真正的爱情满足和精神慰藉，代价就在于此，而且这样的婚姻本身也是难以稳定的。一位富豪今天出 100 万换个双眼皮大眼睛的青春美女，明天可能出 200 万换另一个单眼皮女人的成熟魅力。同样，一个美女今天开出 80 万身价嫁给了百万富翁，明天可能行情升至 300 万而“跳槽”远去。

二是性心理发育异常的男女容易陷入“老少恋”、“母子恋”的危机。有的人怀有强烈的“恋母情结”或“恋父情结”，刻意寻找父辈或母辈的异性结婚，他们内心深处在寻找失去的或难以割舍的父爱或母爱，把配偶看做“替代父亲”或“替代母亲”。这类婚姻配偶很难建立正常的夫妻关系。到了中年更容易产生“审美疲劳”或“心理疲劳”，从而出现婚变。因为一般人都不会情愿长久地与长辈保持过于亲密的关系，而早晚要摆脱权威或依赖，寻求平等和独立。

第五，对家庭和社会交往的权衡。有人选择配偶是在为后代选择祖先，因此双方的家人长辈都在被选择之列。恋人交往到谈婚论嫁的阶段，就应当去接触对方的家人了。了解对方与其家人的关系，一方面可以更客观地判断其人格品性，另一方面可以预测自己今后的姻亲关系。比如，你看到一个对自己父母或兄妹十分粗暴无礼或吝啬自私的人，你可以相信其将来对你的父母孝顺礼貌，对你的亲属慷慨大方吗？你看到对方的父母总是争吵不和，或兄弟姐妹不诚信，你不得不考虑将来与他们怎样相处。“有其父必有其子”，此话不是没有道理。此外，通过与双方父母的接触，适当听取长辈的意见和建议对建立满意的婚姻关系也是有益的。父母不能决定孩子的终身大事，但他们的教导和经验在一定程度上是值得学习和参考的。

双方有什么样的社会交往也是婚前需要观察了解的。因为一方的朋友很可能在婚后要成为双方的朋友，接纳对方的朋友也是婚姻和谐的因素之一，并且观察对方与朋友的关系也能进一步了解对方的为人处世和人格素质。试想，一个对朋友满口谎言毫无诚信甚至坑蒙拐骗的人会对你和你的家人以诚相待吗？如果对方的朋友中有行为不轨者，你在婚后能接受吗？这一切都需要在择偶时加以权衡。

第六，选择配偶是选择原材料，幸福婚姻是创造出来的艺术品。有的同学或许会问：我们按照陈老师建议的上述条件选择婚姻伴侣就一定会幸福美满吗？回答不是肯定的，因为选择配偶不过是在找一种适合自己的原材料，幸福婚姻是打磨创造出来的艺术品。一个工匠要进行艺术创作，选择了一种“朽木不可雕矣”的原材料，当然无从创造，只能看做废品丢弃。但是，即使选到一种优质材料，可工匠本身却不具有高超的创作水平，仍然创造不出精美的艺术品。相反，一个独具匠心的艺术家可能将原本有些瑕疵的原材料打磨成一件很像样的艺术品。又如建筑这座大厦，首先要打好地基。地基没打好，这座大厦就可能出问题，经不住几级地震的考验；但即使地基打得牢，而每一层都偷工减料，结果这座大厦仍会成为“豆腐渣”工程。如果我们这样辩证地看待选择配偶与婚姻成败的关系，就不会片面和狭隘，更不会拒绝婚后的用心和努力。

夫妻结婚之后还有漫长的路要走。现代健康长寿的夫妻要经历其婚姻的幼稚期、成长期、中年期、老年期，要共同度过六七十年。其中每个阶段都会发生困难，遇到问题。因此说，创造幸福美满的婚姻需要穷尽毕生的努力，锲而不舍，矢志不渝。关于经营、维护、创造幸福婚姻的学问今天就没有时间来讲，留待同学们日后去学习吧。

七、关于友情、爱情与性

无论是何种类型的异性交往都可以建立可贵的友情，友情是人生不可或缺的养分，缺少友情滋养的人内心难免空虚，人生难免孤寂。友情是开放的，多个朋友多条路；友情可以多人共享，友情需要诚实，但无需专一，也无需天长地久的承诺。一个人在不同时期、不同领域有不同的朋友，包括异性朋友。友情可以愉悦身心、消除郁闷、开阔视野、促进学习。在大学校园里有如此众多的异性同学，如果此时你都交不到异性朋友，那该是多么遗憾，甚至证明你内心有问题。

从友情到爱情是人生跨出的重要一步。爱情与友情的最大区别在于爱情的专一性、排他性。爱情不能由多人共享，是两个人之间的私密情感。爱情需要成熟性，需要投资，因而，大凡涉足爱情的人都必须去积累人生的资本，不仅仅是金钱，更重要的是知识、智慧和意志品质等精神财富。两个建立了爱情关系的人一定是更自尊、更自信、更高尚和优雅的人，爱情促使双方追求更高的人生目标，更有决心完善自己；爱情使彼此之间更珍惜、更牵挂、更呵护、更有责任感，因而不容任何一方做出伤害对方的行为。然而，如果两个人宣称有了爱情，但从此不思进取，逃学旷课、不敬重老师、不团结同学、陷入孤立的两人世界，甚至秘密转入地下，做出伤天害理之事，那只能证明两人之间完全不是什么爱情关系，而是利用，是满足暂时的欲望，是同流合污，是相互伤害，是把“我爱你”变成“我害你”。这样的“爱情”不仅没有价值，而且也难以持续下去。

爱情是心与心的碰撞，不是性器官的约会。爱情无需用肉体来试验或证明。那些交往不长、了解不深的“恋人”在性动机的驱使下轻率上床而不避风险、不计后果，顶多不过是“老鼠爱大米”，纯属本能的需要，不可与“爱情”同日而语。

拥抱、接吻与爱情是什么关系？拥抱、接吻可能是爱情的表达方式，也可能与爱情毫无关系。作为表达爱情的方式，它已是一种“边缘性行为”。性行为是具有隐私性的，不可在光天化日之下发生，也不可在大庭广众之中展示；一个人的性心理或性生理的满足不应伤害公众情绪，这属于起码的文明道德修养和公共卫生习惯，不应当以“爱情”的名义加以亵渎。因此，在大街上、公园里、校园内和其他公共场所应当禁止拥抱、接吻之类的隐私行为。北京在“文明奥运”的讨论中专门涉及了这个问题，绝大多数公众的看法是一致的。作为最具道德责任感和廉耻之心的知识分子，当代大学生应当自尊自重，在公共场所的言行举止要体察周围人的感觉与情绪，不能做让人蔑视、令人反感甚至遭人唾骂的事情。

由于时间有限，我今天就讲到这里。以上是我个人的观点，欢迎同学们批评指正。

（演讲时间：2010 年 5 月 22 日　视频整理：陈健纯、吕婕、徐乐乐）

后记

暨南大学“百年暨南文化素质教育讲堂”（以下简称“讲堂”）以“开阔视野，陶冶情操，健全人格，改善思维，提高人文素养、科学素质和审美情趣”为宗旨，热情邀请国内外知名专家学者莅校演讲，演讲主题涉及文学、艺术、历史、哲学、文化、政治、经济、法学、新闻、建筑学、医学等多门学科和多个领域，每周四晚定期于暨南大学校本部曾宪梓科学馆国际会议厅和珠海校区举行。

“讲堂”自2006年开办以来已举行了160场（含珠海校区），深受广大师生的欢迎和好评，每场讲座都吸引逾400名师生前来聆听，同时也吸引了华南师范大学、华南理工大学、华南农业大学、中山大学甚至广州大学城其他高校的学生，一些社会人士也经常光临“讲堂”。暨南大学持续高规格地举办讲座，在广东省甚至全国高校都产生了较大影响，并引起了诸多媒体的关注，《科学时报》《南方日报》《羊城晚报》《南方都市报》以及中新网、人民网等多家报纸和网站都对讲座进行过报道。

为了让更多的读者了解和学习这些名家的思想，反思人类和社会所面临的问题，从而使这些讲座发挥更大的社会效益，我们精选了16个讲座的视频文字整理稿作为讲演集的第一辑。

本书即将付梓出版，首先要非常感谢“讲堂”的主讲嘉宾们，他们毫无保留地为我们展现了他们丰富的人生阅历，分享了富于启迪意义的学术思想，因此，他们的人生阅历和学术思想是本书的精神内核，将令读者获益匪浅。

学校党政领导从“讲堂”宗旨的确立到主讲嘉宾的遴选都对“讲堂”给予了很多指导，相关职能部门也为“讲堂”提供了场地、人员等帮助，正是由于校领导的指导和相关部处的大力支持，“讲堂”才得以顺利开展，并越办越好。

在这里要诚挚感谢暨南大学党委宣传部和文化素质教育办公室的同仁为“讲堂”所付出的汗水与心血。本书由暨南大学党委书记、暨南大学文化素质教育指导委员会主任蒋述卓教授任主编，暨南大学党委宣传部部长、暨南大学文化素质教育办公室主任夏泉研究员，暨南大学文化素质教育办公室罗发龙老师任副主编。

要把讲座视频整理成文字稿，其中辛劳自不待言。文化素质教育办公室的助管刘贤芳、张伟龙、蒋超、孙铭蔚、熊杰、侯卓均、程强强、白洋、李新以及珠海校区的陈健纯、吕婕、徐乐乐等同学以接力棒的形式为此项工作耗费了大量的时间和精力，在此对上述同学致谢。

暨南大学出版社的黄倩编辑一直以来都非常关注暨南大学的文化素质教育工作，她以极大的热情促成了本书的出版，同时她精益求精、追求至善的态度，保证了此书的质量。

同时，我们要感谢一直关注和支持“讲堂”的暨大师生，他们的执著与热情是我们工作的不竭动力。

需要说明的是，由于种种原因未能联系上个别主讲嘉宾，部分文章未能得到主讲嘉宾本人的审阅，如有问题敬请与我们联系。

加之本书收录的文章是根据视频整理而成，在从口语到书面语的转化过程中难免存在疏漏和错误之处，恳请读者海涵赐谅并批评指正。

编　者

2011 年 3 月 28 日于暨南园